辯障品第二 79

辯真實品第三

辯修對治品第四

前言：入不二法門

今天是三級修學重要的日子，同德班誕生了。剛才聽了分享，看到大家在修學中的成長，想來真不容易。書院於二〇一一年元旦正式成立，而我們這個班二〇〇九年就開始了。可以說，大家的修學和成長，也伴隨著書院的成長。

我一直說，菩提書院是學習型團體，從無到有，本身就是一種集體創作。從希望有一個利益更多學人的團體，到願心逐步成形，確實成為大眾的修學平台。在此過程中，彙聚了很多人的願心，包括在座各位。

我們經常在講發菩提心、利益眾生，怎麼才能做到？很多人為此付出了努力。但要切實做起來，有效引導大眾修學，改變佛法流傳中出現的問題，真正成為正法久住的助力、利益眾生的平台，並不是簡單的事。

為什麼佛法這麼好，知道的人這麼少，從中受益的人更少？

一、兩套模式，六大建設

佛教傳入中國，至隋唐走向鼎盛，明清以來卻一路衰落。佛法的智慧如此高深，而不少佛教徒給大眾的印象，往往是愚昧、迷信、沒文化。我們是不是覺得，現實和理想的差距實在太大了？

如何讓甚深的佛法走向社會，被當今大眾理解、接受、運用？書院的意義正在於此。通過三級修學、兩套模式，可以讓修學者都有能力次第深入，於法受益，進而運用到生活中。這不僅是在傳承正法，也在改變佛教傳播中的流弊。

很多人學佛，要嘛難以落地，和現實人生脫節；要嘛信仰淡化，越信越沒感覺；要嘛只顧自了，沒有利他的菩提心；要嘛對解脫缺乏信心，覺得只是說法；要嘛廣泛涉獵，學得毫無章法；作為寺院來說，也很少能承擔起化世導俗的責任。為什麼存在這些問題？從教界當下的現狀來看，不論個人的有效修學，還是佛教的健康發展，都要注重六大建設，即人生佛教建設、信仰建設、大乘精神建設、大乘解脫道建設、修學次第建設、弘法布教建設。

三級修學和服務大眾模式，正體現了這些要素。在三級修學課程中，包含了人生佛教建設、信仰建設、大乘精神建設、大乘解脫道建設、修學次第建設。只要進入修學軌道，相關問題都會迎刃而解。這也正是大家能夠快速成長的關鍵所在。而服務大眾模式，可以引導我們在自己受益的同時，通過有效且多樣的方式，將這種智慧分享出去。

兩套模式能落到實處，除了我的願心和想法，離不開大家的共同參與。尤其是第一個班和各地骨幹，應該說，為書院建設立下了汗馬功勞。我常常覺得，書院的出現不是偶然的。因為它不是影響到幾個人，而是關係千千萬萬人的命運，是一大事因緣。正是大家的努力，才有了書院的今天。在此過程中，每個人在參與創作，從中成長。同時，書院也隨著集體的創作在成長。二者相輔相成，彼此增上。

二、眾緣和合，水到渠成

從三級修學的設置來說，同喜班、同修班到同德班，並不是刻意為之。有人說，真正的大事，往往不是你想做就能做起來的，它既在有意中，也在無意中。

我從二〇〇四年開始講《漢傳佛教的反思》，關注修學存在的問題。此後，在各地開設多個「《道次第》學習班」。到二〇〇九年，你們這個班基本固定下來，成為書院的雛形。然後又覺得，開始就學《道次第》，很多人接受起來有難度，從修學來說也不夠完整，應該增加前期基礎，強化正見和空性禪修的部分。這就需要在《道次第》的基礎上，施設三級修學。

根據這個思路，把我多年的講課內容彙編起來，正好形成初、中、高的次第。其實當初講這些課時，並沒有非常明確的規畫，有些是在佛學研究所的講課，有些是面向社會大眾的開示。但當我們需要一套完整課程時，卻發現，這些內容不僅由淺入深，脈絡清晰，且兼顧皈依、發心、戒律、正見、止觀五大要素。包括我們前期的各種努力，從文稿整理、影音製作，到書籍在全國的發行，似乎都在為這件事做準備，然後就眾緣和合，水到渠成了。回頭再看，真有些不可思議。

三、三級設置，次第前行

在修學過程中，我們始終不要忘記三級修學的目標。初級同喜班是探索生命真諦，建立幸福人生；中級同修班是依託次第修學，培養正念和慈悲；高級同德班是樹立空性正見，開展空性禪修。

其中，初級是信仰保障。只要接受這些教育，就能建立正信，避免迷信、盲信的誤區。

中級是修學關鍵，也是最需要補課的。不論我們修學什麼宗派，想走上菩提道，都離不開這些基礎。漢傳的傳統宗派，天台、華嚴、唯識、三論重視空性理論，禪宗重視空性禪修，門檻都很高。學教的，或是學不明白，或是空談理論；參禪的，或是根機不夠，或是無人指點。最後只有少部分人能學能修，即便學了，還是可能被懸空，用不起來。原因就是缺乏修學次第和正確發心。

所以，我們要在同修班把基礎打扎實，才能順利進入同德班的修學。這並不是說，同修階段所學的出離心、菩提心、菩薩行已經圓滿。我們雖然學了這些內容，但能做到什麼程度？其實還遠遠不夠。可以說，同德班課程正是對之前所學的進一步深化。

比如發起出離心之後，怎麼成就解脫？如果沒有空性慧，出離心是缺乏力量、難以為繼的。我們已經發起願菩提心，但這只是世俗菩提心，依然夾雜著凡夫心。如何讓發心更有力，更廣大，更純淨？還是要靠空性慧，才能從世俗菩提心進入勝義菩提心。未來所學的《金剛經》等課程，就是升級菩提心的法寶。

四、兩個提醒，不忘初心

在同德班課程中，《心經》是通過對五蘊、十二處、十八界、四諦、十二因緣的觀察，直接體悟空性。而《金剛經》對空性的認識，是建立在菩薩道修行的基礎上。菩薩修習六度、莊嚴國土、利益眾生，這些善行和世人善行有什麼不同？

經中告訴我們：「所有一切眾生之類，若卵生，若胎生，若濕生，若化生，若有色，若無色，若有想，若無想，若非有想非無想，我皆令入無餘涅槃而滅度之。」這是佛菩薩的廣大發心，也是我們所熟悉的。但關鍵在於後面的轉折：「如是滅度無量無數無邊眾生，實無眾生得滅度者。」也就是說，我們不僅要發願菩提心，修六度萬行，更要在做的過程中，保有無住、無所得之心，不能執著「我度了誰，做了什麼善行」。

《金剛經》中，一切法門的修行都不忘兩點。

首先告誡我們，如果「菩薩有我相、人相、眾生相、壽者相，即非菩薩」。從頭至尾，始終貫穿「無我相、無人相、無眾生相、無壽者相」的提醒。四相代表對自我及一切有情現象的執著，如果還有這些，就是世間的普通善行，而不是菩薩行。

其次是「所謂……即非……是名……」的三句式，說明菩薩對一切現象的觀察要契合中道，認識到這些存在只是緣起假相，本質上是無自性空的，避免落入斷常二見。對佛弟子來說，世間現象還容易看清，卻會把執著投射到信仰上，以為佛陀身相、修行結果是恆常的。《金剛經》不僅要摧毀我們對世間的執著，還要掃除我們對信仰的執著，反覆提醒我們：如來成就阿耨多羅三藐三菩提，其實是無所得的；如來說那麼多法，其實是無法可說的；如來有三十二莊嚴相，也不是我們以為的那麼實在，因為凡所有相皆是虛妄，若見諸相非相，才能見到如來。

《金剛經》中，始終貫穿著這樣的提醒。我們學習之後，也要運用在生活、工作乃至服務大眾中，看看自己在做傳燈、慈善、輔導等義工行時，有沒有我相、人相、眾生相、壽者相？對所修的善行，能不能三輪體空？這些觀察都是建立在般若中觀的見地上，可以剔除世俗菩提心存在的雜質，提升發心的純度、力度和廣度。

五、修學大乘，不忘解脫

漢傳佛教有八大宗派，每個宗派都是一個修行體系。但隨著學人根機漸鈍，很多法門修不起來，最後基本歸於念佛和參禪，以為這是兩個易行法門。其實不然。如果見地不夠，念佛往往念得懵懵懂懂，參禪更是流於口頭，不過在迷妄系統說些貌似覺悟的話。

之所以會這樣，主要是因為大乘解脫道的缺失。如果沒有解脫能力，怎麼對治迷惑煩惱？體證空性智慧？關於這個問題，我在修學中發現，三十七道品可以提供有針對性的解決途徑。說到三十七道品，我們往往以為是聲聞乘的修行，其實它是通大小乘的。

三十七道品包括四念處、四正勤、四神足、五根、五力、七覺支、八正道，從各個層面，架構了解脫道的完整修行，包括聲聞解脫道，也包括大乘解脫道。其中，四念處是立足於對身、受、心、法的觀察，訓練正念。四正勤又稱四正斷，分別是律儀斷、斷斷、修斷、防護斷，是關於精進的內容。四神足又稱四如意足，通過勤修八斷行，滅除五過患，開展止觀修行。五根和五力，分別是信、進、念、定、慧，最後導向七覺支和八正道，操作性很強。

通常，三十七道品主要出自阿含經論，而大乘經論的重點是六度四攝，偏向利他。但在《辯中邊論·辯修對治品》中，是從唯識宗的見地闡述三十七道品，依此建立大乘解脫道的修行。可以說，這是利他非常重要的基礎。如果忽略這個基礎，不具備解脫能力，又怎麼能引導眾生走向解脫？怎麼實現自利利他、自覺覺他的願心？

所以我一再強調，解脫是三乘教法的核心，區別只是在於，聲聞解脫道的修行，是立足於出離心，依苦、空、無常、無我的見地導向解脫。大乘解脫道的修行，是立足於菩提心，依諸法唯識、無自性空、如來藏的見地導向解脫。此外，我們還可適當吸收南傳內觀的方法，作為解脫修行的入手處。這樣就能放低起點，讓修行變得切實可行。

六、兼習三系，圓融無礙

同德班的課程，首先學《辯中邊論》、《唯識三十論》，進一步學《心經》、《金剛經》，最後學《六祖壇經》，囊括大乘唯識、中觀和如來藏三系的見地。

有人會覺得，學通一宗見地都不容易，為什麼要學三系？而且見地和見地不同，學了會不會衝突？確實，真正學透某個見地並不容易，把它用起來就更難。為什麼我們會這麼安排？因為在進入同德班之前，已有初級同喜和中級同修的基礎，多少接觸過唯識、中觀的思想，現在只是系統學修，並不會感到陌生。

同時，這些見地是從不同角度引導我們認識身心和世界，各有所長，彼此互補。比如唯識見是從妄心層面切入，可以幫助我們看清妄心真相，解決認識與存在的關係。修行要捨凡夫心、發菩提心，如果對妄心認識不清，修學就容易落入籠統、顢頇，缺乏針對性。

中觀見的長處是層層掃蕩，幫助我們認識到，不論心靈現象還是物質現象，其本質都是無自性的，所謂的生滅、垢淨、好壞、有無，都是條件關係的假相，並非真實不變的存在，從而打破二元對立，手段非常直接。

至於禪宗，雖然屬於如來藏的見地，但也很重視中觀見，尤其是《金剛經》。如果沒有般若中觀的基礎，直接宣導佛性的思想，有些人容易落入常見。在掌握中觀見之後，再來學習《六祖壇經》，了解「直指人心，見性成佛」的頓悟法門，才能體認純正的覺性，非有非空，非常非斷。

同德班課程中，還有《普賢行願品的觀修原理》，這是屬於觀想修。在此前的學習中，我們接觸的主要是觀察修和安住修，依此確立正見，轉化妄心，掃蕩粗重煩惱。所謂觀想修，就是以觀想作為修行手段，根據《普賢行願品》長行的引導，通過盡虛空、遍法界、十方三世極微塵數諸佛等觀修，直接體會佛菩薩那樣無限的心。

三級修學特別重視次第，在同德班課程中，關於空性禪修的設置同樣是由淺入深，次第井然的。這並不是說，要把以上所說的見地都學通了，才有能力修習解脫。我們可以根據自己的興趣、能力，選擇其中一種，依此展開空性禪修，也能抵達解脫彼岸。

最後，隨喜大家進入同德班。這是我們個人修學的新起點，也是利益眾生的新階段，希望大家繼續努力。

自序

《真理與謬論》一書是我為閩南佛學院學生講授《辯中邊論》的講記，也算是我多年從事唯識教學的一個副產品。

自一九八四年從中國佛學院畢業以來，我一直在福建佛學院、閩南佛學院開設唯識課程，先後講過《解深密經》、《攝大乘論》、《唯識二十論》、《唯識三十論》、《百法明門論》及《辯中邊論》等經論。在近二十年的唯識教學過程中，感覺自己收穫很大。因為這個因緣，我才能深入學習這些殊勝的典籍，並由此對凡夫心及依此顯現的虛妄世界有較為清晰的認識，同時也為我正確認識人生提供了很大的幫助。

《辯中邊論》是彌勒菩薩傳世的重要論典之一，也是唯識宗重要的依據論典。彌勒菩薩乃唯識宗初祖，所著《瑜伽師地論》被唯識宗尊為「本論」。唯識宗的依據典籍為「一本十支」，「本」便是《瑜伽師地論》，其餘十支皆為「本論」部分內容的延伸。《辯中邊論》雖為「十支」之一，但其地位僅次於「本論」。

從《辯中邊論》的名稱，便能了解此論的宗旨。辯為辯析，中是中道，邊是邊見。也就是說，本論是幫助我們認識：何為中道，何為邊見。正如歐陽竟無居士在《瑜伽師地論．敘》中所言：「《辯中邊論》者，敘七品以成瑜伽法相，而以中道為宗。」這使我想到另一部闡述中道的論典，即中觀學派所尊崇的《中論》。該論同樣以顯示中道實相為宗，並以「眾因緣生法，我說即是無，亦為是假名，亦是中道義」的著名偈頌，對中觀學派的中道實相觀作了高度概括。而《辯中邊論》的開篇，亦以「虛妄分別有，於此二都無，此中唯有空，於此亦有此。故說一切法，非空非不空，有無及有故，是則契中道」的偈頌，明確揭示了本論宗旨及如何認識中道實相。所不同者，中觀學派是依二諦設教，而瑜伽學派是依三性設教。

那麼，究竟什麼是中道？認識中道和我們的人生有什麼關係？要明白這些道理，首先要了解佛法對於人生的作用是什麼。概括地說，其作用正在於解決有情生命的問題。從佛法的角度來看，有情生命存在兩個重大問題：一是認識存在嚴重錯誤，二是生命存在重大缺陷。認識中的不足便是「無明」，因不明人生和世界的真相，從而引發種種邪見乃至煩惱執著，並進一步導致生命的缺陷。

中道代表著正確的認識，也就是符合真理的認識。唯有從認識上著手改變，才能打破我們生命中的無明。佛教中任何一個完整的修學體系，都必須確立自宗的中道見。在小乘佛教中，有部有有部的中道見，經部有經部的中道見；在大乘佛教中，唯識學派有唯識的中道見，中觀學派有中觀的中道見，乃至天台、華嚴各宗，也都有各自的中道見。

我們對任何一個宗派的學習，首先必須通過聞思獲得中道見。擁有正見之後，才有能力去判斷正與邪，才有能力去解讀一切經教，才懂得如何著手修行，也才有能力認識人生。擁有正見之後，我們才知道學佛要擺脫的是什麼，要通達的又是什麼。如果沒有聞思的中道見作為修行指導，所謂修行無異是盲目的，結果難以想像。

在多年探討教理的過程中，我覺得唯識的中道見對於我們認識人生、指導修行具有獨到之處。唯識學派以妄識作為有情生命的立足點，並以此解釋世界的存在及如何依修行成就解脫。和如來藏系統的經論相比，對於唯心所現這一問題的闡述，更貼近於現實人生，更易為人們所理解。因為我們現有的心就是妄心，充分了解妄心的活動規律，才有可能擺脫其作用和影響。而如來藏的真心、佛性說，雖能為我們提供成佛的信心和依據，但一般人卻難以觸及。

對於我們所認識的世界，中觀學派依二諦展開闡述，唯識學派則依三性進行說明。二諦者，一是世俗諦，二是勝義諦，將世界分為兩個層面。世俗諦，是凡夫認識中依緣而起的現象世界；勝義諦，是聖賢了知緣起無自性空並擺脫自性見後所通達的真實相。三性者，即遍計所執相、依他起相、圓成實相。與二諦教法的不同在於，三性將介入意識活動後呈現在認識上的錯覺影象和事實真相作了區分。因為我們所認識的世界，絕不是單純的客觀事實。在一切認識的境界中，必然介入我們的認識作用。三性的教法使我們了解到，我們對世界產生錯誤認識的根源究竟在哪裡。事實上，認識世界的真相也並非不可能，關鍵是擺脫我們的錯誤認識。

三性的中道實相觀是依有無而顯，如實認識三性的有無，遠離增益（常見）及損減（斷見）二邊之見，才能契入中道實相。在本論的七品中，反覆通過三性來辯析中道實相的真理。〈辯相品〉對三性作了系統的分析，詳細說明依他起相及圓成實相的種種差別及特徵。〈辯真實義品〉則依三性說明，我們所認識的世界乃至聞思的經教都存在三個不同層面。而在〈辯無上乘品〉中，「無顛倒轉變」是將三性的認識導歸於修行，成為心行上無顛倒的見，並依正見的力量契入空性，消除執著煩惱。「離二邊正行」則舉出種種二邊之行，以此顯示中道實相的正見。

作為大乘佛教瑜伽學派的論典，《辯中邊論》和《瑜伽師地論》、《大乘莊嚴經論》、《攝大乘論》等論典具有某些共同的特徵。首先，是建立在聲聞解脫道的基礎上。在《瑜伽師地論．本地分》中，完整敘述了三乘行者的修證次第，不似一般大乘經論那樣只談大乘的境行果。而在本論〈辯修對治品〉、〈辯修分位品〉、〈辯得果品〉中，也將解脫道與菩薩道結合起來，說明修行的內容、過程、結果。其次，是顯示大乘菩薩道更為殊勝。如《攝大乘論》依《阿毗達磨大乘經．攝大乘品》中所說的十種殊勝為綱領，說明大乘殊勝於小乘。而本論則在〈辯無上乘品〉中，通過正行無上、所緣無上、修證無上來顯示大乘的無上殊勝。

《辯中邊論》的講授前後歷時一年，根據留下的錄音，實際授課時間只有二十三次。課程結束後能留下這部講記，是件值得欣慰的事。這些功德應該迴向給聽課的女眾同學，沒有她們虔誠的聞法熱情，恐怕這門課我不會講得這麼有靈感。如果她們沒有錄音，講過也就結束了。由宏演、義慧、戒淨、修明、宏傳、涵偉、佛慈記錄，宏演整理，才有了《辯中邊論》的記錄稿，這種發心是很難得的。《辯中邊論》講記整理出來後，為了第六屆同學在畢業離校前拿到這本書，在書稿尚未修訂完善的情況下，就作為紀念品少量印出。一晃五六年過去，當年印刷的那批書早已送完。其間，有不少同學因學習需要向我索要本書，所以我也有心將本書修訂出版，為大家學習唯識提供參考。

去年，戒幢佛學研究所計畫編輯「戒幢佛學論叢」，《真理與謬論》即作為「叢書」的第一本，因而本書的完善工作也就提上了日程。在這一過程中，李尚全居士和演如師先後做過文字校對，中國社科院周貴華博士及西園寺淨慧師也指出了文稿中的一些不嚴謹之處，宗慧居士則綜合各種意見對文稿做了最後的加工。我非常感謝大家為本書付出的努力。

濟群

二〇〇四年元旦於五老峰阿蘭若

緒論

《辯中邊論》共三卷七品，是唯識宗的重要論典之一。唯識宗的依據典籍有六經十一論，《辯中邊論》是其中的一部。本論由偈頌和長行兩部分組成，偈頌為彌勒菩薩所造，長行的解釋為世親菩薩所造。所以，本論的作者實際有兩位，一是彌勒，一是世親。主要由彌勒菩薩所造，長行是世親菩薩對《辯中邊論》的注釋。因而，藏傳佛教學者都把這部論歸於彌勒菩薩五部論典之一。

一、作者

・彌勒

彌勒菩薩是瑜伽唯識學的初祖，同時也是這個世界的下一任佛陀，現居兜率天，為一生補處菩薩。釋迦牟尼佛在這個世界的教法消亡之後，再經若干劫，彌勒菩薩將從兜率天來到娑婆世界成佛，教化有緣眾生。

在大乘經典中，彌勒是一位非常重要的菩薩。打開重要的大乘經典，如《華嚴經》、《般若經》、《法華經》、《維摩詰經》、《寶積經》等，幾乎都會出現彌勒菩薩。在《華嚴經》中，善財童子五十三參所參訪的善知識中也有彌勒菩薩。《解深密經・分別瑜伽品》中，整品都是佛陀為彌勒菩薩開示大乘瑜伽止觀法門。另外，《彌勒上生經》、《彌勒下生經》則專門介紹彌勒菩薩經過幾十萬劫之後，來到人間開演龍華三會，弘揚佛法，廣度眾生。現在我們可以發願，將來追隨彌勒菩薩出家，修習菩薩道。

彌勒菩薩是未來的佛陀，和這個世界的關係比較密切。在印度及中國的佛教史上，有不少高僧大德親近彌勒菩薩的記載。他們在學習佛法的過程中，一旦碰到解決不了的問題，就前去兜率天找彌勒菩薩請教。《大唐西域記》中便有許多相關記載。如阿難弟子末田地，曾經上升兜率天禮拜彌勒，回來造其肖像；德光、天軍兩位唯識宗祖師，也曾上升兜率內院向彌勒菩薩請教。而《瑜伽師地論》、《辯中邊論》等唯識宗重要典籍，傳說就是無著菩薩恭請彌勒菩薩降臨人間演說的。

另外，中國很多祖師大德也與彌勒菩薩時有往來。如道安大師曾上升兜率陀院請教彌勒菩薩。近代的虛雲老和尚，在雲門寺被批鬥折磨時，也曾入定上升兜率內院去「避難」。諸如此類的記載還有很多。釋迦牟尼佛已經入滅，彌勒菩薩是娑婆世界未來的佛陀，我們遇到問題時自然去請他幫助解決。

彌勒菩薩為唯識宗的初祖。說到彌勒菩薩與唯識宗的關係，必須提到另外一個人——無著菩薩。無著降生於佛滅後九百年，婆羅門種性，北印度犍陀羅國布路沙城人氏。初出家於化地部，先從一位阿羅漢習小乘空觀。後在中印度阿踰陀國活動，因入定上升兜率內院向彌勒菩薩請益，聽聞大乘空觀。深感大乘教法的殊勝，於是轉向大乘佛法的弘揚。目前教界流傳的彌勒菩薩論典，據說便是由無著菩薩傳出的。

唯識宗的主要論典為「一本十支」，其中一本即為《瑜伽師地論》，十支則是《百法明門論》、《五蘊論》、《顯揚聖教論》、《攝大乘論》、《雜集論》、《辯中邊論》、《唯識二十論》、《唯識三十論》、《大乘莊嚴論》和《分別瑜伽論》。本為根本，支為支幹。如一棵樹，主幹是本，樹枝是支；如一個人，身體是本，手足是支。樹枝不能離開主幹，手足不能離開身體，否則便無處安置。同樣，唯識宗的十部論典皆以《瑜伽師地論》為根本，分別根據其中部分內容所造，對其中部分思想進行演繹，形成了十部支論。所以，《瑜伽師地論》是學習唯識宗的必讀典籍。

除《瑜伽師地論》外，彌勒菩薩還有許多論典。在印度和中國西藏，普遍認為彌勒菩薩有五部論典傳世，即《現觀莊嚴論》、《大乘莊嚴經論》、《辯法法性論》、《辯中邊論》、《究竟一乘寶性論》，世稱「彌勒五論」。其中《辯法法性論》由法尊法師在民國年間譯成漢文。當時，唯識大家歐陽竟無為朱芾煌編的《法相辭典》作序，稱法尊法師所譯的《辯法法性論》不符合彌勒思想，理由是與玄奘所譯的《辯中邊論》思想有出入。歐陽竟無在序中稱：「新貴少年（指法尊法師）譯彌勒《辯法法性論》，以實無而現為虛妄，以無義惟計為分別，此可謂彌勒學乎？彌勒《辯中邊論》，明明說虛妄分別有，明明說非實有全無。其言無者，無二也，其言有者，妄中有空空中有妄也。而彼但以二取名言之現實無惟計，以盡概乎虛妄分別之義。」為此，法尊法師撰寫《駁〈法相辭典序〉》，對照藏文作了說明。

近代太虛大師曾編《慈宗三要》，為我們建構了一個修習慈宗的框架。這裡的「慈宗」並非指慈恩宗（因玄奘三藏在慈恩寺翻譯唯識典籍，故唯識宗又名慈恩宗），而是源於慈氏菩薩之名，慈氏即彌勒菩薩。太虛大師認為，唯識思想雖然始創於彌勒，但現在流傳的唯識，基本是以《成唯識論》為理論依據。唯識宗即根據此論立名。唯識宗的依據典籍為六經十一論，亦是《成唯識論》的依據論典。《成唯識論》乃玄奘三藏將印度十大論師對《唯識三十論》的注解糅譯而成，其中又以護法的思想為主。所以，現在我們學習的唯識宗，主要代表著護法的思想。

慈宗則以彌勒的論典為主。彌勒論典有很多，太虛大師選擇了其中最具代表性、學習起來又較為容易的三部經論，一是《瑜伽師地論·真實義品》，二是《瑜伽菩薩戒》，三是《彌勒上生經》，分別代表了境、行、果，構成慈宗完整的修學體系。

〈真實義品〉幫助我們了解境的真實，雖然它只是《瑜伽師地論》中的一品，卻是全論重要的一品，太虛大師也曾專門講解過。〈真實義品〉對空有問題的闡述可謂無比透徹，可以為我們學習《辯中邊論》提供參考。「瑜伽菩薩戒」代表「行」，也就是菩薩行。學習慈宗的人，要持「瑜伽菩薩戒」，依此菩薩戒的規範生活。最後，生到《彌勒上生經》所說的彌勒淨土。《太虛全書》裡，還收錄了太虛大師編寫的關於彌勒淨土的修行儀軌。

北京曾有位韓鏡清老先生，是中央民族學院的教授，擅長藏文，從藏傳大藏經裡翻譯了很多唯識方面的論疏，包括很多玄奘三藏沒有翻譯的論著。老先生在北京成立了慈氏學會，專門弘揚唯識，每週開設唯識學講座。中國佛學院的老師及很多居士學者經常前去聽課。他原來弘揚的是玄奘的唯識學，聽說他老人家後來又不滿《成唯識論》，回到慈氏學上展開研究和弘揚。這幾年各地陸續成立慈氏學會，專弘彌勒學，可謂是佛教界的盛事。

·世親

彌勒把《辯中邊頌》的頌文傳給無著，再由無著傳給世親。世親為頌文作了注釋，即《辯中邊論》的長行。所以，單有頌文的稱為《辯中邊頌》，梵文原典和早期流通的即為此。翻譯到中國後，將彌勒的頌文和世親的注釋合為一體，並按漢譯典籍的慣例加上「論」字，稱《辯中邊論》（真諦譯稱《中邊分別論》），表示這部典籍屬於論藏。

世親是無著之弟，早期於小乘有部出家。當時印度盛傳有部思想，迦濕彌羅國的有部學者為保持理論上的純正，進行了佛教史上著名的第四次結集，結集的論典便是《大毗婆沙論》。世親為了學習這部祕不外傳的論典，便匿名來到迦濕彌羅國，以三年時間徹底掌握了《大毗婆沙論》的思想。回到犍陀羅國後，世親撰寫了《俱舍論》，此論對我們學習唯識學具有重要的參考價值。

世親雖在有部出家，但對有部的教義不太滿意，於是又去研究經部的思想，但始終不信大乘，並造論誹謗大乘。無著為使其轉信大乘，託病請世親前來。世親到來後，無著安排弟子在世親住處誦《華嚴經・十地品》，世親方知大乘佛法如此殊勝，痛悔以往謗法之業，欲割舌謝罪。無著勸阻道，你過去以舌誹謗大乘，今後應以舌弘揚大乘。從此，世親極力弘揚大乘。一方面為彌勒、無著的論典作注釋，如《辯中邊論》、《攝大乘論》等；一方面造論弘揚唯識學說，如《唯識三十論》、《唯識二十論》等。唯識學始創於彌勒和無著，但到世親才完善了唯識學的整個理論體系。

二、翻譯和注釋

本論先後兩次譯成漢文，除我們現在使用的玄奘譯本外，之前還有南朝陳永定二年（西元五八八年）的真諦譯本，名《中邊分別論》。真諦譯完此論之後，又撰寫注疏三卷。真諦也是中國三大佛典翻譯家之一，所譯經論非常之多，其中重點翻譯的便是唯識典籍。玄奘所譯的唯識典籍，真諦大多翻譯過。但玄奘對真諦所譯持不同看法，在玄奘翻譯的唯識論典，尤其是其弟子窺基的著述裡，對真諦翻譯的唯識論典有很多批判，認為真諦所譯錯誤很多，所以進行重譯。因此，後人把真諦所譯稱為「舊譯」，玄奘所譯稱為「新譯」。

真諦翻譯的唯識典籍裡，最著名的是《攝大乘論》。真諦在譯了這部論之後，極力弘揚，形成了中國佛教史上的「攝論宗」。唯識學在中國的弘揚，先後經歷了三個時期。最初，菩提流支翻譯《十地經論》後，許多人研究弘揚，依此形成了「地論宗」，為「地論時期」。其後，真諦翻譯《攝大乘論》，門人弟子繼承弘揚，形成「攝論宗」，盛行一時，為「攝論時期」。玄奘三藏西去求法之前，對當時教界流行的地論和攝論特別感興趣，參訪了許多名師並深入學習研究，對唯識學已有很深的造詣。但感於當時流行的唯識學說尚存在很多問題，促使他萌發求法之意。玄奘在印度學法十七年，足跡遍及五印，參訪了眾多大小乘乃至外道名師，其中跟隨戒賢論師受學時間最長。他歸國後廣譯經論，內容以法相唯識學的經論為主，由此形成唯識宗弘揚的第三個階段，即「識論時期」，也稱「《成唯識論》時期」。《成唯識論》是關於《唯識三十頌》的注疏，玄奘三藏結合十大論師的思想，並以護法的思想為主糅譯而成。所以，現在的唯識學其實是護法一系的思想。

《辯中邊論》由玄奘三藏在唐朝龍朔元年（西元六六一年）所譯，共三卷。弟子窺基根據玄奘的譯本及講述，撰寫了《辯中邊論述記》。類似於現代由法師講述，學生記錄、整理的講記。《辯中邊論述記》共三卷，可以為我們學習《辯中邊論》提供參考。只是文字較為艱澀，讀起來可能比較困難。但真正發心學好這部論典，窺基的《述記》是必讀的。

另外，在藏文典籍中，也有《辯中邊論》的譯本和安慧論師的注解。一九二八年，還在尼泊爾發現了安慧注解的梵文寫本。在藏文《大藏經》裡，很多經論都是漢地所沒有的。而藏文語法結構與梵文相似，佛經從梵文翻譯成藏文，不會走樣太多。現在北京有不少居士都在學習藏文，因為研究佛學有必要了解原始的佛教文獻。譯本難免有不盡如人意之處，如果能夠掌握原始文獻，可靠程度就大得多。對於有志於進一步研究佛學的同學來說，如果懂得梵文、藏文的《辯中邊論》資料，學習起來就會有利得多。

近代，太虛大師也撰寫了《辯中邊論頌釋》，對頌文作了簡單的解釋，沒有解釋長行。我對太虛大師的《頌釋》沒有很認真地閱讀，只是大體翻了一下，覺得他老人家講的唯識不太純正。如對《辯中邊論》中的「空、有」進行闡述時，總是把中觀的思想帶到唯識中來，而唯識和中觀對「空、有」問題的看法有相當距離。當然，《頌釋》是比較容易讀懂的一本參考書，但我們必須清楚，哪些地方不符合正統的唯識思想。此外，呂澂居士的《辯中邊論講要》也可作為參考。有關《辯中邊論》的參考資料，大概就是這些。

三、本論的組織和結構

《辯中邊論》由頌文和長行兩部分組成，共一百一十五頌。最初一頌為歸敬頌，最後一頌為迴向功德，此二頌及長行為世親菩薩所造。中間的一百一十三頌，又稱本頌，為彌勒菩薩所造。其中，第一頌「唯相障真實，及修諸對治，即此修分位，得果無上乘」是總標綱宗，提綱挈領地闡述了本論的綱要。其次的一百一十一頌為別釋，將全論內容分為七品進行闡述：第一〈辯相品〉，第二〈辯障品〉，第三〈辯真實品〉，第四〈辯修對治品〉，第五〈辯修分位品〉，第六〈辯得果品〉，第七〈辯無上乘品〉。最後一頌「此論辯中邊，深密堅實義，廣大一切義，除諸不吉祥」是結釋，總結並說明本論為何名為《辯中邊論》。

四、解釋題目

本論名《辯中邊論》。「辯」為辨別，「中」是中道，「邊」是邊見，論是討論。綜合整個題目，我們就可以了解到，本論是討論中道與邊見的不同。

什麼是中道？什麼是邊見？中道即正道、成佛之道。世尊在鹿野苑初轉法輪時，就提出了中道的修行生活。《中阿含經．晡利多品羅摩經》云：「五比丘！當知有二邊行，諸為道者所不當學：一曰著欲樂下賤業凡人所行；二曰自煩自苦，非賢聖求法，無義相應。五比丘！捨此二邊，有取中道，成明成智，成就於定，而得自在。趣智趣覺，趣於涅槃，謂八正道。正見乃至正定，是謂為八。」這是以八正道為中道，包括正見、正思惟、正語、正業、正命、正精進、正念、正定。八正道的修行是以正見、正思惟為基礎，並遠離和真理不相應的不健康生活方式。同時，還要遠離常人所熱衷的物欲生活，及當時很多宗教宣導的無益苦行。佛陀指出，正確的生活方式必須遠離以上二邊，按八正道修行，方能成就智慧、成就解脫、成就涅槃。

大乘中觀學派也特別重視中道見的獲得。中觀學派的核心典籍為《中論》，亦以成立中道為宗，開頭即以「不生亦不滅，不常亦不斷，不一亦不異，不來亦不出。能說是因緣，善滅諸戲論，我稽首禮佛，諸說中第一」的偈頌揭示了全論宗旨。不生、不滅、不常、不斷、不一、不異、不來、不去，合稱「八不」，要求我們遠離八種邊見。世間凡夫、外道乃至佛教中部分部派佛教的學者，由於智慧不足，對於世間的認識很難擺脫這八種邊見，覺得有生可生，有滅可滅，並於生法起常見，於滅法起斷見。《中論》通過緣起智慧的觀察，幫助我們破除生滅、斷常、來去、一異等邊見，從而獲得如實見，契入中道實相。

《辯中邊論》和《中論》一樣，也是以顯示中道為宗。開篇就揭示中道的內涵：「虛妄分別有，於此二都無，此中唯有空，於彼亦有此。故說一切法，非空非不空，有無及有故，是則契中道。」這是依三性教法建立唯識的中道實相觀。三性者，一是遍計所執性，二是依他起性，三是圓成實性。三性立足於依他起性而展開，即妄識活動後所呈現的「似能取的見分」和「似所取的相分」是有的，為緣起的假有；在依他起性生起的妄執，即我執、法執的境相是沒有的；而在依他起性上不起妄執，現量顯現的空性——圓成實性又是有的。認識到三性中遍計所執性非有，依他起性、圓成實性非無，同時了知依他起性與圓成實性的非一非異，便能獲得唯識的中道實相觀。

中道代表著諸法的真實，是建立在如實見的基礎上。凡夫眾生之所以不能認識中道者，主要是因為缺乏如實見，因而在認識上落入種種邊見。關於邊見，《辯中邊論・辯無上乘品》列舉了世間、外道及聲聞學者認識中的種種邊見，如一性異性邊、常無常邊、有情增減邊、法增減邊、能所治邊、斷常邊、能所取邊、染淨邊。又引《大寶積經》所說的有非有邊、能所取邊、怖畏邊、能所寂邊、正邪邊、有用無用邊、不起及時邊七種邊見作為說明。凡夫眾生之所以不能認識中道，正是因為落入種種邊見中。如果離開邊見，自然就能契入諸法的真實相。特別需要注意的是，中道並非相對於邊見以外的另一法，遠離邊見也不是要讓我們去執取中道。因為中道實相是我們無法執取的，也不是相對的。事實上，中道既沒有中也沒有邊，超越時間、空間，也不具有任何形式。如果能在如實智的觀照下，一色一香無非中道。如果是顛倒妄想，妄執於有無，那就離中道十萬八千里了。

《辯中邊論》正是幫助我們認識：什麼是中道，什麼是邊見。從認識論角度，幫助我們樹立中道見，遠離邊見。從修證論的角度，幫助我們獲得中道行，遠離極端、不善等與真理不相應的行為，最終成就大涅槃、大菩提果。

辯相品第一

「相」即體相。在佛法裡，除了「相」的概念，還有「性」的概念，兩個概念大家要分辨清楚。通常來說，「相」指現象，「性」指體性、本質，兩者是不同的。如《大乘起信論》中講體、相、用三大，體指體性，相指現象，用指作用。那麼，唯識典籍中所講的唯識相、唯識性的相和性是否一樣呢？也不一樣。唯識性，指真如、法性，屬於無為法；唯識相是妄識依他起的現象，屬於有為法。但在更多的情況下，唯識宗所說的相和性，其概念又是相通的，如三相也稱為三性。所以，這裡所說的「辯相品」，亦可稱為「辯性品」。因為「相」指體相，「性」指體性，內涵是一致的。

〈辯相品〉闡述了諸法的體相。諸法指宇宙間的一切法，包括有為法和無為法。對於一切法的差別，中觀宗以二諦進行闡述，唯識宗則以三性進行說明。唯識宗認為，諸法不外乎三性。第一為**遍計所執性**，是凡夫顛倒認識呈現出來的錯覺境相，事實上根本不存在。第二為**依他起性**，是賴耶海洋中隨緣生起的種種心識活動，其表現形態為似能取的見分和似所取的相分，其存在只是因緣的假相，是假有的，如夢幻泡影，但卻不可以認為它沒有，否則會落入斷滅見。第三為**圓成實性**，是建立在如實認識依他起相的基礎上，即在依他起的似能取所取相中不起能所執，當下現證的空性，為真實有，且是最高的真實。

三性中，實質上只有兩性是有，還有一性是沒有。既然是沒有，為什麼還要開為一性呢？因為在凡夫的認識中，遍計所執性是有的，所以唯識宗才將遍計所執性列出來，然後進一步告訴大家，這是沒有的。如果不加以說明，怎麼知道它是沒有呢？因為，遍計所執性是錯覺的顯現，這種境界實際並不存在，但在凡夫的認識中，又確確實實認為它是存在的，這才使得有情不能認識世界的真相。

〈辯相品〉共二十二頌，主要講依他起和圓成實二相。因為這二相是有的，所以列出來辨別討論。其中前十一頌講虛妄相，即依他起性；後十一頌講空相，也就是圓成實性。

初歸敬頌

稽首造此論，善逝體所生。及教我等師，當勤顯斯義。

學習一部論之前，要懷著感恩心，先禮敬三寶、禮敬造論的作者。只有懷著感恩、恭敬之心，才能學好佛法，否則就不會有真實受用。《普賢行願品》十大願王中，第一願就是「禮敬諸佛」。為什麼要禮敬諸佛？是不是佛陀沒有我們禮敬就覺得難受呢？不是的。這是為了讓我們更好地學習論典，得到佛法的真實利益。

「稽首」是頂禮、禮敬的意思。頂禮什麼人呢？頂禮「造此論」者。學習本論，首先要禮敬本論作者。「善逝」是佛陀十大名號之一。「體所生」，指佛子從佛法修學中成就法身慧命，將來方能繼承如來家業，這裡特指彌勒菩薩。「及教我等師」，世親菩薩又說，除彌勒菩薩以外，還有教我的老師無著菩薩，這是第二個要禮敬的對象。「當勤顯斯義」，禮敬之後，進一步勉勵自己努力弘揚《辯中邊論》。

甲一、總標

此中最初安立論體。頌曰：

唯相障真實，及修諸對治。即此修分位，得果無上乘。

論曰：此論唯說如是七義。一相，二障，三真實，四修諸對治，五即此修分位，六得果，七無上乘。

這是本論的大綱，也就是前面所說的總標綱宗的內容。「論曰：此論唯說如是七義。」這部論說了如下七方面的內容。「一相」，即第一〈辯相品〉；「二障」，即第二〈辯障品〉；「三真實」，即第三〈辯真實品〉；「四修諸對治」，即第四〈辯修對治品〉；「五即此修分位」，即第五〈辯修分位品〉；「六得果」，即第六〈辯得果品〉；「七無上乘」，即第七〈辯無上乘品〉。本論共由此七部分組成。

〈辯相品〉依三性說明諸法體相，說明虛妄唯識相的依他起性及真實的空性。〈辯障品〉的障為障礙，辨明修道過程中種種障礙差別，有總障、別障，如三乘總障、修行次第障、覺分障、十度障等，是修學佛法過程中所應斷除的煩惱及所知障。〈辯真實品〉依三性顯示諸法真實，是修學佛法所應通達的。〈辯修對治品〉主要內容是修習三十七道品，由此契入空性，對治煩惱。〈辯修分位品〉、〈辯得果品〉闡述修行要經歷的過程和結果。〈辯無上乘品〉從正行無上、所緣無上、修證無上等三方面顯示大乘法門的殊勝。

唐譯本根據七義分說七品，但梵藏本只有五品，合對治、分位、得果為一品。

甲二、虛妄分別相

乙一、有無中道相

今於此中先辯其相。頌曰：

虛妄分別有，於此二都無。此中唯有空，於彼亦有此。

論曰：虛妄分別有者，謂有所取能取分別。於此二都無者，謂即於此虛妄分別，永無所取能取二性。此中唯有空者，謂虛妄分別中，但有離所取及能取空性。於彼亦有此者，謂即於彼二空性中，亦但有此虛妄分別。若於此非有，由彼觀為空。所餘非無故，如實知為有。若如是者，則能無倒顯示空相。

這是辯「虛妄分別相」中第一部分的內容，標題為「有無中道相」，辨明中道是什麼。中觀學派依二諦來說明中道，唯識宗則是依據三性來說明中道。

「論曰：虛妄分別有者。」虛妄分別指的是妄識。有情的認識具有虛妄分別的特徵，而物質是沒有虛妄分別的。唯識宗所講的八識，前五識、第六意識、第七末那識和第八阿賴耶識，這些識都是妄識。

印順導師把大乘佛教歸納為三大體系：虛妄唯識系、性空唯名系和真常唯心系。唯識宗屬於虛妄唯識系，因為唯識宗重點談妄識，虛妄分別就是妄識的特徵。從唯識宗的角度來說，妄識是否包括色法？是否包括相分？當識的活動展開之後，妄識以怎樣的形態出現？當識活動時，以見分和相分的形式出現。既然妄識包括見分和相分，當然也就包括色法。所以，唯識宗講妄識時，同時也包含了色法。《百法明門論》說：「一切最勝故，與此相應故，二所現影故，三位差別故，四所顯示故。」「二所現影」，指色法是心和心所兩者顯現的。既然是心和心所顯現的，也就沒有離開心。所以在《攝大乘論．所知相分》中，把依他起的現象都叫做識，包括心法和色法、相分和見分，並以十一種識加以說明。

「虛妄分別有者，謂有所取能取分別。」虛妄分別的妄識是有還是沒有呢？本論告訴我們，「虛妄分別有」，也就是說，妄識作為緣起現象是有的。妄識的有又是如何表現的呢？當妄識活動時，以見分和相分兩種形態出現。見分是似能取，相分似所取。這依他起的似能取所取相是有的。

「於此二都無者，謂即於此虛妄分別，永無所取能取二性。」虛妄分別的妄識展開活動之後，顯現似能取的見分和似所取的相分。在沒有介入主觀意識的情況下，依他起的見分、相分是有的。一旦凡夫的主觀意識參與分別之後，似能取的見分和似所取的相分就變成我法二執。在見分上產生我執，在相分上產生法執。「我」究竟有沒有呢？事實上，主宰、常恆、不變的生命主體「我」是不存在的。而我們在依他起相上所產生的實在感，及種種分別的遍計所執相，客觀上也是沒有的。所以說，「於此二都無」。

「此中唯有空者，謂虛妄分別中，但有離所取及能取空性。」此處的「空」，非一般所說的「空」，而是指「空性」。學習唯識宗，對「空」和「空性」的概念要分清楚。在唯識宗裡，一般說到「空」的時候，就是指沒有，不同於中觀宗所說的「性空」。性空不礙緣起，而唯識宗認為：有就是有，空就是空；煩惱就是煩惱，菩提就是菩提；生死就是生死，涅槃就是涅槃。斷了生死才能證得涅槃，斷了煩惱才能成就菩提。當然，在唯識宗的典籍中，也有「煩惱即菩提，生死即涅槃」的說法，但它的解釋和中觀完全不同。

「此中唯有空者。」這個「空」是「空性」的簡稱，不是指「空」。「空」是什麼也沒有，而「空性」正相反，「空性」是有，是勝義有。如何去認識「空性」？需要透過依他起的虛妄分別現象去認識。所以，「謂虛妄分別中，但有離所取及能取空性」。在認識虛妄分別時，一旦不起所取的法執和能取的我執，空性就能現量證得。所以，「空性」要透過依他起的虛妄分別的現象去認識。

「於彼亦有此者。」彼，指空性；此，指虛妄分別相。虛妄分別相和空性的關係如何呢？「謂即於彼二空性中，亦但有此虛妄分別。」空性沒有離開虛妄分別相，透過虛妄分別相能夠認識空性。能不能說虛妄分別相就是空性，或空性就是虛妄分別相呢？不能。因為空性的本質是清淨的，而虛妄分別相則是染汙的。所以，只能說虛妄分別相和空性的關係不一不異。如果說空性就是虛妄分別相，這不對；如果說空性和虛妄分別相是截然不同的兩個東西，也不對。在《解深密經．勝義諦相品》中，對空性和虛妄分別相不一不異的關係分析得非常清楚。

「若於此非有，由彼觀為空。所餘非無故，如實知為有。若如是者，則能無倒顯示空相。」《瑜伽師地論．菩薩地》的〈真實義品〉中，對空有的問題闡述得很詳盡，比《辯中邊論》更清晰。大家將來有機會學一學〈真實義品〉，可以對唯識宗的空有問題有進一步的認識。它告訴我們，怎樣從唯識的角度去認識空和有，並幫助我們區分中觀和唯識對空有的不同看法。

中觀說空有的關係，「色不異空，空不異色，色即是空，空即是色」（《心經》）。有即是無，無即是有；空不能離開有，有不能離開空，是為空有不二。那麼，唯識是怎麼說的呢？「若於此非有」，如果某種現象在事實上沒有，如龜毛兔角，一絲一毫也不存在，「由彼觀為空」，所以說它是空的。可見，唯識的空不是即有即空。空指的是沒有，因為它沒有，所以說是空。如果它有，就不可以說它是空。「所餘非無故，如實知為有。」如果這種現象是存在的，應該「如實知為有」。事實上存在的，就應該認為它有。也就是說，事實上是沒有的，就說它沒有；如果事實上是存在的，就應該承認它有。「若如是者，則能無倒顯示空相。」如果是這樣的話，才能正確認識諸法空相。空相就是空性，也就是諸法的真實相。這就是說，中道的認識應當建立在如實見的基礎上。

復次頌曰：

故說一切法，非空非不空。有無及有故，是則契中道。

論曰：一切法者，謂諸有為及無為法。虛妄分別名有為，二取空性名無為。依前理故，說此一切法非空非不空。由有空性虛妄分別故說非空，由無所取能取性，故說非不空。有故者，謂有空性虛妄分別故。無故者，謂無所取能取二性故。及有故者，謂虛妄分別中有空性故，及空性中有虛妄分別故。是則契中道者，謂一切法非一向空，亦非一向不空。如是理趣妙契中道，亦善符順《般若》等經，說一切法非空非有。

「故說一切法，非空非不空。有無及有故，是則契中道。」本頌的內容是對前一頌進行總結和歸納。「論曰：一切法者，謂諸有為及無為法。虛妄分別名有為，二取空性名無為。」一切法不外乎三性，依三性可以正確認識宇宙人生的一切法。法包括有為法和無為法，除此而外，佛教對法還有種種不同的歸納方式，如雜染法、清淨法，有漏法、無漏法，世間法、出世間法，五蘊、十二處、十八界，五位七十五法、五位百法等等。

「虛妄分別名有為。」妄識所顯現的見分、相分，都屬於虛妄分別相的範疇，是有為法。有為法即有生滅、有造作，是緣起的。反過來說，「二取空性名無為」。由空去能取執、所取執顯現的空性，即為諸法實性，如圓成實性、真如等，是無為法。無為法不是緣起的，沒有生滅、沒有造作。雖然無為法不是緣起的，但也沒有離開緣起法。所以，無為法必須透過緣起的有為法去認識。

「依前理故，說此一切法非空非不空。」對一切法應該怎樣去認識？既不可一概認為一切法都是空，也不可一概認為一切法都是不空。這兩種極端認識都是錯誤的，確切地說，應該是「若於此非有，由彼觀為空。所餘非無故，如實知為有」，「故說一切法，非空非不空」。如何理解非空、非不空的道理呢？

「由有空性虛妄分別故說非空。」因為空性是有，是勝義有；虛妄分別也是有，是緣起有、世俗有。兩者都是有，所以說非空。「由無所取能取性，故說非不空。」非不空就是空，空去能取性的我執和所取性的法執。我執、法執為遍計所執，遍計所執非不空，非不空就是空，也就是說遍計所執是空。依他起和圓成實是有，有就是非空，無就是非不空。「有無及有故」，什麼是有？「有故者，謂有空性虛妄分別故」，空性和虛妄分別是有。哪些是無？「無故者，謂無所取能取二性故」，所取性的法執和能取性的我執，我法二執即遍計所執，遍計所執是無。

「及有故者，謂虛妄分別中有空性故，及空性中有虛妄分別故。」這裡的「有」是說明虛妄分別相和空性的關係：空性要透過虛妄分別相去認識。反過來說，空性沒有離開虛妄分別相。虛妄分別相與空性不一不異，空性是虛妄分別相的實性，虛妄分別相是空性上所顯現的妄相。在空性中並不存在虛妄分別相，但是空性又沒有離開虛妄分別相。

「是則契中道。」正確認識空性和虛妄分別的關係，就可以契入中道實相。中道就是「謂一切法非一向空，亦非一向不空」。對一切法的認識，認識到「非一向空」，不是一概皆空；「亦非一向不空」，也不是一概不空。「如是理趣妙契中道」，理解到非空非不空，才能符合中道。「亦善符順《般若》等經」，也符合《般若經》的思想。「說一切法非空非有」，是唯識宗對《般若經》非有非空思想的獨到理解和解釋。所以，唯識學者以《般若經》中說諸法無自性空為密意說，這種解釋顯然與中觀學者對《般若經》的解釋有一定差異。

乙二、自相

如是已顯虛妄分別有相無相，此自相今當說。頌曰：

識生變似義，有情我及了。此境實非有，境無故識無。

論曰：變似義者，謂似色等諸境性現。變似有情者，謂似自他身五根性現。變似我者，謂染末那，與我痴等恆相應故。變似了者，謂餘六識，了相粗故。此境實非有者，謂似義似根無行相故，似我似了非真現故，皆非實有。境無故識無者，謂所取義等四境無故，能取諸識亦非實有。

第二部分說明妄識的自相。自相，即妄識的自體相。虛妄分別識究竟以什麼樣的形式存在？這部分內容，就是解答這個問題。

「論曰：變似義者，謂似色等諸境性現。」什麼是變似義？偈頌的第一句「識生變似義」可以完整回答。誰變？識變。唯識思想及其建立，主要體現在哪裡？為什麼說諸法唯識？原因是一切法皆是識所變現的。所以，要注意的是「變」字。許多人對「變」字往往不能正確認識。如有人就說：既然是唯識所變，你給我變一個月亮出來。或者你給我變一台電視機，免得我花錢去買。能變得出來嗎？要知道，唯識所變與魔術師的變並不一樣。唯識所變必須具備因緣條件，絕不是無中生有，也不同於一神教所說的上帝，想造什麼就造什麼。與唯識所變相應的還有一句話，叫做「因緣所生」。太虛大師的著作中經常出現這兩句話：「因緣所生，唯識所變。」這正是要領。所以說，唯識所變不能離開因緣。離開因緣的唯識所變，就成為哲學上的唯心或一般宗教所說的神造，與唯心論者或宗教神學沒有什麼區別。這點一定要注意。

在唯識宗裡，唯識所變又包括「因能變」和「果能變」兩種。什麼是因能變呢？「因」指阿賴耶識的種子。種子說在唯識學中非常重要，唯識所變不能離開種子。種子有兩種，即名言種子和異熟種子。兩種種子在因緣成熟的情況下，顯現心法、色法，展開宇宙人生的一切現象。也就是說，以種子作為因，由種子現行之後展開宇宙萬有，這是因能變。

什麼叫果能變呢？「果」是種子現行後的結果，其核心內容是八識。當八識活動的時候，就會自然呈現出見分、相分，這一過程就是果能變。所以，果能變是八識的自證分變現見相二分。

此外，在唯識學上還有「一能變」和「三能變」的思想。在唯識學的典籍中，關於能變問題可分為兩類：一是屬於一能變，另一是屬於三能變。

《解深密經》、《攝大乘論》、《大乘莊嚴經論》等經論，所宗的基本是一能變思想。什麼是一能變呢？它建立第八識為根本識。在八個識中，只有第八識是能變，其餘七識皆是所變，不具備能變的功能。

最能體現三能變思想的論典，當推《唯識三十論》。在這部論中，將八個識歸納為三種能變。初能變為第八阿賴耶識，二能變為第七末那識，三能變為前六識。也就是說，八個識都具備能變的功能。

那麼，《辯中邊論》究竟屬於一能變還是三能變的思想呢？在玄奘翻譯的《辯中邊論》中，所宗的是三能變的思想。而真諦翻譯的《中邊分別論》，則體現了一能變的思想。如《辯中邊論》中的「識生變似義，有情我及了」，顯示了三能變的思想。在《中邊分別論》裡，相應的內容則是「塵根我及識，本識生似彼」。也就是說，所有的根身、器界、種子、我相，這一切的一切，是「本識生似彼」，即根本識所變現。

「識生變似義。」識在這裡指第八根本識。生是生起，即現行的時候，變是變現，似是相似，義是所取的境界。即本識活動的時候，變現似所取的境界。論曰：「變似義者，謂似色等諸境性現。」本識所變的似所取境界是什麼呢？似色等，即山河大地的色等器界，這些境界是如實的顯現。

「變似有情者，謂似自他身五根性現。」變似有情指根身。根本識在活動的時候，變現似所取的自、他的根身。第八識所緣的境界有種子、根身、器界。當前六識緣第八阿賴耶識變現的境界時，這些境界是作為疏所緣緣而存在。

所緣的境界為所緣，以所緣的境界作為緣，即所緣緣。所緣緣有兩種：親所緣緣和疏所緣緣。當每個識認識境界時，如眼識認識色境，耳識認識音聲，乃至意識認識法塵，這些所緣是親所緣緣。但是，親所緣緣必須以第八阿賴耶識變現的境界，即疏所緣緣作為緣。因為它不直接親緣，所以稱為疏所緣緣。第八識所變現的根身、器界等等，都是作為前七識認識境界時的疏所緣緣。

「變似我者。」在認識過程中，凡夫眾生總覺得有一個「我」。這個「我」是誰變現的呢？「謂染末那，與我痴等恆相應故。」這個我，是染汙的末那識所變現的。染汙末那識最大的特點，就是變現自我，然後錯誤地執我。生命最大的弱點就是自私，即強烈的自我。俗話說，「人不為己，天誅地滅」，就根源於末那識。通常，人們所表現的自我是前六識的表現。因為末那識與阿賴耶識屬於潛意識的範疇，並不直接表現出來，其活動必須通過前六識來表現。所以，末那識是作為前六識的染淨依而存在，即雜染所依，其根本特點是以強烈的我執影響著前六識的活動。

末那識為什麼會有如此強烈的自我呢？為什麼會變現一個自我呢？原因是「與我痴等恆相應故」。末那識的現行有四煩惱與其恆常相應，即我痴、我見、我愛、我慢。末那識恆常與此四種煩惱心所相應，致使它產生強烈的自我。

「變似了者，謂餘六識。」「了」指了別境界，它是前六識的功能。識即了別之義，其特點在於「了相粗」。前六識認識的境界比較明顯、比較粗糙。這裡所說的粗，是相對於細而言。因為第七識、第八識的境界比較細微，細微到不易覺察。如阿賴耶識以山河大地作為它的所緣境界，以根身作為它的所緣境界，以種子作為它的所緣境界，這些所緣境都不容易意識到。同樣，末那識變現一個強烈的自我，執著第八阿賴耶識的見分為我，也不容易被意識到。凡夫的感官非常粗糙，只能感知一些比較粗糙的境界。所以，一般人能意識到的只是前六識所緣的六塵境界。

前面所講的八個識，即三種能變所變現的器界、根身、自我和六塵。前兩句的內容，主要從依他起的角度說明識變現境界的差別。從妄識的意義上說心和心所變現的境，雖是虛妄分別的顯現，但它卻是有的。

「此境實非有，境無故識無。」當妄識所顯現的見相二分以依他起的形式存在時，是因緣的假有，確實是有的。可依他起境界是意識所緣的對象，一旦意識以此為所緣境時，依他起相就成為遍計所執相了。事實上，凡夫都是生活在遍計所執的世界中，我們在依他起相上產生的我執、法執，客觀上根本不存在。如果我們能夠認識到依他起相只是因緣假相，於妄境上不起妄執，妄識自然也將隨之息滅，所謂境無故識無也。

復次頌曰：

虛妄分別性，由此義得成。非實有全無，許滅解脫故。

論曰：虛妄分別由此義故成非實有。如所現起非真有故，亦非全無。於中少有亂識生故，如何不許此性全無？以許此滅得解脫故。若異此者，繫縛、解脫則應皆無，如是便成撥無雜染及清淨失。

本頌是對前一頌的總結，意思與前一頌相同。前頌已說明了虛妄分別的存在形式，現在對存在的實質作進一步判斷，說明它究竟是有還是無。

「論曰：虛妄分別由此義故成非實有。」這是第一個判斷。從以上說明可以看出，虛妄分別不是實有。這裡所講的「實有」，是指真實不變的「實有」，也是中觀所否定的「自性有」。因為虛妄分別是妄識的顯現，為緣起有而非「實有」。

「如所現起非真有故，亦非全無。」妄識所現起的見分、相分，皆非真實不變的有，因為它們是緣起、無常的。經中常以比喻來說明緣起法的特點，如《金剛經》云：「一切有為法，如夢幻泡影。如露亦如電，應作如是觀。」用了六個比喻來說明緣起法的虛幻不實。《般若經》也用了水中月、鏡中花、海市蜃樓、乾闥婆城等十個比喻，說明緣起法雖有，但不是真實不變的有，而是幻有。所以說「如所現起非真有故」。但是緣起法「亦非全無」，也不可說它沒有。所以，依他起的虛妄分別相，要遠離兩種極端：一是常恆不變的有（常見），一是全然沒有（斷見）。

為什麼說「亦非全無」呢？「於中少有亂識生故。」因為還有亂識存在。凡夫所具有的妄識，不能說全然沒有。遍計所執的妄相雖然沒有，但不能說能思惟的妄識也沒有。如果思惟本身都沒有，怎麼分辨何為真，何為假？怎能知道這是什麼、那是什麼？笛卡兒說「我思故我在」，也是類似道理。所以，能思惟的妄識還是有的，即「於中少有亂識生故」。亂識包括見分和相分，從依他起的意義上說，都是有的。

「如何不許此性全無？」為什麼不許妄識全沒有？中觀對緣起法的定義是無自性、空、無所得。智慧不夠的人就會產生誤解：空、無所得是不是什麼都沒有了？這麼一來，有些人就落入斷見了。唯識宗為了避免使人們落入這種惡取空，所以「不許此性全無」，認為不能否定緣起有，緣起法肯定是有的。般若中觀思想講空的時候，也講緣起有，講緣起性空，畢竟空不壞宛然有。畢竟空雖然是空，沒有自性，但不壞假相，不能破壞宛然有。如果站在中觀的角度來講，對空有的認識，必須深刻體悟《中論》所說的「眾因緣生法，我說即是無，亦為是假名，亦是中道義」。認識到假相的存在，又認識到畢竟空，這才符合中道。

「以許此滅得解脫故。」唯識學講解脫、涅槃、轉依，是建立在染淨轉變的基礎上。阿賴耶識作為染淨依的存在，蘊藏著有漏和無漏的種子。由雜染種子現行後展開的是妄識，由清淨種子現行後顯現的是清淨識。學佛的過程就是轉依的過程，也就是對阿賴耶識進行轉變。這一過程非常重要，把有漏的種子去除掉，讓妄識及所顯現的生死輪迴止息，開發無漏種子，成就涅槃解脫。

「若異此者，繫縛、解脫則應皆無。」如果連妄識也沒有的話，雜染就不可能存在。雜染不存在，生死的繫縛便不存在。生死繫縛不存在，解脫也不存在。這麼一來，整個生死、煩惱、解脫、菩提等等，統統無法建立起來。

「如是便成撥無雜染及清淨失。」如果雜染和清淨都被否定的話，就成為一種斷滅見。唯識對解脫的定義與中觀不同，中觀講煩惱、雜染、生死，不一定要斷了生死才能成就涅槃，也不一定要斷了煩惱才能成就菩提。它可以體會到生死和煩惱當下的寂滅性，當下證得涅槃。而唯識就不一樣，唯識提倡要斷除生死、斷除雜染之後，才能證得涅槃、證得菩提。這是唯識和中觀的重要區別所在。

乙三、攝相

已顯虛妄分別自相，此攝相今當說。但有如是虛妄分別，即能具攝三種自性。頌曰：

唯所執依他，及圓成實性。境故分別故，及二空故說。

論曰：依止虛妄分別境故，說有遍計所執自性。依止虛妄分別性故，說有依他起自性。依止所取能取空故，說有圓成實自性。

第三部分的內容說明攝相。何為攝相？虛妄分別相包括哪些內容？具體一點說，虛妄分別與三相之間是怎樣的關係？本頌就是解釋虛妄分別與三相的關係。

「論曰：依止虛妄分別境故，說有遍計所執自性。」虛妄分別本身是依他起相，是妄識所顯現的見分、相分。如果把虛妄分別相作為一種境界去認識，執著於我，執著於法，虛妄分別就成為遍計所執相了。

「依止虛妄分別性故，說有依他起自性。」從虛妄分別相的現象自身，即似能取的見分和似所取的相分，在沒有介入凡夫認識的前提下，就是依他起性。

「依止所取能取空故，說有圓成實自性。」空性沒有離開依他起的似能取、所取相，所以空性要透過依他起的似能取、似所取相去認識。那麼，認識空性的關鍵在哪裡？在依他起的似能取及所取的境界上不起遍計所執，即不起能執、所執，當下便是空性的呈現。

如此，三性都未離開虛妄分別。遍計所執相是依虛妄分別的見、相分而生起的妄執，依他起相是虛妄分別現象的本身，圓成實相是隱藏在虛妄分別相背後的最高真實，也就是空性。

乙四、入無相方便

已顯虛妄分別攝相，當說即於虛妄分別入無相方便相。頌曰：

依識有所得，境無所得生。依境無所得，識無所得生。

論曰：依止唯識有所得故，先有於境無所得生。復依於境無所得故，後有於識無所得生。由是

> 方便得入所取能取無相。
> 復次頌曰：
> **由識有得性，亦成無所得。故知二有得，無得性平等。**
> 論曰：唯識生時現似種種虛妄境故，名有所得。以所得境無實性故，能得實性亦不得成。由能得識無所得故，所取能取二有所得，平等俱成無所得性。

此二頌講的是第四個問題：入無相方便。無相並非什麼也沒有。佛法所說的無相，往往是指實相實相無相、涅槃無相、真如無相、空性無相。入無相方便，便是說明如何通過唯識相證得空性。「方便」即是方法、途徑，也就是通過什麼方式和途徑來證入實相，此為「入無相方便」。

「論曰：依止唯識有所得故，先有於境無所得生。」若想契入無相真理，首先要認識到**識有境無**。唯識的修行，是要我們首先認識到，一切都是妄識的顯現。每一種妄識活動時，自然會呈現出見分和相分，形成我們能認識和所認識的世界。而離開識以外的境界，卻是沒有的。我們現在所認識的一切，自以為是獨立於心外，是客觀的真實。事實上，只是我們妄執的產物，就像在漆黑的夜晚將繩子誤認為蛇。繩子雖然是有，但蛇卻是沒有的。所以，認識到依他起的妄識是有，遍計所執的境界是無，為入無相空性的第一步。

「復依於境無所得故，後有於識無所得生。」這句話在認識上又進了一步。當認識到遍計所執的境是空，不起我執、法執的時候，依他起的妄識也隨之而空。這個道理藉助實修來解釋，就比較容易理解。比如打坐時會有很多影象出現，其中出現頻率最高的，多是白天最在乎和執著的境界。如果你丟了五千塊錢，打坐時會總是想著這個問題：到底怎麼回事？錢丟在哪裡了？是不是被什麼人拿走了？今天誰和我在一起了？因為對境界的執著，導致妄識綿綿不斷，像流水般一念接著一念。妄識的相續是因為妄境所引發，反過來說，這天沒有什麼執著、在乎的境界，打坐時妄想肯定會少得多。一旦沒什麼好想的，心自然就容易平靜下來。打坐時想要坐得好，必須對什麼都真正放下，不牽掛、不執著。否則，坐在那裡想讓心靜下來，是完全不可能的。古代禪師們真正做到了萬緣放下，所以修起來就容易相應。有位祖師寫過一首偈：「南台靜坐一爐香，盡日凝然萬慮亡。不是息心除妄想，只緣無事可商量。」整天坐在那裡，一點妄想都沒有，並不是我有心除去妄想，而是因為實在是沒什麼可想。對境的執著空了，妄心自然隨之而空。從境空到心空，是契入空性的關鍵一步。

接下來的一個頌，是從更高的層面談境與識的不二實質。

「由識有得性，亦成無所得。故知二有得，無得性平等。」依他起的識本來是有的，是因緣的假有。可是因緣不具備的時候，妄識也不會生起。在世俗諦的層面，心和境雖然不同，但在空性上，心和境同樣都是了不可得，平等平等。

「論曰：唯識生時現似種種虛妄境故，名有所得。」識生起的時候，出現各種境相，如見分、相分等，這些名為有所得。

「以所得境無實性故，能得實性亦不得成。」依他起相雖然有，但這種有是假有，不可以執著，如夢如幻，了不可得。一旦生起有所得之心，即落入遍計所執相的世界了。認識到所緣境只是因緣的假相，不起妄執，能緣的妄心也不會生起。

「由能得識無所得故，所取能取二有所得，平等俱成無所得性。」進一步說，能得的識沒有，所得的境也沒有。在依他起的意義上，似能取的見分和似所取的相分雖然都是有的，但從勝義諦的角度說卻是沒有的。

乙五、差別異門相

顯入虛妄分別無相方便相已，此差別異門相今次當說。頌曰：

三界心心所，是虛妄分別。唯了境名心，亦別名心所。

論曰：虛妄分別差別相者，即是欲界色無色界諸心心所。異門相者，唯能了境總相名心，亦了差別名為受等諸心所法。

本頌是本品第五部分的內容。據窺基《辯中邊論述記》說，本頌分為兩門：第一部分是差別相，第二部分是異門相。前二句講虛妄分別的差別相，後二句講虛妄分別的異門相。我覺得這兩門的內容相近，所以把它們歸納在一起講。對古代祖師的著作，我們要尊重，但不能盲從。

「論曰：虛妄分別差別相者，即是欲界色無色界諸心心所。」什麼是虛妄分別的差別相？虛妄分別即妄識，它的存在由三界的心和心所兩部分組成。為什麼要講三界呢？因為虛妄分別（即妄識），實指三界眾生的妄識。也就是說，三界有情所顯現的識都是妄識。妄識的存在，主要歸納為心和心所，此外還有心和心所的分位等，如《百法明門論》中的五位百法。五位百法的前四位，為心法、心所法、色法、心不相應行法，皆屬虛妄分別的差別相。其中，色法和心不相應行法屬於心法和心所法變現的差別相，沒有離開心法和心所法。如果對虛妄分別相加以高度歸納，即心和心所兩個部分。心為主，心所為輔，心所輔助心認識境界。任何一種心識的活動，必然有心所與之相應，才能完成它的認識作用。

「異門相者，唯能了境總相名心，亦了差別名為受等諸心所法。」異門相主要體現的是心法和心所法在作用上的不同。它們的不同作用，也就是它們的區別所在。

「唯能了境總相名心。」心能夠了別境界的總相，即總體、大概的認識。

「亦了差別名為受等諸心所法。」心所和心的作用不同，區別何在？心緣總相，心所緣別相，這是大家過去的認識，也就是說，一者緣總相，一者緣別相。錯了！心所不僅緣別相，同時還緣總相，而心只緣總相。之所以說「亦了」，因為心所除總相外，亦了差別相。但兩者各有側重點，心王的重點緣總相，心所的重點緣別相。所以，心和心所的差別，唯識中常用的比喻為：心如師父做模型，心所如徒弟在模型上塗抹顏色。比如，對錄音機的總體認識，屬於心王所緣。當我們在認識錄音機時，會想錄音機在做什麼？為什麼叫錄音機？這是想心所的作用。把注意力集中在錄音機上，這是作意心所的作用。聽了錄音機播放的音樂之後，感覺痛苦或快樂，這是受心所的作用。想把錄音機帶走，從此占為己有，這是思心所的作用。由於心所的現行，才能完成心王的認識作用。所以，心所在認識中的作用非常重要。

乙六、生起相

今次當說此生起相。頌曰：

一則名緣識，第二名受者。此中能受用，分別推心所。

論曰：緣識者，謂藏識，是餘識生緣故。藏識為緣所生轉識，受用主故，名為受者。此諸識中，受能受用，想能分別，思作意等，諸相應行能推諸識。此三助心，故名心所。

本品第六部分說明生起相。什麼是生起相？即妄識的生起。本頌說明妄識的生起及作用。

「論曰：緣識者，謂藏識，是餘識生緣故。」一切識不外乎緣識與受者識，這裡將八識歸納為兩種：一為緣識，一為受者識。

什麼是緣識？也就是藏識、阿賴耶識。為什麼將藏識稱為緣識？「是餘識生緣故」，因為藏識是其他識生起的因緣。前七識的生起，以阿賴耶識作為生起的依止，所以阿賴耶識又名根本識。學過《成唯識論》或《唯識三十論》的應該知道，八個識各有生起的因緣。如眼識九緣生，耳識八緣生，鼻識、舌識、身識等七緣生，意識五緣生等。但不管九緣生或八緣生，都必須以第八阿賴耶識為根本依。阿賴耶識對其他識的生起，作用表現在兩個方面：一是種子依，即任何識必須由阿賴耶識提供種子才能生起；一是現行賴耶，即任何識必須以賴耶的現行作為它們的根本依。

「藏識為緣所生轉識，受用主故，名為受者。」什麼叫受者識？藏識為因緣生起的心、心所，也就是前七轉識。「轉」即轉起、生起，因為它是阿賴耶識所生起的，故名「轉」。前七轉識的特點是受用境界，如眼識享受色境、耳識享受音聲、鼻識享受香味等，每個識都以受用為主，所以，前七轉識稱為受者識。

「此諸識中，受能受用，想能分別，思作意等。」當前七轉識受用境界時，是不是孤立地受用境界呢？不是，它需要很多心所法與其配合才能受用境界。在配合的心所法中，比較突出的有幾種：

一是受心所，受以領納為義，能領納逆境帶來的痛苦、憂愁的感受，順境帶來的快樂和歡喜的感受，所以說「受能受用」。

二是想心所，想心所的作用是能夠取象，把所緣境的影象（相分）攝取到思惟中，然後對相分進行分別：這是什麼、那是什麼，再給它們安立名稱。這是想心所的作用，即「想能分別」。

三是思心所，思，造作義，是意志的作用。「作意」就是注意，此心所很重要，在生活中隨時隨地都要注意。如同學們聽課時應處在高度的作意狀態中，若沒有作意，可能就會充耳不聞。我也要作意，否則講課時就很可能會離題。

「諸相應行能推諸識，此三助心，故名心所。」以上所說，如受、想、思等相應行，這些心所能幫助心認識境界，所以叫心所。前七識的心、心所能受用境界，所以叫受者識。

乙七、雜染相

今次當說此雜染相。頌曰：

覆障及安立，將導攝圓滿。三分別受用，引起並連縛。現前苦果故，唯此惱世間。三二七雜染，由虛妄分別。

論曰：覆障故者，謂由無明覆如實理，障真見故。安立故者，謂由諸行植本識中業薰習故。將導故者，謂有取識。引諸有情至生處故。攝故者，謂名色，攝有情自體故。圓滿故者，謂六內處，令諸有情體具足故。三分別故者，謂觸，能分別根境識三順三受故。受用故者，謂由受支領納順違非二境故。引起故者，謂由愛力令先業所引後有得起故。連縛故者，謂取，令識緣順欲等連縛生故。現前故者，謂由有力令已作業、所與後有諸異熟果得現前故。苦果故者，謂生老死，性有逼迫，酬前因故。唯此所說十二有支逼惱世間，令不安隱。

第七部分說明雜染相。這部分共有二頌，主要說明妄識的雜染相。雜染是相對於清淨而言，為什麼叫雜染相呢？染是染汙，就是不清淨的。之所以不清淨，原因是有煩惱。所以說，雜染的實質就是煩惱，而煩惱顯現的現象就是雜染。反過來說，如果沒有煩惱，也就清淨了。雜染相是虛妄分別妄識所顯現的染汙狀態。關於虛妄分別的雜染相，本論主要通過十二因緣來說明。

「論曰：覆障故者，謂由無明覆如實理，障真見故。」覆障，釋十二支中的**無明**。無明的覆蓋，使凡夫看不到真如，只看到虛妄的境象。真見即認識真理的智慧。為什麼我們不能證得真如？因為無明把如實智覆蓋了，使凡夫不能通達真如，所以叫覆障。

「安立故者，謂由諸行植本識中業薰習故。」安立，釋十二因緣的行支。行也就是業力，有情生死流轉的安立即依靠業力。「諸行」就是各種行為，包括身的行為、口的行為、意的行為，稱為身業、口業、意業。其中又有善、惡、無記之分，形成善業、惡業、無記業。當人們造作善行或不善行之後，善惡行為雖然會成為過去，但並不表示什麼都沒有了。這些行為會薰習成種子根植在阿賴耶識中，「植本識中業薰習故」。每種行為產生之後，其影象將回饋到阿賴耶識中薰習成種子。唯識學稱為「現行熏種子」。薰習成種子後，儲藏在本識中。所以阿賴耶識中蘊藏著很多種子，並由這些種子推動未來生命的延續與生死流轉。

「將導故者，謂有取識，引諸有情至生處故。」將導，釋十二因緣第三環節的**有取識**。十二因緣中的識支到底指哪種識呢？唯識學講八個識，以往總認為「識支」指的是意識，而唯識學認為十二因緣中的識不應指意識，而是第八阿賴耶識。所以有取識指阿賴耶識，因為只有阿賴耶識才是不常不斷、相似相續的，也只有它才具備承擔有情生死流轉的能力。有情造業之後，業種子推動有情生命的延續，都是有取識在產生作用。有情從這一生到下一生，從下一生到來生，也是有取識在執指有情的生命體。有情生命要去投生，不是想到哪裡就到哪裡，而是被業力推動著，身不由己地就去了。

「攝故者，謂名色，攝有情自體故。」攝，釋十二因緣中的**名色**支。有情生命的構成，不外乎名和色兩部分。名和色的內容就是五蘊，名為五蘊中的受、想、行、識四蘊，色為色蘊。由色、受、想、行、識五蘊概括有情的生命體，所以是「攝有情自體故」。

「圓滿故者，謂六內處，令諸有情體具足故。」圓滿，釋十二因緣中的**六入**支，指有情生命體從最初的投生到根身的完整為圓滿。表現出來的根身就是指六種內處，也就是六根，所以說名色生六處。

「三分別故者，謂觸，能分別根境識三順三受故。」三分別，釋十二支的**觸**支。觸以六入為緣，名色緣六入，六入緣觸。其實，不是僅僅六根就可以產生六觸，而是由根、境、識的和合產生觸。《成唯識論》對於觸的定義為「三和生觸」。三和就是根、境、識三和合，由六根、六塵（境）、六識的和合產生六觸，即眼觸、耳觸、鼻觸、舌觸、身觸、意觸。按照心理學的定義，六觸即六種感覺。感覺什麼呢？有了感覺之後，必須有感覺的對象。所以，觸又反過來接觸根、境、識，反過來感受根身和六塵。

「受用故者，謂由受支領納順違非二境故。」受用，釋十二因緣的**受**支。在觸的感覺之後，就產生受。受屬於情感、情緒的作用，有多種多樣的變化，且往往與環境有關，所以說受領納「順違非二境」。

當我們面對順境時，所產生的就是樂受，興高采烈。當我們面對的是逆境時，所產生的就是苦受，痛苦不堪。如果接觸的既不是順境也不是逆境，即「非二境」，則會產生捨受。

「引起故者，謂由愛力令先業所引後有得起故。」引起，釋十二支的愛支。感受之後，由受支而緣愛支。愛為什麼叫「引起」呢？過去生中造下很多業，通常情況下這些業都要招感生死果報。但從業力到償還生死果報，必須具備一定的條件。其中非常關鍵的一點就是愛，所謂「有愛則生，愛盡則亡」，「無明為父，貪愛為母」。生死延續需要愛的力量，正如種子必須有水分灌溉，才能破土發芽、開花結果。有情過去造作的業力，必須有愛的力量才能使其招感生死果報。反之，如果通過修行斷除愛和無明之後，即使造作了很多業力，但沒有貪愛的力量，也難以招感生死輪迴的果報。佛陀在世時，有很多佛弟子聽佛說法之後，當下就證得阿羅漢果。雖然他們過去也造了許多生死業緣，但這些業在證果之後就無法產生作用了。

「連縛故者，謂取，令識緣順欲等連縛生故。」連縛，即生死的聯繫，釋十二支的取支。眾生因為愛的力量，就會滋潤生死。因為愛進一步的強化就是執著，而執著的實質就是取。對所愛產生的強烈執著，就是取的表現，從而使眾生沉溺於生死輪迴不能自拔。取包括欲取、見取、我與取等。欲取，即對物欲的強烈執著。見取，即執著自己的觀點和認識。我與取，即執著自我。由於取的力量，使我們對五欲塵勞的貪著很深，好像被繩子捆在一起，想分也分不開，分開就覺得難受。

「現前故者，謂由有力令已作業、所與後有諸異熟果得現前故。」現前，釋十二支的有支，即業與生死苦果的現前。有情未來生死苦果的現前要靠「有」。「有」指的是業有，愛、取兩種心理狀態能產生相應的行為，對貪愛的境界想方設法地占有。占有的過程，就是業力形成的過程。由愛取而造業，形成未來生死輪迴中的推動力，這就是「有」。所以愛、取、有三支是生死流轉的關鍵所在。無明、行等是過去世能造的因；識、名色、六入、觸、受是現在的果；愛、取、有三支是現在的因。未來生死苦果的關鍵在於現在的愛取有。所以，能不能了生死不要問別人，問自己有沒有愛取有。如果沒有愛取有的存在，生死就能了。如果有愛取有，難免繼續在生死中輪迴。

「苦果故者，謂生老死，性有逼迫，酬前因故。」苦果，釋十二支的生、老死二支。有了業有之後，必然導致未來的生死苦果。為什麼把生死叫做苦果呢？因為生死讓我們感覺非常痛苦，即「性有逼迫」。同時，生死並不是我們自願的選擇，而是在業力推動下身不由己。過去造的業，像債務一樣等待償還。我們每個人身上都背了很多債務，所以說人生是還債的人生，即「酬前因故」。

「唯此所說十二有支逼惱世間，令不安隱。」以上所說的十二因緣，由十二部分組成，名十二支。十二有支「逼惱世間」，使世人過得很不自在、很不安穩。

以下對十二因緣進行歸納說明。分三種歸納方式：

三雜染者。一煩惱雜染，謂無明愛取。二業雜染，謂行、有。三生雜染，謂餘支。

第一種，是把十二因緣歸納為三種雜染。「一煩惱雜染」，十二有支中有三支屬於煩惱雜染，即「無明、愛、取」。「二業雜染，謂行、有」，行和有屬於業力的範疇，業的產生是建立在煩惱雜染的基礎上，由煩惱而造業。「三生雜染，謂餘支」，而識、名色、六入、觸、受、生、老死七支屬於生死苦果，由業力招感苦果。所以，煩惱、業力、生三種雜染構成有情整個生死的延續。由煩惱造業，由造業招感生死苦果。在生死果報中，又會產生煩惱並繼續造業，繼續招感生死苦果。如此，生死永無了期。

二雜染者。一因雜染，謂煩惱業。二果雜染，謂所餘支。

第二種，是把十二因緣歸納為兩種雜染，即因和果兩部分，也就是因雜染和果雜染。有情在生死中，不論是種因也好，受果也好，都屬於雜染的範疇。因包括煩惱和業雜染，果包括其餘的生雜染七支，即識、名色、六入、觸、受、生、老死。這屬於生死苦果，苦果也屬於雜染。

七雜染者，謂七種因。一顛倒因，謂無明。二牽引因，謂行。三將導因，謂識。四攝受因，謂名色、六處。五受用因，謂觸受。六引起因，謂愛取有。七厭怖因，謂生老死。

第三種，是把十二因緣歸納為七種雜染。「一顛倒因，謂無明」，無明是不覺，因不覺而有顛倒認識，所以無明為顛倒因。「二牽引因，謂行」，行指業力，能牽引有情招感生死苦果。「三將導因，謂識」，識是將導因。因為識能引導有情在無盡生死中流轉。「四攝受因，謂名色、六處」，名色、六處兩支總攝有情生命的自體，為攝受因。「五受用因，謂觸、受」，觸、受兩支使有情能受用境界，為受用因。「六引起因，謂愛、取、有」，愛、取、有是引發有情未來生死流轉的因素，為引起因。「七厭怖因，謂生、老死」，生、老死是人人討厭和畏懼的，為厭怖因。

此諸雜染，無不皆由虛妄分別而得生長。

這些雜染現象都是由虛妄分別的妄識而產生，都是由妄識所引起。所以，妄識才是根本。

此前總顯虛妄分別，有九種相：一有相，二無相，三自相，四攝相，五入無相方便相，六差別相，七異門相，八生起相，九雜染相。

〈辯相品〉由兩部分內容組成，一是虛妄分別相，一是空相，即空性相。虛妄分別這部分內容到這裡就講完了，所以在此作一個總結。《辯中邊論》有個特點，那就是每一品、每一部分講完之後，都要總結歸納一下。

「此前總顯虛妄分別有九種相：一有相，二無相，三自相，四攝相，五入無相方便相，六差別相，七異門相，八生起相，九雜染相。」虛妄分別相由這九相組成，文中分七相來闡述，還有兩相是否漏講了呢？不是。因為第一種有相和第二種無相所要說明的是同一內容，所以合為有無中道相。第六種差別相、第七種異門相則合為差別異門相，因為這兩門也差不多，所以不分開講。我這樣講並沒有偷工減料，只是把九相合為七相來講。

甲三、空相

什麼是空相？空所顯的實相就是空相，和空性的意思一樣。是否可以把空相叫做有相？也可以。從空的角度來顯，就叫空相；從有的角度來顯，就叫有相。因為它是有的實相、空的實相。不過，從空性的特徵來看，叫空相比有相更為貼切。空相、有相，其實指的都是圓成實相，也就是真如相，是諸法實相。

總標

如是已顯虛妄分別，今次當說所知空性。頌曰：

諸相及異門，義差別成立。應知二空性，略說唯由此。

論曰：應知所取能取空性，略說但由此相等五。

這個頌是總標，首先對空相的內容總體介紹一下。空相到底從哪幾個方面來說明呢？一是「諸相」，說明空相的實質是什麼；二是「異門」，說明空相有哪些不同的名稱；三是「義差別」，說明空相有哪些差別；四是「成立」，說明如何成立空相的差別。「應知二空性，略說唯由此。」現在所要介紹的空相，簡單地說，大概有這麼幾方面的內容。

「論曰：應知所取能取空性，略說但由此相等五。」所要說明的能取所取空性，主要從以下五方面來介紹。

乙一、空性者何

所知空性其相云何？頌曰：

無二有無故，非有亦非無，非異亦非一，是說為空相。

論曰：無二謂無所取能取，有無謂有二取之無。此即顯空無性為性，故此空相非有非無。云何非有？無二有故。云何非無？有二無故，此顯空相非有非無。此空與彼虛妄分別非異非一。若異，應成法性異法，便違正理，如苦等性。若一，則應非淨智境，亦非共相，此即顯空與妄分別離一異相。

空性到底怎麼回事？說到空相、法性、真如，在佛法中往往喜歡用「非」字來說明。因為空相無法正面介紹，無法直截了當地說，只能採用否定的方式顯示。比如眼前這個錄音機，我們可以直接地說這錄音機是什麼樣子。但是空性呢？它不屬於凡夫思惟所能認識的境界，所以無法直接闡述，只好採用否定的方式，不是這樣，不是那樣。把思惟的局限及執著的落腳點一一去除，我們的認識自然接近於空性了。

「論曰：無二謂無所取能取。」什麼是無二？即無能取所取。從依他起的層面說，似能取的見分和似所取的相分都是有的，是因緣的假有。可在空性的層面，依他起的一切差別相皆了不可得，所以說它是無。但這裡不僅要否定依他起的假相，也要否定我們在依他起相上生起的我執和法執，因為二執純粹是無中生有。無二，關鍵就是要否定二取執。

「有無謂有二取之無。」什麼是有無？謂有二取之無，二執是沒有的。從空性的層面來看，二取也是空的。但空去二執後所顯示的空性卻是有的，所以叫有無。有無，即有空去二取之後的無。這裡的無，指的是空性。空性雖然不是空的，卻具有空的特徵，因而有時也以空來表述空性。當然，這裡所說的空不是相對的空，而是絕對的空。

「此即顯空無性為性。」空性是以無性為性。空性具有空的特徵，所以空性是以無性為性。空性是要空去我執性、法執性，能執性、所執性，唯有在二執都空去的情況下，才能現量證得空性。

「故此空相非有非無。云何非有？無二有故。」所以說空相非有非無。什麼叫非有？它到底是有還是無呢？是無。二有指能取、所取性，此二性是無，此為「無二有故」。

「云何非無？有二無故。」那麼，「非無」是有還是無呢？非無就是有。有什麼呢？「有二無故」。二無即空性，也就是空掉能取、所取性之後顯示的空性是有的。「此顯空相非有非無」，由此顯示空相是非有非無的。

「此空與彼虛妄分別非異非一。」空性與虛妄分別相又是怎樣的關係呢？它們的關係是「非異」或「非一」，既不能說是兩個東西，也不能說是一個東西。為什麼？

「若異，應成法性異法，便違正理。」如果說虛妄分別和空性是截然不同的兩個東西，那麼，虛妄分別相和法性就是異法，這是不符合正理的。正理就是真理。

「如苦等性」，這是什麼意思呢？苦從何處產生？從五蘊色身上產生。五蘊色身所產生的痛苦，與五蘊色身是兩個東西嗎？非也。因為五蘊色身所產生的痛苦，並沒有離開五蘊色身，所以不能說是兩個東西。同樣，法性也沒有離開虛妄分別相。如果說法性與虛妄分別相是截然不同的兩個東西，那是錯誤的。

「若一，則應非淨智境，亦非共相。」如果說空性和虛妄分別相是一個東西的話，又會出現怎樣的結果？第一個不良結果是「應非淨智境」，也就是說空性不可以作為清淨智慧所緣的境界。因為它是虛妄分別相的染汙，怎麼可以作為清淨智慧所緣的境界呢？第二點是「亦非共相」。共相是事物一般、普遍的現象，是一切法共有的，而不是哪一種法所特有的。比如無常的現象就很普遍，任何一法都是無常，人生無常、桌子無常、房子無常、山川草木無常，一切都是無常。所以無常是一種共相。同樣，空性既然作為虛妄分別的共相，那麼，法性和虛妄分別相就不應該是一個東西。否則就不能作為共相，作為普遍規律而存在。

「此即顯空與妄分別離一異相。」所以，對空性主要從兩方面來把握，一是非有非無，二是非一非異。空性是怎樣的？那就是「非有、非無、非一、非異」。

乙二、空性異名

所知空性異門云何？頌曰：

略說空異門，謂真如實際，無相勝義性，法界等應知。

論曰：略說空性有此異門，云何應知此異門義？

異名即不同的名稱。空性主要有這麼幾個不同的名稱：真如、實際、無相、勝義性、法界等。其實空性並不止這五個名稱，這裡只是簡單地略說，「等」代表還有很多。

「論曰：略說空性有此異門。」異門指不同的名稱。簡單地說，空性有真如、實際、無相、勝義性、法界這些異門。

「云何應知此異門義？」怎麼知道這些異名的含義呢？因為這些名稱的安立各有其特殊的意義。那麼，它們是根據哪些特殊意義安立的呢？

頌曰：

由無變無倒，相滅聖智境，及諸聖法因，異門義如次。

論曰：即此中說所知空性，由無變義說為真如，真性常如無轉易故。由無倒義說為實際，非諸顛倒依緣事故。由相滅義說為無相，此中永絕一切相故。由聖智境義說為勝義性，是最勝智所行義故。由聖法因義說為法界，以一切聖法緣此生故，此中界者即是因義。無我等義如理應知。

「頌曰：由無變無倒，相滅聖智境，及諸聖法因，異門義如次。」本頌對前一頌作了進一步解釋。

「論曰：即此中說所知空性。」空性本來非能非所，無所謂能知所知。為什麼又叫所知空性呢？因為空性由根本智所通達，故名「所知空性」。

「由無變義說為真如，真性常如無轉易故。」空性為什麼叫真如？因為沒有變化的關係。世間任何現象都是生滅變化的，所謂諸行無常。然而真如卻不生不滅，恆常如此，既沒有進化也不會退化。

「由無倒義說為實際，非諸顛倒依緣事故。」空性為什麼又叫實際？實際就是真實，與事實真相符合，實際沒有顛倒，非顛倒妄識所能認識，必須以真實智慧——如實智才能通達。反過來說，顛倒的妄識無法緣知空性的真實。

「由相滅義說為無相，此中永絕一切相故。」空性為什麼又叫無相呢？因為在空性中是沒有一切差別相的，所以叫無相。另外，在空性觀修的過程中，不斷滅除無明建立起來的虛妄顯現，從而究竟證得無相之理。要注意的是，此處所講的相滅不是相的寂滅，這和中觀的觀點不同。中觀講無相，緣起相寂滅的當下就是無相，就是實相。唯識宗講無相，把雜染的虛妄相斷除之後，才能究竟證得無相之理。

「由聖智境義說為勝義性，是最勝智所行義故。」空性為什麼又叫勝義性？因為勝義性是聖賢的智慧所通達，是無漏智慧所覺知。這不同於凡夫的境界，是妄識所緣的。

「由聖法因義說為法界，以一切聖法緣此生故，此中界者即是因義。」空性為什麼又叫做法界？界是因的意思，即聖法生起之因。也就是說，無漏智慧是依空性生起的。

「無我等義如理應知。」空性又可以叫無我性，又可以叫法性。此外，空性還有很多其他別名。

乙三、空性差別

云何應知空性差別？頌曰：

此雜染清淨，由有垢無垢。如水界金空，淨故許為淨。

論曰：空性差別略有二種。一雜染，二清淨。此成染淨由分位別，謂有垢位說為雜染，出離垢時說為清淨。雖先雜染後成清淨，而非轉變成無常失。如水界等出離客塵，空淨亦然，非性轉變。

空性有幾種差別呢？本頌為我們解釋了空性的差別。

「論曰：空性差別略有二種。一雜染，二清淨。」空性差別簡單說可分為兩種，一是雜染，一是清淨。對空性差別的說明，許多佛教論典都曾論及。如《成唯識論》講到七種真如，《百法明門論》講到六種無為。本論所講的空性差別比較簡單，僅分為雜染和清淨兩種。

空性本身是清淨的，不應該有差別，這裡怎麼又冒出兩種呢？而且一種是染汙的，一種是清淨的。這就不太好理解，所以下面進行解釋。

「此成染淨由分位別，謂有垢位說為雜染，出離垢時說為清淨。」這裡把空性分成染位空性和淨位空性，原因是「由分位別」，即根據空性處在不同位置而做的區分。空性在有垢位時，稱為雜染；出離垢時，說是清淨。空性在凡夫階段，屬於有垢位、雜染位。清淨的空性被虛妄分別的客塵所覆蓋，便以雜染形式顯現。一旦將凡夫的妄執息滅，空性自然顯現出來。這時的空性，才是「出離垢時說為清淨」的空性。

「雖先雜染後成清淨，而非轉變成無常失。」空性分為染淨兩個階段，因此有些人就會認為，空性原來是雜染的，後來才轉變為清淨。是不是這樣呢？其實也不是。空性永遠是清淨的，只是在不同情況下，才有染淨不同的說法，一是在雜染狀態下顯現的空性，一是在清淨狀態下顯現的空性。雜染狀態下顯現的空性在有垢位，是凡夫處於生死流轉過程中所認識的空性。有垢位的空性，由於被妄識所緣屬於雜染，以虛妄分別的面目出現。而離垢位上的空性屬於清淨，是聖賢所證得的空性。空性雖然有兩種，有雜染位的空性和清淨位的空性，有有垢位的空性和離垢位的空性。事實上並不是有兩個空性，無論從雜染到清淨，還是從有垢到無垢，空性並沒有產生本質的變化。為了更便於理解，論中運用幾個比喻加以說明。

「如水界等出離客塵。空淨亦然，非性轉變。」第一是關於水的比喻。水中若有塵垢就會渾濁，經過濾、消毒之後，水變得清淨了。但是，髒水和淨水並不是兩種東西，並不是由渾濁的水轉變為另一種清淨的水。只是把客塵過濾出來，水就清淨了。空性也是一樣，在虛妄分別的狀態下所見到的空性是有垢的。如果把虛妄分別中的妄識、妄相去除了，好像水經過過濾一樣，所顯現的空性就是清淨的。第二是關於虛空的比喻。虛空中時而晴空萬里，時而烏雲遍布。一旦烏雲被風吹散，藍天自然就顯現出來。烏雲密布的天空，如有垢位的空性；萬里無雲的晴空，如離垢位的空性。另外還有關於金的比喻。含金砂的礦石中，同時還有很多雜質，經過提煉把雜質去掉，就能得到純金。礦石中的金，如有垢位的空性；提煉過的金，如離垢位的空性。

所以，空性只有一種，從雜染到清淨，從有垢到無垢，只是過濾、提煉的過程，並不是本質的轉變。

乙四、十六空

此空差別復有十六，謂內空、外空、內外空、大空、空空、勝義空、有為空、無為空、畢竟空、無際空、無散空、本性空、相空、一切法空、無性空、無性自性空。此等略義云何應知？頌曰：

能食及所食，此依身所住。能見此如理，所求二淨空。

為常益有情，為不捨生死，為善無窮盡，故觀此為空。

為種性清淨，為得諸相好，為淨諸佛法，故菩薩觀空。

論曰：能食空者，依內處說即是內空。所食空者，依外處說即是外空。此依身者，謂能所食所依止身，此身空故名內外空。諸器世間說為所住，此相寬廣故名為大，所住空故名為大空。能見此者，謂智能見內處等空，空智空故說名空空。如理者謂勝義，即如實行所觀真理，此即空故名勝義空。菩薩修行為得二淨，即諸有為無為善法，此二空故名有為空及無為空。為於有情常作饒益而觀空故，名畢竟空。生死長遠無初後際，觀此空故名無際空，不觀為空便速厭捨，為不厭捨此生死故，觀此無際生死為空。為所修善至無餘依般涅槃位亦無散捨而觀空故，名無散空。諸聖種性自體本有非習所成說名本性，菩薩為此速得清淨而觀空故，名本性空。菩薩為得大士相好而觀空故，名為相空。菩薩為令力無畏等一切佛法皆得清淨，而觀此空故，名一切法空。

本論將空的種類差別分為十六種。《解深密經．分別瑜伽品》講到空的差別，也是分為十六種。關於空的種類差別，《般若經》裡講得特別多，有十六種空、十八種空、二十種空等等。

上面所列的三頌，主要解釋了十六種空中的十四種。一方面解釋十四種空的內容是什麼，一方面解釋為什麼要觀這些空。

一、**內空**：「論曰：能食空者，依內處說即是內空。」什麼叫內處？十二處有六內處、六外處。六內處是六根，即能食。平常說受用，如嘴巴能吃東西，是舌根的受用；鼻子聞到香味，是鼻根的受用；眼睛喜歡觀賞風景，是眼根的受用；耳朵喜歡聆聽音樂，是耳根的受用；也有人喜歡待在舒適的環境裡，是身根的受用；再有人喜歡憶念一些開心往事，是意根的受用。六根能夠受用六塵境界，所以名為六內處。內是相對於外所說，外六塵不能受用境界，只有內六根才能受用六境。六處因緣和合，並無實我實法，所以說為內空。

二、**外空**：「所食空者，依外處說即是外空。」所食空，依外處說。外處就是六塵，是六根所受用的對象，因而名為所食。六塵也稱為外六處，也是因緣和合，並無實我實法，說為外空。

三、**內外空**：「此依身者，謂能所食所依止身，此身空故名內外空。」這裡的「此」，指能食、所食，也就是六根、六塵所依止的色身生命。根、塵都不能離開五蘊色身，但五蘊色身也是依因緣和合，並無實我實法，因而說為內外空。

四、**大空**：「諸器世間說為所住，此相寬廣故名為大，所住空故名為大空。」器世間是有情賴以生存的大環境，因而名為所住。器世間非常寬廣，小至這個地球，大至整個宇宙。但這寬廣的器世間並非像眾生執著的那樣，是永恆而實在的。事實上，它也是緣起的，所以稱為大空。

五、**空空**：「能見此者，謂智能見內處等空，空智空故說名空空。」這裡的「此」，指前面所說的四種空，即內空、外空、內外空和大空。誰能見到這四種空呢？必須有智慧才能看到，所以說「智慧見內處等空」。這種能見到空的智慧，為空智。空智也並非實我實法，所以稱為空空。

六、**勝義空**：「如理者謂勝義，即如實行所觀真理，此即空故名勝義空。」勝義為什麼叫如理呢？勝義是最殊勝的境界，是以如實智慧所觀照、證得、通達的真理，是由斷除實我、實法二執之後所證得的空性，是為勝義空。

七、**有為空**，八、**無為空**：「菩薩修行為得二淨，即諸有為無為善法，此二空故名有為空及無為空。」二淨，指有為法和無為法的清淨。菩薩要得有為、無為的善法，和有為、無為的清淨，如何才能得到呢？

菩薩必須觀有為、無為是空的，才能得有為、無為的善，和有為、無為的清淨。如果不能觀有為、無為是空，反而對有為、無為法產生妄執，就永遠不能證得有為法和無為法的清淨。

九、**畢竟空**：「為於有情常作饒益而觀空故，名畢竟空。」行菩薩道的人，正如《普賢行願品》所說的那樣，任務就是盡未來際地饒益有情眾生。而菩薩要饒益眾生，就必須觀有情空，否則就無法平等饒益有情。所以，菩薩必須觀有情空，唯有無我相、人相，才能盡未來際饒益一切有情，這點非常關鍵。

十、**無際空**：「生死長遠無初後際，觀此空故名無際空。不觀為空便速厭捨，為不厭捨此生死故，觀此無際生死為空。」生死是沒完沒了的，菩薩要度的眾生也是沒完沒了的。有些學佛的人把生死看得太實在，對此產生極度的厭離之心，「便速厭捨」。為了使菩薩不厭捨生死，必須觀生死為空。如《心經》所說的「無無明，亦無無明盡，乃至無老死，亦無老死盡」，沒有無明，也沒有老死，生死的當下就是沒有生死。既然沒有生死，也就不用厭捨生死了。

十一、**無散空**：「為所修善至無餘依般涅槃位亦無散捨而觀空故，名無散空。」菩薩在修行過程中，必須修眾多善法，積集成佛的資糧。這些善法包括十善，包括一切與成佛相關的法門。但如果把善法看得很實在的話，菩薩就會覺得自己已經修了很多善法，可以不必再修而入涅槃了。所以，菩薩在修善法的同時，應當觀善法也是空，所謂觀三輪體空。即使到了涅槃位也不會散捨，這叫無散空。無散就是不捨，由觀空而不捨善法。

十二、**本性空**：「諸聖種性自體本有非習所成說名本性，菩薩為此速得清淨而觀空故，名本性空。」唯識宗認為，世間萬法的生起都需要種子。成就佛果或菩薩、阿羅漢，則需要無漏種子。在唯識宗裡，種子又叫種性，是決定行者修行成就、解脫生死、解脫煩惱的潛在功能。也就是說，如果沒有相應的種性，修億萬劫也沒有用。因為沒有菩薩的種性，就不可能發菩提心；沒有聲聞的種性，就不可能成就阿羅漢果。唯識宗非常注重種性的作用，認為有情共有五種種性。其中有一種是「無種性」，即沒有聖賢的種子，永遠不會修行，也不會成佛。除無種性外，還有聲聞種性、緣覺種性、菩薩種性和不定種性。種性決定了修行人未來能取得什麼樣的成就。那麼，種性又是從何而來呢？本論告訴我們，「諸聖種性自體本有」，聖人要成就的聖種性本來就有的。如修菩薩道的人本來就具有菩薩種性，並不是後天培養出來的，所以名為本性。菩薩為了使種性快點成熟，就必須觀空。只有通過觀空，才能遣除妄執、相執，成就聖賢的果位。

十三、**相空**：「菩薩為得大士相好而觀空故，名為相空。」學佛的人都很仰慕佛菩薩的智慧和慈悲，同時也很敬仰佛菩薩所具備的三十二相、八十種好。但這三十二相、八十種好也是虛幻的，學佛的人不可以執著這種相。如果執著這種相，永遠不能證得佛的實相和法身。而法身才是佛陀的真身。所以，修行人不應執著佛陀的色身莊嚴，而應觀修相空。正如《金剛經》所說的那樣：「若以色見我，以音聲求我，是人行邪道，不能見如來。」

十四、**一切法空**：「菩薩為令力無畏等一切佛法皆得清淨而觀此空故，名一切法空。」一切法空是從佛陀的一切功德成就上說。力指十力，佛陀功德中有十種非常特殊的力量。無畏指四無畏，佛陀有四種無畏。「等」表示還有很多功德，如十八不共法等。要令這一切功德都能清淨，就必須觀空。否則，對於佛陀的種種功德產生妄執、相執，永遠都不能成就佛陀那樣的無盡功德。

這十四種空，是針對行者在修行過程中容易產生的相執、妄執而說。說空的意義，主要就是為了遣除修行過程中產生的相執和妄執。

是十四空隨別安立，此中何者說名為空？頌曰：

補特伽羅法，實性俱非有。此無性有性，故別立二空。

論曰：補特伽羅及法實性俱非有故，名無性空。此無性空非無自性，空以無性為自性故，名無性自性空。於前所說能食空等，為顯空相別立二空。此為遮止補特伽羅法增益執，空損減執，如其次第立後二空。

前面所說的十四種空，主要是為了遣除相執、妄執而差別安立。這裡對空的本質再作進一步交待：哪些屬於空，哪些屬於不空？主要說明兩種空，加上前面所說的十四種空，共計十六種空。

十五、**無性空**：「論曰：補特伽羅及法實性俱非有故，名無性空。」這裡要說的兩種空，一是無性空，二是無性自性空。其實這兩種，一種是空，一種是有。「補特伽羅」譯為數取趣，即有情，「法」指諸法。眾生所執著的實我和實法，事實上是沒有的，所以說「俱非有故，名無性空」。所謂無性空，指我的實性和法的實性根本沒有，客觀上根本不存在，只是凡夫的妄執，錯誤地認為它是有，這就是無性空。

十六、**無性自性空**：「此無性空非無自性，空以無性為自性故，名無性自性空。」當我們認識無性空的時候，一方面否定我法二性是沒有，另一方面又肯定我空法空的真如是有，這點大家必須注意。因為「空以無性為自性」，二空的真理透過我空法空得以顯現，「故名無性自性空」。無性自性空指的是二空的真如之理，是通過無我執性、無法執性來顯現。

「於前所說能食空等，為顯空相別立二空。」前面所說的能食空等十四種空，含對治性。為了進一步顯示空的道理和空的實質，所以建立這二空。

「此為遮止補特伽羅法增益執，空損減執，如其次第立後二空。」後面兩種空，可以遮止對空有問題的兩種錯誤認識，一是**增益執**，一是**損減執**。什麼是增益執和損減執呢？如果這個東西本來沒有，大家錯把它當成是有，就是增益執。如果這個東西本來就有，但大家錯把它當作沒有，就是損減執。比如本來有五個蘋果，大家認為有八個，就是增益執；反過來說，本來有八個蘋果，而大家認為只有五個，那就是損減執。

現在說的這兩種空，無性空是為了對治增益執。因為我法二執在客觀上本來就不存在，可凡夫因為妄執而認為它存在，這就是增益執。無性自性空是為了對治損減執，因為透過妄執所顯現的真理才是真實的存在，即二空真如。但凡夫因為沒有智慧而認識不到，從來不覺得它存在，這就是損減執。所以說，這兩種空是為了對治這兩種執著。

乙五、空性差別的成立

如是已顯空性差別，此成立義云何應知？頌曰：

此若無雜染，一切應自脫。此若無清淨，功用應無果。

論曰：若諸法空，未生對治，無客雜染者，一切有情不由功用應自然解脫。若對治已生亦不清淨，則應求解脫勤勞無果。

「論曰：若諸法空，未生對治，無客雜染者，一切有情不由功用應自然解脫。」空性有兩種，一是空性的雜染狀態，一是空性的清淨狀態。兩種狀態在客觀上都存在，並非不存在。為什麼？在無漏智沒有產生對治之前，雜染應該是存在的。假如諸法空性未產生對治前，不承認雜染的存在，則「一切有情不由功用應自然解脫」，那麼眾生似乎不用修行就自然解脫了。修行的過程就是斷染取淨，如果沒有雜染存在，還修行做什麼？但不修行能否解脫呢？顯然不能，所以我們應該承認空性存在雜染的狀態。

「若對治已生亦不清淨，則應求解脫勤勞無果。」此外，也要承認空性的清淨狀態。否則，對治道已經生起，無漏智已經開發，如果還不能淨化雜染的空性，還不能證得清淨的空性，學佛修行就沒有結果了。

如果不承認空性具有被雜染的階段，大家就不必修行了。本來就解脫了，修行豈不是多此一舉？如果不承認空性的清淨狀態，修上三大阿僧祇劫也是徒勞。永遠都是雜染的，修行豈不是沒有結果？所以，我們必須承認空性有雜染和清淨兩種狀態。正因為空性有虛妄分別的雜染狀態存在，凡夫才始終在生死中流轉，才需要通過聞思經教、勤修戒定慧尋求解脫。同時，也因為空性有清淨的狀態存在，我們才能斷染取淨，學佛修行才有了結果。

既爾，頌曰：

非染非不染，非淨非不淨。心性本淨故，由客塵所染。

論曰：云何非染非不淨？以心性本淨故。云何非淨非不染？由客塵所染故。是名成立空差別義。

「非染非不染，非淨非不淨。心性本淨故，由客塵所染。」這是對空性的實質作進一步說明，為什麼清淨的空性會有雜染狀態呢？

「論曰：云何非染非不淨？以心性本淨故。」「非染」到底是清淨還是不清淨？「非染」意為非染汙，當然是清淨的。那麼「非不淨」呢？也還是清淨。為什麼說非染、非不淨？因為是心性本淨。心性主要指空性，空性本來清淨，所以非染非不淨。

「云何非淨非不染？由客塵所染故。」「非淨」也就是染汙，「非不染」仍然是染汙。之所以說空性是染汙的，是「非淨非不染」，原因是被客塵所染汙。就像前面所舉的水、虛空、金礦等喻，水中有塵埃，虛空有烏雲，金礦有雜質，雜染的空性也是同樣。

「是名成立空性差別義。」成立空性的差別義，原因有兩方面：一方面從它的本質說是清淨，另一方面從被客塵染汙的角度說是雜染。因為這兩個原因，所以說空性有差別義。

此前空義總有二種，謂相安立。相復有二，謂無及有。空性有相，離有、離無、離異、離一以為其相。應知安立即異門等。

「此前空義總有二種，謂相安立。相復有二，謂無及有。」這是對空性內容所作的總結和歸納。什麼是相？相就是空性的體相。怎樣去認識呢？「謂無及有」，即從有和無兩個方面來認識。

「空性有相，離有、離無、離異、離一以為其相。」對空性本質的認識，應該離開有邊、無邊，離開異邊、一邊，如此才能安立空性的體相。

「應知安立即異門等。」空性要說的幾方面內容包括：空性的安立、空性的差別、空性的異門、空性的不同名稱，前面都已經講過。

〈辯相品〉到這裡說完了，這是《辯中邊論》中最關鍵的一品。這一品主要講了兩個問題，一是辯虛妄分別相，二是辯空性。

辯障品第二

「障」是障礙，能使般若智慧不能生起，勝義、涅槃不能證得。一個人在修行過程中，從內在身心到外在環境，都會有各種各樣的障礙。比如愚痴、邪知邪見、煩惱，這是比較突出的障礙。還有因過去生沒有培植殊勝因緣所感得的果報，表現在生活中，如有的人想要修行，就可能會生病；或者事務纏身，根本就沒有時間；或者環境嘈雜、無法安靜等等。而一個人的根性太劣，對修行也有很大影響。當修到一定程度時，往往還會遇到魔障，這些都是修行過程中可能出現的障礙。

唯識宗通常說到兩種障礙，即煩惱障和所知障。在〈辯障品〉中，從各個不同角度來闡述障礙的內容和種類，對於修行人在修行過程中可能碰到的各種障礙，基本都講到了，非常全面。

甲一、五障

已辯其相，障今當說。頌曰：

具分及一分，增盛與平等。於生死取捨，說障二種性。

論曰：具分障者，謂煩惱障及所知障，於諸菩薩種性法中具為障故。一分障者，謂煩惱障，障聲聞等種性法故。增盛障者，謂即彼貪等行。平等障者，謂即彼等分行。取捨生死，能障菩薩種性所得無住涅槃，名於生死有取捨障。如是五障，隨其所應，說障菩薩及聲聞等二種種性。

「已辯其相，障今當說。」〈辯相品〉說了諸法的總相，這一品講障。本頌講五障。

「論曰：具分障者，謂煩惱障及所知障，於諸菩薩種性法中具為障故。」第一種是**具分障**。具是完整之義，具分障即完整、全面的障礙，包括煩惱障和所知障。具分障能障什麼人呢？煩惱障和所知障主要障礙菩薩的修行。那麼，是否障礙聲聞人呢？說障礙的，錯了！說不障礙的，也錯了！為什麼？因為菩薩的兩種障礙中，一種障聲聞，一種不障聲聞。煩惱障能障礙聲聞人，而所知障不障聲聞人。所以，菩薩的兩種障礙，對聲聞人來說又障又不障。

「一分障者，謂煩惱障，障聲聞等種性法故。」第二種是**一分障**，指具分障中的一分，即煩惱障，主要障礙聲聞人。聲聞人斷除煩惱之後，就能證得涅槃、成就解脫。所以，聲聞人只要斷除煩惱障就能解脫。至於所知障，因為聲聞人不想成佛，不要成就一切智慧，也不要成就差別智，也不需要五明處學。因而所知障對聲聞人來說就不存在障礙。比如想到國外定居的人，如果不懂外語，就無法和外界交流資訊，這是一種障礙。假如不想到國外定居，終身在鄉下小廟裡待著，不懂外語對他來說是障礙嗎？肯定不是障礙了。如果不當菩薩，所知障對你來說就不是障礙。如果要當菩薩，就必須成就一切智慧，所知障也就成為障礙了。

「增盛障者，謂即彼貪等行。」第三種是**增盛障**，指煩惱障的內容。煩惱的種類很多，最重要的為根本煩惱六種、隨煩惱二十種，在此二十六種煩惱中有增盛。什麼是增盛？就是說在這些煩惱中，每個人的煩惱有所偏重，其中某一種煩惱的力量特別大，即增盛。大家可以自我觀察一下，看看自己在貪、嗔、痴煩惱中，是否有所側重？大多數的人，煩惱並不是均衡發展的，可能貪心特別重，可能嗔恨心特別重，可能愚痴特別重，可能我慢特別重，可能疑心特別重，也可能嫉妒心特別重……等。這些偏重也是慢慢培養出來的，就叫「增盛」。針對這些問題，修行中也有專門的對治法門。佛陀說的眾多法門，每一種都是針對某個特殊煩惱而說。比如多貪眾生修不淨觀，多嗔眾生修慈悲觀，愚痴眾生修因緣觀，散亂眾生修數息觀，多障眾生修念佛觀……等，主要針對增盛的煩惱而修對治。增盛煩惱既障聲聞也障菩薩。菩薩出現這種障礙，它就障礙菩薩；聲聞出現這種障礙，它就障礙聲聞；我們擁有這種心態，它就障礙我們。

「平等障者，謂即彼等分行。」第四種為**平等障**。「彼」指前面所說的種種煩惱，「等分行」即平等發展，貪嗔痴的勢力都差不多大，叫平等障。

「取捨生死，能障菩薩種性所得無住涅槃，名於生死有取捨障。」**生死取捨障**，所障的對象是誰呢？主要是菩薩。對聲聞人來說，對於生死問題必須有取有捨，取涅槃而捨生死。對於菩薩來說，菩薩不可以厭離生死，不可以自己證得涅槃，不可以安住於涅槃中享受快樂。所以說，厭離生死、貪著涅槃之樂，對菩薩所得的無住涅槃會形成很大的障礙。無住涅槃即不住生死、不住涅槃。如果厭離生死，貪著涅槃，就不能證得無住涅槃。

「如是五障，隨其所應，說障菩薩及聲聞等二種種性。」這五種障既障礙了菩薩種性，也障礙了聲聞種性。但其中有所偏重，具分障菩薩，一分障聲聞，增盛障、平等障障三乘，取捨生死障重點障菩薩。

甲二、九結障

復次，頌曰：

九種煩惱相，謂愛等九結。初二障厭捨，餘七障真見。謂能障身見，彼事滅道寶。利養恭敬等，遠離遍知故。

論曰：煩惱障相略有九種，謂愛等九種結。愛結障厭，由此於順境不能厭離故。恚結障捨，由此於違境不能棄捨故。餘七結障真見，於七遍知如次障故。謂慢結能障偽身見遍知，修現觀時有間無間我慢現起，由此勢力彼不斷故。無明結能障身見事遍知，由此不知諸取蘊故。見結能障滅諦遍知，由薩迦耶及邊執見怖畏滅故，由邪見謗滅故。取結能障道諦遍知，取餘法為淨故。疑結能障三寶遍知，由此不信受三寶功德故。嫉結能障利養恭敬等遍知，由此不見彼過失故。慳結能障遠離遍知，由此貪著資生具故。

九結障即九種障，主要從煩惱的角度來說，又稱九種結。結是煩惱的異名，是繫縛的意思。煩惱就像繩索一樣，把有情捆在三界中流轉生死，不得出離。本論告訴我們：煩惱障簡單地說有九種，即愛、恚、慢、無明、見、取、疑、嫉、慳。這九種障各障礙什麼呢？

「愛結障厭，由此於順境不能厭離故。」這是九結中的第一結——**愛結障**。愛也是一種煩惱，所以叫愛結。愛結能障礙厭，也就是厭離。對喜歡的境界產生愛的時候，所表現出來的最大特點就是不願離開，不願捨棄。平常所說的依依不捨、留連忘返，都是愛的表現。一個人所愛的東西很多，如衣食住行、人際關係、工作事業等等，生活中的一切，都有可能使我們產生愛著。比如愛自己的家鄉，離開時間長了，總想著回去看一看，所謂葉落歸根，這就是愛的表現。所以說「於順境不能厭離故」，愛就是依戀，使我們對喜歡的境界不願捨棄。

「恚結障捨，由此於違境不能棄捨故。」第二**恚結障**。恚是嗔恨心，能障礙棄捨。捨就是捨離、放下。當一個人有了嗔恨心之後，就會耿耿於懷，然後惱羞成怒，懷恨在心，「於違境不能棄捨」。對討厭的人和事時時刻刻掛在心頭，所謂君子報仇十年不晚。恚與愛心態雖然不同，但對心境平和所造成的破壞卻是一樣。嗔恨心的破壞力非常大，「一念嗔心起，百萬障門開」，一個人只有做到無愛無嗔，內心才能保持平靜。如果一天到晚非愛即嗔，那就很麻煩，心境絕對不會平靜。

「餘七結障真見，於七遍知如次障故。」其餘七種煩惱，能障礙真見，障礙有情眾生的見地、智慧和認識。七遍知為七種真實的境界，因為被七結障礙之故，使得有情對這些境界不能正確了解。

「謂慢結能障偽身見遍知，修現觀時有間無間我慢現起，由此勢力彼不斷故。」偽身見是行者在修習止觀中出現的身見。「偽身見遍知」為知曉偽身見的能力。許多人在修行過程中由於**慢結**的關係，少有所得就會生起慢心，神化自我，輕視他人。

「無明結能障身見事遍知，由此不知諸取蘊故。」第四種是**無明結**。無明即無知，能夠障礙「身見事遍知」。身見就是把色身執著為我，五蘊色身本是無我的，但因為無明結之故，對五蘊就不能正確認識，因此產生身見、我見，把五蘊色身執為實我。

「見結能障滅諦遍知，由薩迦耶及邊執見怖畏滅故，由邪見謗滅故。」第五種是**見結**。見結指惡見，包括身見、邊見、邪見三種。惡見即錯誤的認識，能障礙我們對涅槃的正確認識，即「障滅諦遍知」。為什麼呢？「由薩迦耶及邊執見怖畏滅故」。薩迦耶就是身見，邊執見包括常見和斷見兩種。見結者執常或執斷，以為涅槃灰身滅智，產生斷滅見，於是就害怕並誹謗涅槃。

「取結能障道諦遍知，取餘法為淨故。」第六種是**取結**。取是執取之義，能障礙四諦中的道諦。道諦通常指八正道，要證得涅槃，必須通過道諦來修行。眾生因取結的關係，不能按照八正道修行，反而想通過一些歪門邪道來證得涅槃，於是障礙了涅槃解脫。取是見取，仍屬於惡見中「見取見」的範疇。

「疑結能障三寶遍知，由此不信受三寶功德故。」第七種是**疑結**。疑指懷疑，本身就是一種煩惱。懷疑能障礙對三寶的正確認識，對三寶以及三寶的功德不能相信接受。他們會懷疑三寶是否真實存在？佛陀的慈悲、道德、智慧是不是最高的？皈依三寶是否就是解脫的最佳途徑？佛法到底能否使我們解脫煩惱並證得真理？這些懷疑和煩惱，障礙了有情對三寶的認識和信仰。

「嫉結能障利養恭敬等遍知，由此不見彼過失故。」第八種是**嫉結**。嫉結即嫉妒，能障礙利養恭敬。利養包括衣服、飲食、臥具等生活中的種種利益。作為出家人本來不能貪著利養，但因為嫉妒的關係，對利養恭敬不能正確認識，看不到追逐利養和恭敬的過失，從而貪著利養恭敬。

「慳結能障遠離遍知，由此貪著資生具故。」第九種是**慳結**。慳結也就是吝嗇、貪婪。有了慳貪之後，對遠離貪著的好處就不能正確認識。如果沒有貪念，雖然沒什麼東西，但卻過得悠遊自在。反之，有了慳貪之後，就希望利養越多越好。有了很多財產，便要防賊盜、防火燒、防水淹，整天提心吊膽。有了很高的地位，便要提防被排擠、被謀奪、被暗算，整天勾心鬥角。這樣的生活肯定很累、很痛苦。他們看不到遠離慳貪的好處，認為有財產、有地位才是快樂的，卻不知道心無罣礙才是真正的快樂。

甲三、修行次第障

乙一、三十障

復有別障能障善等十種淨法，其相云何？頌曰：

無加行非處，不如理不生，不起正思惟，資糧未圓滿，
闕種性善友，心極疲厭性，及闕於正行，鄙惡者同居，
倒粗重三餘，般若未成熟，及本性粗重，懈怠放逸性，
著有著資財，及心性下劣，不信無勝解，如言而思義，
輕法重名利，於有情無悲，匱聞及少聞，不修治妙定。
論曰：如是名為善等法障。

菩薩從發心到成佛的過程中，既有善根等十種淨法的生起，也有無加行等三十種障礙相伴而生。

三十種障的名稱是：無加行、非處加行、不如理加行、不生善法、不起正思惟、資糧未圓滿、闕種性、闕善友、心極疲厭性、闕於正行、鄙者同居、惡者同居、顛倒粗重、三餘、般若未成熟、本性粗重、懈怠、放逸、著有、著資財、心性下劣、不信、無勝解、如言思義、輕法、重名利、於有情無悲、匱聞、少聞、不修治妙定。

「論曰：如是名為善等法障。」這裡共有三十種障，是善等法的障礙。善等法在下面還要詳細介紹，共十種，即善、菩提、攝受、有慧、無亂、無障、迴向、不怖、不慳、自在等。這十種善法在修行過程中生起，並因為這些善法的作用，修學佛法才能有所成就，才能斷煩惱、開智慧，成就種種功德。現在被這三十種障所障礙，善等十種法就不能生起。

乙二、十種淨法

所障善等，其相云何？頌曰：

善菩提攝受，有慧無亂障。迴向不怖慳，自在名善等。

論曰：如是善等十種淨法。

前面已說三十種障，這裡進一步把善等十種淨法的名稱也羅列出來。「所障善等，其相云何？」所障，即被障的十種善法，到底指哪些呢？「論曰：如是善等十種淨法。」「如是」即如此這般，每部經的開頭都有「如是」二字，意為如此這般的一部經典。這裡的「如是」則是指善等十種淨法，它們是：善、菩提、攝受、有慧、無亂、無障、迴向、不怖、不慳、自在等共十種。

乙三、依淨法辯三十障

誰有前說幾種障耶？頌曰：

如是善等十，各有前三障。

論曰：善有三障，一無加行，二非處加行，三不如理加行。菩提有三障，一不生善法，二不起正思惟，三資糧未圓滿。發菩提心名為攝受，此有三障，一闕種性，二闕善友，三心極疲厭性。有慧者謂菩薩，於了此性有三種障，一闕正行，二鄙者共住，三惡者共住。此中鄙者謂愚痴類，樂毀壞他名為惡者。無亂有三障，一顛倒粗重，二煩惱等三障中隨一有餘性，三能成熟解脫慧未成熟性。障斷滅名無障，此有三障，一俱生粗重，二懈怠性，三放逸性。迴向有三障，令心向餘不向無上正等菩提，一貪著諸有，二貪著資財，三心下劣性。不怖有三障，一不信重補特伽羅，二於法無勝解，三如言而思義。不慳有三障，一不尊重正法，二尊重名譽利養恭敬，三於諸有情心無悲愍。自在有三障令不得自在，一匱聞生長能感匱法業故，二少聞，三不修治勝三摩地。

能障的煩惱為三十種，所障的善法為十種。那麼，哪些煩惱障礙了哪些善法呢？

「頌曰：如是善等十，各有前三障。」能障有三十種，所障有十種，分配一下，每種善法的生起各有三種障礙。

「論曰：善有三障，一無加行，二非處加行，三不如理加行。」善有三種障。善，指善根，對於修學佛法非常重要。過去生中曾經種下善根，今生接觸佛法之後，才能對佛法產生興趣和信仰。當然，有了善根還要有善知識的指引，或生在有佛法的地方，這些因緣也很重要。如果僅僅有善根，但卻生在沒有佛法的國度中，可能只是做一個好人，卻不能依照佛法來修行。

善根的產生有三種障礙。第一種障礙是**無加行**，也就是不肯親近善知識，或不肯聽聞經教。如果一個人不肯親近善知識並聽聞經教，就不可能種下善根。即使有了善根，如果不肯親近善知識並聽聞經教，善根就不會增長。所以，有善根而無加行也不行。

第二種障礙是**非處加行**，即錯誤的加行。有很多人雖有善根，對佛法很感興趣，也希望通過學佛解脫煩惱、解脫生死、明心見性。結果卻去親近一些打著佛教旗號的氣功師，什麼菩提功、法輪功、香功、中功等等。或是一些依附佛法的外道，如清海法門、盧勝彥的「密宗」等等，打的都是佛教的旗號，弘揚的卻不是佛陀的正法。如果追隨他們去學習，跟隨他們去修行，往往是南轅北轍，越是下功夫，離佛道就越遠。

第三種障礙是**不如理加行**。比如修禪，或者修淨土，或者學習經教，如果在整個過程中不能按照正常途徑或正確方法來修學，就是不如理的加行。因為錯誤方法會直接影響到一個人善根的成熟。

以上這三種障礙都會影響行者善根的增長和成熟。

「菩提有三障，一不生善法，二不起正思惟，三資糧未圓滿。」第二種善法是菩提。菩提是修學佛法的目標，也是最終要圓滿成就的。在修學佛法過程中，要成就菩提，達到這個最高目標，有以下三種障礙。

第一，**不生善法障**，即不產生善法。我們修學佛法、成就菩提，必須修習種種善法。從五戒、十善到六度、四攝、三十七道品，凡是趨向佛果的一切行為，或與佛果相應的一切行為皆可稱為善法。如果不修善法，菩提之果當然就不能成就。所以，不生善法是菩提的一大障礙。

第二，**不起正思惟障**，即不能正確思考。不起正思惟的前提是缺乏正見，缺乏正見的原因是不聞思經教，不親近善知識，沒有正見引導，就不會有正思惟，思想觀念必然也是錯誤的，所作所為就不可能與菩提相應，只能與菩提背道而馳。所以，不起正思惟也屬於菩提的一大障礙。

第三，**資糧未圓滿障**。要成就菩提，先要積聚資糧。比如出門旅行，必須準備乾糧、衣物、旅行費用，這樣在旅途中才不至於挨餓、受困。軍隊作戰也是兵馬未動、糧草先行，首要任務就是積聚資糧。成佛的資糧主要有兩種：一是福德，一是智慧。福智二資糧真正圓滿了，那就成佛了。所以，資糧未圓滿也屬於菩提的障礙。

「發菩提心名為攝受。此有三障，一闕種性，二闕善友，三心極疲厭性。」第三種善法叫攝受。攝受，就是發菩提心，修學佛法首先要認準目標，這個目標就是菩提。認準目標之後，還要進一步發菩提心。發心非常重要，學佛的整個過程都不能離開發心。發心決定學佛的目標，決定學佛的成就。假如發出離心，根據出離心去修行，將來就會成就阿羅漢果；假如希求人天福報，根據這種發心來修行，來生就可能繼續做人或生天享樂。如果想成佛，就要發菩提心。菩提心為什麼叫攝受呢？因為它能攝受一切善法。如果沒有菩提心，所修的善法將會成為人天小果、有漏之因，雖然轉化為福報，但享受完了就沒有了。好像銀行存款，用完就沒有了。如果有菩提心作為基礎，所修種種善法將會成為佛果的資糧。比如在家人，計畫五年買間房子，再等五年買車。有了這個目標之後，就能把錢積攢起來，準備將來買房、買車，或投資其他事業。如果沒有這個目標，賺的錢就會隨手花光。發菩提心，積集善法資糧也是這樣。所以，依靠菩提心的力量能攝受善法，使善法和功德法財不會散失。

菩提心的發起有以下三種障礙：

第一是**闕種性障**。在唯識宗裡，種性指種子。種子是唯識宗特有的思想。唯識宗認為，世間萬物的產生都需要種子，成佛同樣需要種子。如果想成佛、想發菩提心，就必須有菩薩的種性、成佛的種性，這點非常重要。如果缺乏菩薩和成佛的種性，那麼，菩提心根本發不起來。在這個世界上，有許多人缺乏悲憫之心，壓根就沒想到應該去幫助別人，這也和缺乏菩薩種性有關。

第二是**闕善友障**，也就是缺乏善知識引導的障礙。想發菩提心，但缺乏善知識的引導，菩提種子不會自動開花結果。所以，有了菩薩種性，缺少善知識的引導也是不行的。

第三是**心極疲厭性障**。菩薩在發心過程中，缺乏耐心和長遠心，其實也就是慈悲心不夠。雖然發心度眾生，但麻煩一來，疲厭心就生起了，菩提種子就退失了。因為怕麻煩，發心不能長久。所以，發菩提心不能怕麻煩，否則就無法度眾生。耐心非常關鍵，發菩提心並不很難，如果發一下心就能成佛，那就太容易了。難就難在必須有耐心、長遠心，必須盡未來際地發心，直到菩提的福慧資糧圓滿，才能成就佛果。如果生起疲厭心，如何積聚福慧資糧呢？福慧不圓滿，怎麼能成佛呢？所以，心極疲厭是發菩提心的障礙，也是成佛的障礙。

「有慧者謂菩薩，於了此性有三種障，一闕正行，二鄙者共住，三惡者共住。此中鄙者謂愚痴類，樂毀壞他名為惡者。」第四種善法是有慧。有慧是指菩薩，菩薩為梵語菩提薩埵的簡稱，漢譯覺有情，意思是有智慧並能讓他人覺悟的有情。

取得菩薩的資格，有以下三種障礙：

第一是**闕正行障**，正行即正道，沒有按照菩薩的正道去修行。第二是**鄙者共住障**，第三是**惡者共住障**。鄙者與惡者有什麼區別呢？鄙者指愚痴的人。你想要成就智慧，可跟你在一起的人都愚不可及，雖然在那種環境中你是最聰明的，但久而久之，你也會越來越愚蠢。所以，除非你有了正見，才能與鄙者共住。如果在沒有獲得正見之前就終日和沒有智慧的人在一起，容易自以為是，認為老子天下第一。這樣還能進步，還能開智慧嗎？肯定不行。至於惡者，就是一天到晚想著如何傷害他人的人。菩薩道的修行，首先要參訪並親近善知識，《華嚴經．入法界品》中記載的善財童子，便是我們修學菩薩道的典範。我們在修行尚未獲得相應定力之前，要遠離惡者及愚痴者，否則在菩薩道上就很難進步。待自己具備一定能力之後，再發心去度化這些人。而在知見、定力都未形成之前，就和這些惡人及愚痴者相處，勢必會受到不良影響。以上是成為菩薩的三種障礙。

「無亂有三障，一顛倒粗重，二煩惱等三障中隨一有餘性，三能成熟解脫慧未成熟性。」第五種善法是無亂，在修學過程中屬見道位。見道位必須遠離顛倒和散亂。凡夫是顛倒的，見道之後才不會顛倒。因為他們已如實認知宇宙人生的真理，所以是無亂。

達到無亂的境界，有以下三種障礙：

第一是**顛倒粗重障**。平常所說的顛倒，主要指四倒——常樂我淨。這四倒是凡夫眾生對世界顛倒的認識，本身也屬於煩惱，所以稱為粗重。這種顛倒的認識是見道的障礙，稱為見惑。在見道之前，見惑是最大的障礙。只有見道以後，才能打破見惑。

第二是**煩惱等三障中隨一有餘性**。煩惱的三障為煩惱雜染、業雜染、生雜染，這三種雜染又稱三障，即煩惱障、業障和生障。這三種障中，隨便餘下一種都屬於見道的障礙。

第三是**能成熟解脫慧未成熟性**。能成熟解脫的慧是般若智慧，也就是根本智。見道是以根本智親證宇宙人生的真理，如果根本智沒有成就，也就不可能見道。有了根本智之後，才能成就解脫。聲聞講五分法身，即戒、定、慧、解脫、解脫知見，其中的核心就是慧。所以，持戒修定都是為了成就慧，慧成就了才談得上解脫、解脫知見。所以，根本智又稱為解脫慧。如果解脫慧尚未成熟，想達到無亂的境界是不可能的。

「障斷滅名無障，此有三障，一俱生粗重，二懈怠性，三放逸性。」第六種善法是無障，指修道位。修道位要斷除兩種障礙——煩惱障和所知障，從而達到無障的境界。在這過程中有三種障礙。由此可見，有情在學佛過程中，每邁開一步都有障礙，而且不是簡單的障礙。比如想走正道，想發菩提心，想要做一番佛教事業，魔障就來了。想放逸，想做壞事，反而一切都很順利，誰也不來障礙你。所以有人說天道不公，實際上並不是天道不公，而是要往上走，好比逆水行舟，難度要大得多。在人生道路上往下滑，好比順流而下，自然沒有什麼障礙。

達到無障的境界，有以下三種障礙：

第一是**俱生粗重障**，即俱生的煩惱障和所知障。我們知道，粗重的煩惱障和所知障有俱生和分別兩種。在見道位時，分別二障已經斷除，但俱生二障還在。

第二是**懈怠性障**。修道非常艱難，需要精勤努力，如逆水行舟，不進則退。還有個比喻說，修行就像一個人與一萬個人打架一樣。如果不精進，道就修不成，要嘛你的舟無法逆流而上，要嘛你被一萬個人打死。可見修道是多麼地不容易。

第三是**放逸性障**，也就是放縱自己，對自己的行為不加約束，想做什麼就做什麼。放縱的結果勢必增長自己的煩惱和妄想，就無法與空性相應。克服這三種障礙後，才能進入無障的境界。

「迴向有三障，令心向餘不向無上正等菩提，一貪著諸有，二貪著資財，三心下劣性。」第七種善法是迴向，把修行所得的一切功德迴向無上菩提。迴向在學佛中非常重要，修行人每天誦經、念佛、打坐、念誦早晚功課，乃至做每件善事都要迴向。迴向就是把修得的功德指向某個目標，大乘的發心和修行是迴向無上正等菩提。迴向無上正等菩提有以下三種障礙，這些障礙會使你把修行的功德迴向到其他地方。

第一是**貪著諸有障**。「諸有」指三界，對這個世界依依不捨、充滿留戀：這世界真美啊！人生真好啊！有沒有這種感覺呢？大家似乎都有過這種感覺吧！當我們有這種感覺的時候，我們對這個世界難免生起貪著之心，這是迴向的障礙。

第二是**貪著資財障**。資財指種種資生用品，如房產、家具、鈔票、衣物等。因為貪著資財，就想著擁有更多，整天忙於工作賺錢，用於改善生活的環境，添置生活用品。於是過日子就成了人生的一切，而忘記了人生的頭等大事應該是成佛度眾生。

第三是**心極下劣性障**。有些人學佛的目標和志向不高，整天只知求佛菩薩保佑自己平安，卻不想通過自身的努力成就佛果。或者只追求個人解脫，不顧眾生疾苦，毫無悲憫之心。這是心極下劣性障。這三種都會障礙成佛的目標。

「不怖有三障，一不信重補特伽羅，二於法無勝解，三如言而思義。」第八種善法是不怖。不怖即不害怕，人害怕的東西很多，比如人們通常比較怕鬼，不過這裡講的不是怕鬼，而是對甚深佛法產生畏懼。你們信不信有人對佛法會產生懼怕？我碰到過很多這樣的人，接觸佛法之後覺得佛法很好，但是不敢繼續接觸。因為他們覺得再接觸下去，就不得了了，非出家不可。可真正出家的話，又捨不得放棄多姿多彩的生活，結果對佛法產生畏懼，乾脆不再接觸佛法。怖畏其實也就是貪著，因為有所貪著的緣故，所以就心存怖畏。做到不怖，有以下三種障礙。

第一是**不信重補特伽羅障**。補特伽羅指有情，這裡的「重補特伽羅」不是一般的有情，而是一些特殊的有情，如善知識、高僧大德、佛菩薩等等，都是屬於「重補特伽羅」。不信重補特伽羅，就不可能對佛法產生正確的認識。前面說到有些人怖畏佛法，就是因為缺乏對善知識的信仰，所以對佛法缺乏深入了解，只認識了一些皮毛，結果產生怖畏的觀念。

第二是**於法無勝解障**，對甚深佛法缺乏勝解。這種勝解不是一般的理解，而是堅定不移的信仰和理解。在修學佛法的過程中，有個過程是勝解行地。資糧位和加行位都屬於勝解行地。勝解行地再進一步就是見道，見道之後就不再停留在理解的層面上了。

第三是**如言而思義障**。學習佛法不可以依文解義，否則很難對佛法產生真正的信仰，所謂「依文解義，三世佛冤，離經一字，即同魔說」。所以，研習佛法不容易呵！佛陀說法有四悉檀，即世間悉檀、為人悉檀、對治悉檀、第一義悉檀，我們必須根據四悉檀來理解佛法。佛法有方便、有真實，有顯了說、有密意說。僅僅是依文解義，諸佛菩薩定會大喊「冤枉」，那問題就嚴重了。

「不慳有三障，一不尊重正法，二尊重名譽利養恭敬，三於諸有情心無悲憫。」第九種善法是不慳。慳是慳貪、吝嗇、小氣，不慳即不慳貪、不吝嗇、不小氣。這裡主要是指佛法，學了佛法之後，不要慳貪，要勤布施，把佛法布施給別人。即使對方沒完沒了地問些雞毛蒜皮的事，也必須很耐心地為他們解釋。所以要做到不慳貪也不容易，因為有以下三種障礙。

第一是**不尊重正法障**。如果我們對佛法有足夠的尊重和重視，就不會慳貪了。因為尊重法，對住持和弘揚佛法會有很強的責任感。如果具備這樣的使命感，無論在怎樣艱苦的情況下也不會吝法。只要有條件，就能弘揚佛法。佛法的道理這麼好，為什麼不能得到很好的弘揚？原因就在於對弘法重視得還不夠。

第二是**尊重名譽利養恭敬障**。這是吝法的另一種方式，看錢說法，有供養就說，沒供養就不說。這種人不能白說，看哪裡有利養才去說法，這也屬於慳法，是障礙弘法的重要因素。

第三是**於諸有情心無悲憫障**。對有情沒有足夠的悲憫心，覺得有情的死活和自己沒關係，怕惹麻煩，原因就在於心無悲憫。像諸佛菩薩那樣「無緣大慈、同體大悲」，就不會怕麻煩。所以，我們必須努力、努力再努力，不要懼怕任何麻煩。

「自在有三障令不得自在，一匱聞生長能感匱法業故，二少聞，三不修治勝三摩地。」第十是自在，指於法自在。學習佛法要做到於法自在，雖然還不能像佛菩薩那樣於法自在，但最起碼要有能力為信徒解決在修學佛法中存在的一些認識問題。於法自在很不容易，講起課來這也不懂、那也不懂，講了半天別人還是聽不懂。舉行講座時聽眾提問，又一問三不知。這都是於法不自在。學佛本來想要自在，結果反而不自在。所以要好好學，否則總會有難堪的時候。要不然就是誤導他人，不好意思說自己不會，就開始繞彎，把別人帶入迷魂陣去轉一圈，聽得人雲裡霧裡、不辨東西，這也是於法不自在。學好了才能於法自在，當然，真正於法自在的只有佛陀。自在有以下三種障礙。

第一是**匱聞障**，匱即缺乏，匱聞指對佛法缺乏接觸。過去生中沒有造下接觸佛法的因緣，所以今生就缺乏接觸佛法的機會。換句話說，今生能生長在有佛法的環境中，能夠到佛學院讀書，能聽聞法師說法，這一切和過去生種下的善因緣很有關係。過去生中沒有種下這樣的因緣，今生缺乏聽聞佛法的因緣，想要學習佛法，門都沒有！現在學習佛法的條件非常好，在「文化大革命」時，想要看經、誦經都很不容易。我小時候在家就開始信佛，當時正趕上「文化大革命」，家人早晚偷偷地做功課，誦經之後趕緊把佛像經書藏起來。有時深更半夜還有人來搜查，那些信徒、居士經常被抓去遊行，戴的帽子一尺多高，真是很不容易。我剛上北京讀書的時候，中國佛學院的老法師，像正果法師、巨贊法師等都穿在家衣服，我們學生穿大褂。有時到頤和園，走到哪裡人們就圍觀到哪裡，還以為是哪裡的少數民族。這幾年學佛的環境比以前好得多，甚至可以到大學舉行佛學講座，信仰自由正在趨於正常。

第二是**少聞障**，也就是聽聞得太少。大家在佛學院讀了幾年書，掌握了佛法的一些皮毛，以及一些支離破碎的名相，但對許多經論還是讀不懂，不能理解，這是因為少聞的緣故。所以，佛學院四年畢業以後要繼續學習，一門深入地學習，再學上五年或十年，將來不僅能利益佛教，同時也能利益社會。否則，整天無所事事，佛法沒學好，修行也不知從何下手，苦苦惱惱地過日子。不要說對佛教、對社會有什麼貢獻，只怕連自己也救不了。

第三種**不修對治勝三摩地障**。修學佛法，除學教以外還要實修，這也是關鍵所在。因為不修止觀，沒有禪定的體驗，對空性缺乏認識，是不可能做到說法自在的。

乙四、引「對法」說

復次，如是諸障於善等十隨餘義中有十能作，即依彼義應知此名。十能作者，一生起能作，如眼等於眼識等。二安住能作，如四食於有情。三任持能作，謂能任持如器世間於有情世間。四照了能作，如光明於諸色。五變壞能作，如火等於所熟等。六分離能作，如鐮等於所斷等。七轉變能作，如金師等轉變金等成鐶釧等。八信解能作，如煙等於火等。九顯了能作，如因於宗。十至得能作，如聖道等於涅槃等。

什麼叫「對法」呢？大家學過《俱舍論》嗎？阿毗達磨就是對法義。這裡講的對法不是指《俱舍論》，而是指《阿毗達磨集論》。《阿毗達磨集論》第三卷中說有十種能作，本論引用這十種能作，目的是幫助解釋前面的十種善法，說明這十種善法對於修學佛法的作用非常之大，就像十種能作一樣。如果十種能作被障礙，就不能再起任何作用。這十種能作到底是什麼意思呢？

「復次，如是諸障於善等十隨餘義中有十能作，即依彼義應知此名。」如是就是如此，前面說到有三十種障能障礙十種善法的生起。在其他經論，如《阿毗達磨集論》中，亦有十種能作。根據《阿毗達磨集論》十種能作的道理，可以幫助我們進一步理解善等十法是怎樣被三十種障所障礙的。

「十能作者，一生起能作，如眼等於眼識等。」十能作是什麼？生起能作是什麼？「眼等」指眼、耳、鼻、舌、身、意，「眼識等」指眼識、耳識、鼻識、舌識、身識、意識。六根對六識的生起具有能作的作用。如果沒有六根，六識就不能生起。六根能使六識生起，所以是六識的生起能作。

「二安住能作，如四食於有情。」安住能作就像四食對於有情。我們知道，一切有情皆依食而安住。有情在世間生存的主要食物，包括段食、觸食、思食、識食。四食能使有情在世界安住並得以延續，所以叫「安住能作」。

「三任持能作，謂能任持如器世間於有情世間。」任是擔當、擔負，持是支持、支撐。有情世間必須靠器世間來擔負並支撐。我們生存在地球上，如果沒有地球的支撐、擔負，人類和所有生物勢必不能安住在這個世界。所以，器世間對有情世間有任持的作用，稱為「任持能作」。

「四照了能作，如光明於諸色。」「照了」就像光能照射一樣。光對各種物質甚至整個世界具有照了的作用，所以光明是「照了能作」。

「五變壞能作，如火等於所熟等。」變壞能作的意思是能變壞。就像灶間的火，有了火才能把生米煮成熟飯，把生菜炒成熟菜。這個變壞過程，其實就是煮熟的過程。火對食物來說，具有能熟的作用，所以叫「變壞能作」。

「六分離能作，如鐮等於所斷等。」鐮是鐮刀，是割稻、割麥的工具。鐮刀是能割，稻、麥是所斷，鐮刀對於所割的稻、麥來說具有分離的作用，所以叫「分離能作」。

「七轉變能作，如金師等轉變金等成鐶釧等。」金師就是金匠。通過金匠的加工，能把金子製成各式各樣的裝飾品，如耳環、戒指等。金匠對於金子具有轉變的作用，所以稱為「轉變能作」。

「八信解能作，如煙等於火等。」信解是使人相信、了解，就像煙對火一樣。物品點燃都會冒煙，所以看到煙就可相信有火，就可進一步看到火。煙能使人們對火產生信解的作用，所以叫「信解能作」。

「九顯了能作，如因於宗。」顯了，是使某個觀念的意義明瞭、清晰。如因對於宗，這牽涉到因明的問題。因明就是通過一些已了解的現象和概念去證明不了解的現象和概念，通過一些比較熟悉的事例去了解不熟悉的事例，以達到明白、清晰。因對宗具有顯了的作用，所以叫「顯了能作」。

「十至得能作，如聖道等於涅槃等。」至得指最終能得到的最高結果、最好收穫，就像聖道對於涅槃那樣。聖道指八正道，對涅槃來說，八正道就是「至得能作」。

依如是義故，說頌言：

能作有十種，謂生住持照，變分離轉變，信解顯至得。

如識因食地，燈火鐮工巧，煙因聖道等，於識等所作。

「依如是義故，說頌言：能作有十種，謂生、住、持、照、變、分離、轉變、信解、顯、至得。如識因、食、地、燈、火、鐮、工巧、煙、因、聖道等，於識等所作。」這兩頌對前面長行的內容作了總結。

第一頌，「生」指生起能作，「住」指安住能作，「持」指任持能作，「照」指照了能作，「變」指變壞能作，「分離」指分離能作，「轉變」指轉變能作，「信解」指信解能作，「顯」指顯了能作，「至得」指至得能作。

第二頌進一步說明十種能作。頌中所引的識因、食、地、燈（光）、火、鐮、工巧、煙、因、聖道等，這十種所作依前十種能作而有，進一步輔助說明十種能作。這些在前面已詳細解釋過，如眼是能作，眼識是所作；食是能作，因食而安住是所作；地指器世間，能擔負並支撐有情在地球上生存，是能作，有情是所作；燈光是能照，被燈光照射的諸色是所照……等，所以說「於識等所作」。

於善等障應知亦然。一生起障，謂於其善，以諸善法應生起故。二安住障，謂於菩提，以大菩提不可動故。三任持障，謂於攝受，以菩提心能任持故。四照了障，謂於有慧，以有慧性應照了故。五變壞障，謂於無亂，轉滅迷亂名變壞故。六分離障，謂於無障，此於障離繫故。七轉變障，謂於迴向，以菩提心轉變相故。八信解障，謂於不怖，無信解者有怖畏故。九顯了障，謂於不慳，於法無慳者為他顯了故。十至得障，謂於自在，此是能得自在相故。

「於善等障應知亦然。」前面所舉比喻的例子，引《阿毗達磨集論》中的十種能作，幫助大家對善等十法有進一步的認識。在修學佛法的過程中，從菩薩發心到成佛的整個過程，善等十法本來應該生起，但被無加行等三十種障所障礙而不能生起。引對法中的十種能作，就是說明這種道理。

「一生起障，謂於其善，以諸善法應生起故。」第一是生起障。十種善法中，第一種善法是善根。

在學佛過程中，首先要使善根生起。只有在善根產生作用的情況下，才能對佛法發生興趣，才有可能進一步接觸佛法，才有可能最終學好佛法。如果沒有善根，這一切都談不上。這裡所說的是，善法本應生起，但現在被障礙住了，結果不能生起，更不能產生作用。

「二安住障，謂於菩提，以大菩提不可動故。」第二是安住障。安住什麼？安住在無上菩提的目標上，這種信念和目標不可動搖，以此菩提作為學佛的最終目的。但如前面所講，因為有三種障礙的產生，致使學佛者不能安住於無上菩提，故稱「安住障」。

「三任持障，謂於攝受，以菩提心能任持故。」第三是任持障。任持指攝受，攝受的內容是菩提心。菩提心能攝受善法，任持善法。因為有了菩提心之後，能使所修的一切善法都成為佛果的資糧。如果沒有菩提心為基礎，所修善法都會散失，成為人天小果、有漏之因。當任持被障礙了，菩提心就不能生起。菩提心本身是能作，本身能夠產生作用，就像器世間對有情世間具有任持的作用一樣。如果被障礙之後，對有情就不能產生作用，也不能攝受有情世間。

「四照了障，謂於有慧，以有慧性應照了故。」第四是照了障。照了指有慧，有慧即菩薩。菩薩的智慧能觀照宇宙人生的真實，這種作用就像光明對諸色具有照了的作用一樣。這種作用一旦被障礙，就失去照了的功用。比如用帷帳把燈光遮住，燈光就失去照射的作用。菩薩的能觀智一旦被無明所遮蔽，就失去觀照宇宙人生真實的功用，所以稱為「照了障」。

「五變壞障，謂於無亂，轉滅迷亂名變壞故。」第五是變壞障，變壞指無亂。無亂主要在見道位，修行見道後能轉變迷亂顛倒，才有可能證得真實。證得真實的過程就是變壞的過程，就像火能把生米煮成熟飯，把生菜炒成熟菜一樣。見道位實際就是認識上的轉變。如果這種轉變能力被障礙，就失去了轉變認識的作用，所以稱為「變壞障」。

「六分離障，謂於無障，此於障離繫故。」第六是分離障，分離指修道位。修道位最終要達到無障的境界。學佛必須克服煩惱障和所知障，將此二障徹底克服，就能達到無障。所以無障的特點是「於障離繫故」，也就是從障礙的繫縛中解脫出來。解脫就是將煩惱分離，就像以鐮刀為工具，將稻穀從稻田中分離出來。如果這種作用被障礙，就不能分離了。

「七轉變障，謂於迴向，以菩提心轉變相故。」第七是轉變障。轉變指迴向，把一切修行的功德轉變為成佛之因，轉變為成佛的資糧，轉變為佛果功德，這就是迴向。它以菩提心為前提，以佛果為目標，也就是「願以此功德，普及於一切。我等與眾生，皆共成佛道」。這種轉變就像金師製作金器一樣，金子經他加工以後，就會成為精美的裝飾品。如果沒有這種技能，金子也加工不成裝飾品，所以稱為「轉變障」。

「八信解障，謂於不怖，無信解者有怖畏故。」第八是信解障。只有對甚深佛法產生堅定不移的信解，才能達到於法不怖的境界。假如說對佛法沒有信解，就不能達到不怖。所以說「無信解者有怖畏故」，即沒有信解的人會有怖畏。

「九顯了障，謂於不慳，於法無慳者為他顯了故。」第九是顯了障。顯了指不慳，也就是對法不慳貪、不吝嗇，能毫不保留地為別人開示並解答疑難，知無不言、言無不盡。如果慳法的話，就會覺得這些理論自己好不容易才學懂，怎麼能一下子全告訴別人，這麼一想就更捨不得說了。不慳才能顯了，就如因明學的因與宗一樣，通過因才能顯宗。如果因被障礙了，宗就不能顯現。所以叫「顯了障」。

「十至得障，謂於自在，此是能得自在相故。」第十是至得障。至得指自在，修行要成就的境界就是自在。自在與自由是否一樣呢？我們常說「自由自在」，兩者的內涵是一致的。只不過自在為佛教專用，自由是通常所說。佛教也提倡自由，我們可以給世人講講「佛法的自由觀」，或「論自由」、「真自由論」，這是個很吸引人的話題。但世人認識的自由很有限，如人權自由、物質條件自由、人際關係自由等。其實，真正的自由應該建立在心靈解脫之上，心靈的枷鎖打開了，才能獲得自由。一個人只有學好佛法之後，才可能達到最終的自由和解脫。解脫包括心解脫和慧解脫。沒有煩惱才能自由，否則就會痛苦、困惑，那還能自由嗎？所以，沒有迷茫、困惑才能解脫。可見，佛法所講的自由比世間所講的自由更徹底。世間的自由是有限度的，而佛法提倡的自由是真自由，是徹底的自由。至得的最終結果是得到自在，如果被障礙了，就不能得到自在。

乙五、十種淨法的安立次第

所障十法次第義者，謂有欲證無上菩提，於勝善根先應生起。勝善根力所任持故，必得安住無上菩提。為令善根得增長故，次應發起大菩提心。此菩提心與菩薩性為所依止，如是菩薩由已發起大菩提心及勝善根力所持故，斷諸亂倒起無亂倒。由見道中無亂倒故，次於修道斷一切障。既斷障已，持諸善根迴向無上正等菩提。由迴向力所任持故，於深廣法便無怖畏。既無怖畏，便於彼法見勝功德，能廣為他宣說開示。菩薩如是種種功德力所持故，疾證無上正等菩提，於一切法皆得自在。是名善等十義次第。

「所障十法次第義者。」了解善等十法的生起次第，才能明瞭障的內容。

一、「謂有欲證無上菩提，於勝善根先應生起。」有人想證無上菩提，怎麼辦呢？首先要種善根，培植福慧資糧。

二、「勝善根力所任持故，必得安住無上菩提。」既然有勝善根，那就有劣善根與之相對。可見善根還有品質的問題，有些善根的品質好一些，有些善根的品質差一些。如人天乘與聲聞乘相比，當然是聲聞乘的善根更殊勝。而大菩薩與佛所具備的善根品質也不一樣。具備殊勝的善根，才可能安住無上菩提。如果種下的是劣善根，將來就不能安住無上菩提，最多也就是人天乘了。

三、「為令善根得增長故。」為了使善根得到增長，使善根的力量越來越大，必須發起菩提心。菩提心是善根增長的動力，假如光有善根而沒有菩提心，學佛也很難學下去。比如僧團中有些出家人，既然能夠學佛並出家修行，可見他們也有善根。但他們的日子卻過很不理想，學又學不進去，修行又不能上軌道，整天無所事事，煩惱多，妄想也多，這說明什麼？說明他們的善根沒有動力，所以善根得不到增長。他們沒有發起菩提心，學佛就逐漸失去了目標。什麼了脫生死、成就佛道，似乎那麼遙遠而渺茫，最現實的還是自己的煩惱，一天到晚無故尋仇覓恨。在家人多半很忙碌，不是求學就是工作，倒是不大有時間尋仇覓恨。出家人如果沒什麼目標，又不學又不修，太多的閒置時間沒處打發，煩惱就來了。所以，要想出家生活過得充實，必須老老實實地學習、修行。否則就不要出家，那是自己和自己過意不去，自己和自己鬧彆扭。出家人煩惱起來比在家人還要厲害，在家人可以找到許多方式去發洩，通過疏導和轉移，把煩惱暫且壓制下來。出家人呢？尤其是女眾，視野不開闊，活動空間太狹窄，煩惱一來真是沒治，百分之百地自己承受。所以，要學會調整自己的情緒，不然求生不得、求死不得，只有在煩惱中煎熬。

四、「次應發起大菩提心，此菩提心與菩薩性為所依止。」菩提心非常重要，只有在發起菩提心的前提下，才能取得菩薩的資格。我們要想成為菩薩，首先要發起菩提心，然後還要受菩薩戒。如果說菩提心是菩薩性所依止，那麼受菩薩戒就是取得菩薩資格的前提。

五、「如是菩薩由已發起大菩提心及勝善根力所持故，斷諸亂倒起無亂倒。」善根的範圍非常廣泛，所有修行功德都是在培養我們的善根，使我們的善因、菩提因與日俱增，日日增長。這裡所說的善根不是一般的善根，而是殊勝的善根力。在這種特別殊勝的善根力量支配下，能斷除迷亂、顛倒、困惑，最後成就「無亂倒」。也就是開悟見道，親證宇宙人生的真實。

六、「由見道中無亂倒故，次於修道斷一切障。」在見道中斷除見惑，然後進入修道。在修道位上斷除一切障，包括煩惱障和所知障。

七、「既斷障已，持諸善根迴向無上正等菩提。」在修道位斷除一切障之後要迴向，把所有善行指向一個目標，這個目標就是無上菩提。

八、「由迴向力所任持故，於深廣法便無怖畏。」無怖畏就是不害怕。佛法有如大海，又深又廣。由於迴向的力量所任持，對甚深廣大的佛法不會感到害怕。

九、「既無怖畏，便於彼法見勝功德，能廣為他宣說開示。」不害怕之後，才能自信地為他人宣說開示佛法。所以對佛法要有信心，理解之後還要有自信。自信不是自大，也不是自尊心太強。我們要培養自信，正確估計自己的能力，也能正確估計別人的能力，坦然地面對他人。我有我的長處，也有不足的地方；別人有別人的長處，也有不足的地方。以平常心去對待別人、尊重別人，這種氣質要培養好。

十、「菩薩如是種種功德力所持故，疾證無上正等菩提，於一切法皆得自在。」菩薩依靠這些功德力量，能夠快速證得無上正等菩提。對一切法都能自在，「佛為法王，於法自在」。

「是名善等十義次第。」善、菩提、攝受、有慧、無亂、無障、迴向、不怖、不慳、自在十法，構成了學佛到成佛的整個次第。如果被三十種障所障礙，那麼修行就無法一關一關地通過。用一個形象的比喻，學佛到成佛的過程就像從廈門坐火車到北京，中間要經過鷹潭、杭州、上海、南京等許多車站，如果中途軌道出現故障，火車就無法通過。同樣，有障礙就影響到修行和成佛，所以必須排除這些障礙。十種善法，對學佛到成佛的整個過程作了總的說明。

甲四、覺分障

雖善等法，即是覺分、波羅蜜多、諸地功德，而總別異，今應顯彼菩提分等諸障差別。頌曰：

於覺分度地，有別障應知。

論曰：復於覺分、波羅蜜多、諸地功德各有別障。

「雖善等法，即是覺分、波羅蜜多、諸地功德，而總別異。」接下來要講的幾個問題，一是「覺分」，二是「波羅蜜多」，三是「諸地」等善法的別障。覺分指三十七菩提分，亦名三十七道品，波羅蜜多為十度，諸地為十地。前面已說對善等十法的障礙，為什麼還要講覺分障、波羅蜜多障和諸地障呢？它們之間到底有什麼關係？文中說「總別異」，即對善等十法是總障，對覺分等是別障，別不離總。故先說總障，後說覺分等別障。

「今應顯彼菩提分等諸障差別。」現在應該解釋菩提分、十度、十地等諸障差別。

「論曰：復於覺分、波羅蜜、多諸地功德各有別障。」除善等十法的障礙之外，又有關於三十七菩提分、十波羅蜜多、十地功德等各種不同的障礙。這些法門及修行過程，在每個階段和每種狀態中都會出現特殊的障礙，稱為別障。同學們在學習過程中，也有總障和別障。如教學設備不完善、課程開設不合理、法師講課品質不高等，這些是總障。個人的文化程度太差，或者身體狀況不好等，這是別障。在學佛道路上，有很多障礙。《辯中邊論》講這麼多的障，就是提醒我們，如果今後在個人修行過程或發心弘法時出現一些障礙，是很正常的。我們應該將此作為鍛鍊能力的機會，有了障礙，必須學會戰勝障礙。如果用這種心態去對待，就能積極地跨越障礙。反之，遇到一些障礙就退心的話，就會一事無成。

於菩提分有別障者，頌曰：

於事不善巧，懈怠定減二。不植羸劣性，見粗重過失。

論曰：於四念住有於諸事不善巧障。於四正斷有懈怠障。於四神足有三摩地減二事障，一於圓滿欲勤心觀隨減一故，二於修習八斷行中隨減一故。於五根有不植圓滿順解脫分勝善根障。於五力有羸劣性障，謂即五根由障所雜有羸劣性。於七等覺支有見過失障，此是見道所顯示故。於八聖道支有粗重過失障，此是修道所顯示故。

「於菩提分有別障。」分，是因的意思。菩提分即趣向菩提的因，要想成就菩提，必須修成就菩提的因。三十七菩提分也是佛法修行的要領，包括四念住、四正勤、四如意足、五根、五力、七覺支、八正道，聲聞乘所修的法門基本都包含在內。三十七菩提分的生起有種種障礙，稱為覺分障。

乙一、四念住

「論曰：於四念住有於諸事不善巧障。」四念住在修學過程中非常重要，包括觀身不淨、觀受是苦、觀心無常、觀法無我。佛陀臨入滅時，阿難尊者問佛：佛在世時，依佛而住，佛入滅後，依何而住？佛陀告訴他：我入滅後，當依四念處而住。為什麼依四念住而住呢？因為四念住所要觀照的四種環境，最容易使眾生產生顛倒執著，這四種環境是身、受、心、法。

第一，**觀身不淨**。身體汙濁不淨，卻容易被執著為乾淨、美麗、可愛。人最貪著的就是自己的身體，尤其是女孩子，一天到晚不知要在色身上下多少功夫。觀身不淨是以智慧觀照色身的真實面目，觀色身虛假、無常、不淨。

第二，**觀受是苦**。受是一種感覺，包括苦受、樂受、捨受三種。受並不完全是苦，有時感覺還很好。吃了可口的東西苦不苦？沐浴之後苦不苦？打坐之後苦不苦？不苦。那為什麼要觀受是苦呢？所謂的苦主要指三苦。一是**苦苦**，根據苦受建立苦苦，如生老病死、愛別離、怨憎會等苦，大家可以感受到。二是**壞苦**，根據樂受建立壞苦，這是一種不穩定的感受，建立在欲望的基礎上，而欲望是產生痛苦的根源，因此樂受從本質上來說也是苦。三是**行苦**，依捨受建立行苦，行苦是無常帶來的痛苦。因此要觀受是苦，不要貪著樂受。

第三，**觀心無常**。認識到心念無常，剎那生滅，並非恆常不變。

第四，**觀法無我**。觀一切法因緣所生，無我、無我所。

凡夫於身、受、心、法上，生起常樂我淨四種顛倒，從而導致煩惱痛苦，乃至流轉生死。四念處就是為了幫助我們對治常樂我淨四種執著，假如沒有聞思經教，缺乏人生正見，不能正確認識身、受、心、法的實質，四念處也就修不起來了。

乙二、四正斷

「於四正斷有懈怠障。」四正斷也稱為「四正勤」，是四種應該精進修持的法。四正勤是四種斷惡修善的行為，即**未生的惡法令不生，已生的惡法令斷，未生的善法令生起，已生的善法令增長**。在字面上來說，精進就是勤奮努力。而佛教說的精進、勤奮，有著特定的內涵。從世俗的角度來講，拚命賺錢也屬於精進、勤奮。但這不是佛教的精進，不是佛教的勤奮。佛教的精進、勤奮必須和斷惡修善聯繫在一起，和完善人格聯繫在一起。與精進對立的是懈怠，有了懈怠，精進就不能發起。因此，懈怠是精進的障礙。

乙三、四神足

「於四神足有三摩地減二事障，一於圓滿欲勤心觀隨減一故，二於修習八斷行中隨減一故。」什麼是神足？指能成就三摩地的四法，即欲、勤、心、觀。

戒、定、慧又稱三無漏學，其中，四念住屬於慧學，四正勤屬於戒學，四神足屬於定學。所以，四念住、四正勤、四神足也就是戒、定、慧的修行。要想達到無漏的境界，必須從這三個方面去修行，最後才能從有漏達到無漏。

「於四神足有三摩地滅二事障。」「三摩地」翻譯成中文是定、等持。等是平等，是一種內心的平衡。通常，人們的心態總是處在兩種狀態中而無法平衡。一是掉舉，只要有感覺的時候就浮想聯翩，要嘛想這個，要嘛想那個。如果不打妄想的時候，就該進入昏沉的狀態，迷迷糊糊地不清醒。所以，人的心念不是掉舉，就是昏沉。昏沉是迷糊，掉舉是浮躁，都不是平衡的狀態。修定就是要讓心保持平衡的狀態。

三摩地的修行，要根據欲、勤、心、觀四個步驟。第一是「欲」，是希求的意思，對禪定修行生起強烈希求，對成就智慧、解脫有著無限嚮往。第二是「勤」，是精進、努力的意思。精進的生起是以欲為基礎，隨著我們對禪定、智慧、解脫的希求而發起精進，其程度也往往取決於希求的程度。第三是「心」，禪定修行建立在心的基礎上，依止心來修習。定者，即「心一境性」，就是通過訓練把散亂的心專注在一個境界上。第四是「觀」，即保持心觀照、覺知的能力，而不是處於無記、昏沉或掉舉中。

修三摩地中有滅二事障，也就是說修三摩地要具備這些條件。假如不具備這些條件，對於修禪定來說就是一種障礙。

「一於圓滿欲勤心觀隨減一故。」修三摩地，必須根據欲勤心觀這四種因緣來修。假如缺少一種，比如沒有修三摩地的希求，或者修三摩地時不精進，缺少其中之一，都是修三摩地的障礙。

「二於修習八斷行中隨減一故。」修習四神足的過程中有八斷行，除了欲勤心觀以外，還有八種斷行。遵循這八種斷行，三摩地才能修習成功。那麼，這八種斷行到底是什麼呢？一欲，對禪定生起強烈的希求。二**勤**，為獲得禪定精進不懈。三**信**，深信禪定能引發無限功德。四**輕安**，通過努力修習，引發身心輕安。這四種主要對治懈怠。五**念**，其作用主要是在修定過程中對治忘聖言，忘聖言即忘記應有的正念。六**正知**，主要對治昏沉和掉舉。七**思**，對治不作行，在禪修過程中，心念陷入昏沉掉舉，沒有力量，此時應該提起正念，加功用行。八**捨**，對治作行，心已擺脫沉掉，獲得專注能力，應該安住在平等、平常的心境中，不再造作，才能獲得禪定。這是八種斷行，缺少其中任何一種，都會影響禪定修行，都屬於四神足的障礙。

乙四、五根

「於五根有不植圓滿順解脫分勝善根障。」根是增上的意思，五根是趣向解脫的五種增上力量。

第一**信根**，對三寶、四諦的如實之理，對涅槃、解脫之道，生起堅固的信心。第二**精進根**，對信仰目標發起不懈的努力。第三**念根**，學佛修行要有正念，教理學得多了，大家就會意識到正念在佛法修學中的重要性。學習這麼多經論，在佛學院學四年、六年乃至以後專門研究，要樹立的就是正見，然後將正見轉化為正念，並運用到日常生活中。如果我們與人交往或面對種種境界時都能保持正念，這就厲害了。正念不僅是一種認識，更是一種功夫，是一種修行的功夫，要隨時觀照一下念頭，看看自己在想什麼。上次和大家講過，出家不在於時間的長短和先後，而在於能否「放下」。有沒有正念非常關鍵，如果沒有正見和正念，出家一百年也沒用。反過來說，剛出家甚至沒有出家的人，具備正見並能時時保持正念，就是了不起的功夫。所以要有正念，在正念的基礎上才能產生正定。

第四**定根**、第五**慧根**。定有很多種，外道也有定，但不是正定，且不一定有智慧。有定的人未必有智慧，這點大家要知道。世上有很多宗教都修定，包括練氣功的人，但他們並沒有佛法所說的智慧。「由戒生定，由定發慧」，不是說智慧自己就能生起，由定到慧也不是水到渠成。在定的狀況下，還必須配合正觀、正見，如無常觀、因緣觀，然後才有可能引發無漏智慧。學習經教的目的就是要樹立正見，在定的基礎上進行觀照，然後才能成就智慧。定和慧是相輔相成的，光有定不行，光有慧也不行。

信、進、念、定、慧五根是順向解脫分。「解脫分」即解脫之因，想成就解脫就必須修這五種因。五根是順向解脫的，是趣向解脫的增上力量。假如在修五根的過程中少了一種，就是「不植圓滿」。五根中修了四種，但缺乏正念，或缺乏正定、正精進，都屬於五根的障礙。所以，五根是完整的組合，缺一不可。只要缺了其中任何一種，就不能成為五根，並且會對解脫構成很不利的影響。

乙五、五力

「於五力有贏劣性障，謂即五根由障所雜有贏劣性。」五根、五力是什麼關係呢？五根和五力實際上是同一內容。五力為信力、進力、念力、定力、慧力。但根和力是不一樣的，根是增上義，屬於增上緣；力則是一種能力。五根和五力還有程度上的不同。五根發展到相當程度時，就變成五力。也就是說，在五根的階段，信、進、念、定、慧的力量還很薄弱，但到了五力的階段，它的力量就很強大了，自己能夠獨立，能夠對治煩惱。比如有了信力之後，能夠對治不信；有了精進之後，能夠對治懈怠；有了正念之後，能夠對治邪念；有了定力之後，能夠對治散亂和昏沉；有了慧力之後，能夠對治愚痴。可見，五力具有強勁的對治力量。

從五根進入五力的過程中，由於某種障礙的關係，其力量很薄弱，就像生病的人一樣。人在健康狀況下，體力、精力都很旺盛，一旦生病，就會渾身沒有氣力。那麼五力的羸劣性是怎麼引起的呢？為什麼會產生這種羸劣性障呢？原因在於五根被煩惱所染。在修五根的過程中有障礙，修得不圓滿，使五根無法轉變為五力，這是屬於五力的障礙。

乙六、七覺支

「於七等覺支有見過失障，此是見道所顯示故。」七覺支是見道位的修行，包括念覺支、擇法覺支、精進覺支、喜覺支、輕安覺支、定覺支、捨覺支。

七覺支中，擇法覺支是覺支的體。擇法，是以如實的空性慧契入空性。其他的念、精進、喜覺支等，是伴隨空性慧生起的作用。修七覺支的過程中有「見過失障」。見指正見，在見上有過失，就是缺乏正見。障礙見道的惑叫「見惑」。在修學佛法的過程中，假如知見或認識有問題，正見沒能樹立起來，肯定不能見道。所以有「見」過失障，因為「此是見道所顯示故」。也就是說，七覺支的修行是在見道位。

乙七、八正道

「於八聖道支有粗重過失障，此是修道所顯示故。」八正道在修行中非常重要，但以往許多修行人都不太注意。他們認為修行就是念佛，除此之外就是拜佛、誦經、坐禪。其實，整個修學佛法的根本就是八正道，它是一種完整、全面的修行。如果僅僅念佛或者拜佛，這種修行都是不完整的。為什麼有很多人修行不能進步？念佛也念不好，坐禪也坐不好，原因就是缺乏系統、科學的修行方法。

八正道是趣向解脫的不二中道，佛陀稱之為古仙人道，過去諸佛都是依八正道成佛，現在諸佛也是依八正道成佛，未來諸佛仍是依八正道成佛。十方三世諸佛都不能離開八正道的修行，可見八正道在修行中的重要意義。

「於八聖道支有粗重過失障。」粗重過失指俱生煩惱。從嚴格的意義上說，八正道的修行是指修道位的修行。修道位的修行中有思惑，就是俱生的煩惱障，它障礙了八正道的修行。

三十七道品中每一種法門的修行都有各自的障礙。所以，在修行中障礙重重。《西遊記》中，唐僧取經途中遇到眾多魔障，的確非常形象。從學佛到成佛的過程中何嘗不是如此？一個人隨波逐流，可能不會感受到有魔障。但真正奮發向上的人，真正想修行、想解脫的人，真正想為社會及佛教做點事情的人，隨時都會感到魔障的騷擾。不屈的人，正是在魔障中鍛鍊自己，在困境中造就自己，從而取得非凡的成就。古人說得好：「不經一番寒徹骨，焉得梅花撲鼻香？」

甲五、十度障

於到彼岸有別障者，頌曰：

障富貴善趣，不捨諸有情。於失德減增，令趣入解脫。

障施等諸善，無盡亦無間。所作善決定，受用法成熟。

論曰：此說十種波羅蜜多所得果障，以顯十種波羅蜜多自性之障。謂於布施波羅蜜多說富貴自在障，於淨戒波羅蜜多說善趣障，於安忍波羅蜜多說不捨有情障，於精進波羅蜜多說減過失增功德障，於靜慮波羅蜜多說令所化趣入法障，於般若波羅蜜多說解脫障。於方便善巧波羅蜜多說施等善無窮盡障，由此迴向無上菩提令施等善無窮盡故。於願波羅蜜多說一切生中善無間轉障，由大願力攝受能順善法生故。於力波羅蜜多說所作善得決定障，由思擇力及修習力，能伏彼障，非彼伏故。於智波羅蜜多說自他受用法成熟障，不如聞言而覺義故。

這一節講十度障。「度」的梵語為「波羅蜜」，有六波羅蜜、十波羅蜜等。六波羅蜜也叫「六度」，「度」又譯為「到彼岸」，是有情從生死此岸到達涅槃彼岸的六種修行方法。十度，是在六度之外再加四種。十度的每一種法門都有障礙，稱為「十度障」。

「論曰：此說十種波羅蜜多所得果障，以顯十種波羅蜜多自性之障。」十種波羅蜜多，其中每種所修得的結果都有障礙。為什麼所得的結果有障礙呢？十波羅蜜多中，每一種都有它招感的結果。如果這些法門的修行在因地上有障礙的話，那麼結果會不會出現呢？結果自然沒有。沒有因哪有果？所以，果障其實還是因障。

「謂於布施波羅蜜多說富貴自在障。」修布施波羅蜜多，有富貴自在障。布施波羅蜜多的障礙是什麼呢？是不是富貴？富貴會不會障礙布施？有富貴才好布施，不富貴怎麼布施呢？有人說貧窮障礙了布施，我看不一定，貧窮也能布施。想想看，到底是什麼障礙了布施？是慳貪障礙了布施。能不能布施，不在於財產的多少，而在於捨不捨得布施。假如是個吝嗇鬼，再多的財產也不會捨得布施，所以障礙布施的關鍵是慳貪。慳貪會障礙富貴自在的結果。只有通過布施，才能感得富貴自在。布施之後能感得福報，有福報的人，走到哪裡都一帆風順。為什麼有的人走到哪裡都不順利？就是因為沒有福報而不能自在。一般人所謂的自在是建立在環境上，條件好就覺得自在，反之就不自在。對於解脫者來說，自在就不是建立在環境上。一個真正解脫的人，走在哪裡都自在安然。而凡夫必須擁有良好的環境和社會制度才能自由自在。不過，一個人生活在怎樣的環境和社會制度中，也是個人的福報所感得。

「於淨戒波羅蜜多說善趣障。」淨戒指清淨持戒。修行人持淨戒之後，將來能感招人天果報，因為持戒是人天之因。如果不持戒，那就是犯戒，所能招感的是惡趣報，不能招感善趣報。所以說犯戒是善趣障。

「於安忍波羅蜜多說不捨有情障。」安忍就是忍辱和忍耐。六度的順序是根據難易程度排列的，布施和持戒哪一種難？當然是布施容易持戒難，修行人誰都知道這一點。因為布施就是給點錢，這很好辦。但持戒就比較難，這不能做、那不能做，難！同時還需要培養忍辱的功夫。弘法也要忍辱，否則就不可能有耐心。世上有些人的確非常麻煩，假如沒有忍辱心，就會懶得對他們說佛法。甚至可能心懷嗔恨：讓他們下地獄去吧！免得在這個世界上老是找人的麻煩。那樣行嗎？如果有忍辱，就不會心懷嗔恨。

「於精進波羅蜜多說滅過失增功德障。」精進的內涵是止惡修善，止惡是滅過失，修善是增功德。如果在修精進波羅蜜多時出現懈怠的狀態，自然不能精進，不能滅過失、增功德。所以說，懈怠屬於精進的障礙，屬於滅過失、增功德的障礙。

「於靜慮波羅蜜多說令所化趣入法障。」靜慮是梵語「禪那」的漢譯。修靜慮所達到的結果，能「令所化趣入法」。也就是說，假如有禪定的力量，教化起來就會更有威力。因為弘法不僅是一種言教，還需要威德、品行、氣質、修養，這些都非常重要，以這些力量去感化他人，才屬於正道。有些人沒有正道，結果就裝神弄鬼，這樣也能吸引很多人，所謂「和尚不作怪，居士不來拜」。這種裝神弄鬼的人，更多是為了個人的名聞利養，如果真正想令有情趨入正法，就需要修習靜慮。沒有靜慮，能不能令所化有情趨入正法呢？相對比較困難。障礙靜慮的是散亂，如果被散亂障礙，也就不可能有靜慮了。

「於般若波羅蜜多說解脫障。」修般若的結果就是解脫。聲聞的五分法身為戒、定、慧、解脫、解脫知見，其中慧是關鍵，解脫正是建立在慧的基礎上。如果沒有般若智慧就不能解脫，那麼，般若的障礙是什麼？是愚痴。

「於方便善巧波羅蜜多說施等善無窮盡障，由此迴向無上菩提令施等善無窮盡故。」在般若之後，就是方便波羅蜜。智慧有兩種，一是根本智，一是方便智，又叫做實智和權智，或根本智和後得智。根本智是屬於親證宇宙人生真相的智慧，方便智是了達諸法及宇宙人生差別的智慧。日常生活中為人處世、弘法度生，用的都是方便智。弘法度生要有方便善巧，但這種方便必須運用好，否則方便就可能會出問題，所謂「慈悲生禍害，方便出下流」。慈悲方便必須以智慧為前提，無原則的慈悲及方便，到後來會造成禍害。所以要有方便善巧，才能做種種弘法利生的事業。這些所作所為，能招感「善無窮盡」的果報。在六度中，方便善巧的體仍然屬於般若。因為方便善巧要靠智慧的力量，可以說，方便是智慧的另一種表現形式。所以，障礙方便善巧的還是愚痴。如果有了愚痴，就沒有方便善巧。如果沒有方便善巧，就不可能「善無窮盡」，不可能有無窮無盡的善的行為。

「於願波羅蜜多說一切生中善無間轉障，由大願力攝受能順善法生故。」這是願波羅蜜多。在學佛和修十度的過程中，還要有願力。有了願波羅蜜多之後，能使修行人「一切生中善無間轉」。在學佛過程中有兩種力量，一是業力，一是願力。對付業力最好的辦法就是願力，如果沒有願力的話，就會隨著業力沉浮。業力把你拋向哪裡，你就漂泊到哪裡。如果一個人有堅強的願力，人生就會有明確的目標，不再被動、盲目，並且很有意義。

聽說你們天天誦《普賢行願品》，這很好，普賢十大行願真是太偉大了！你們讀誦時是一種什麼樣的心態？是怎麼想的？哎呀！明天要考試了，趕緊求普賢菩薩保佑吧，是這樣嗎？誦《行願品》的時候，應該好好觀照，應該學習普賢菩薩的精神，而不是像一般信徒那樣，僅僅祈求菩薩的保佑。這是兩種態度，一種是純凡夫的心態，一種是菩薩的心態。心態可以轉變，用一種什麼樣的心態去誦經很重要。我們誦《行願品》時，要感受到普賢菩薩精神的偉大；誦《地藏經》時，感受到地藏菩薩精神的偉大；誦《普門品》時，要感受到觀音菩薩精神的偉大。大家應該這樣去憶念，在這種大願力的攝受之下，能使善法不斷增長。這是一種非常宏偉的願力，它的體仍然是智慧。如果不是建立在智慧基礎上的願力，那是沒有用的，經過一段時間就可能改變，被其他新的願力取代。

「於力波羅蜜多說所作善得決定障，由思擇力及修習力，能伏彼障，非彼伏故。」力波羅蜜多同樣是建立在智慧的基礎上，是由智慧產生的動力。這種動力包括兩個方面：一是思擇力，一是修習力。思擇力指對經教、對宇宙人生諸法進行正確的認識，如理思惟。在如理思惟後產生的修行動力，就是修習力。因為這些力量建立在智慧和正見的基礎上，其威力特別大。「能伏彼障，非彼伏故」，它能戰勝一切，戰無不勝，攻無不克，使所修的善得到決定，不會改變或半途而廢，而是勇往直前地前進。那麼，力的障礙是什麼？還是愚痴。

「於智波羅蜜多說自他受用法成熟障，不如聞言而覺義故。」這是智慧波羅蜜多。「自他受用法」

是一切佛果的功德，有了智慧之後，就能使佛果的功德得以圓滿，圓滿自受用身、他受用身。法身、變化身等，都屬於自他受用法，這些都能早日成熟。其實，成佛的實際內涵就是成就智慧和慈悲。因為無上菩提就是最高的智慧，阿耨多羅三藐三菩提（無上正等正覺）也還是智慧。「佛」的含義是覺者，仍然是智慧。所以，成佛就是智慧的究竟成就。「不如聞言而覺義故」，是說一個成就智慧的人，對於經教的認識，不是簡單的依文解義，而是能如實地通達經教中所蘊含的真理。那麼，智波羅蜜的障是什麼呢？還是愚痴。

甲六、十地障

於十地功德有別障者。頌曰：

遍行與最勝，勝流及無攝。相續無差別，無雜染清淨。

種種法無別，及不增不減。並無分別等，四自在依義。

於斯十法界，有不染無明。障十地功德，故說為十障。

論曰：於遍行等十法界中，有不染無知，障十地功德，如次建立為十地障。謂初地中所證法界名遍行義，由通達此，證得自他平等法性。第二地中所證法界名最勝義，由通達此，作是思惟，是故我今於同出離，一切行相應遍修治，是為勤修相應出離。第三地中所證法界名勝流義，由通達此，知所聞法是淨法界最勝等流，為求此法，設有火坑量等三千大千世界，投身而取不以為難。第四地中所證法界名無攝義，由通達此，乃至法愛亦皆轉滅。第五地中所證法界名為相續無差別義，由通達此，得十意樂平等淨心。第六地中所證法界名無雜染無清淨義，由通達此，知緣起法無染無淨。第七地中所證法界名種種法無差別義，由通達此，知法無相，不行契經等種種法相中。第八地中所證法界名不增不減義，由通達此，圓滿證得無生法忍，於諸清淨雜染法中不見一法有增有減。有四自在：一無分別自在、二淨土自在、三智自在、四業自在。法界為此四種所依，名四自在所依止義。第八地中唯能通達初、二自在所依止義。第九地中亦能通達智自在所依義，圓滿證得無礙解故。第十地中復能通達業自在所依義，隨欲化作種種利樂有情事故。

十地是修行過程中的最後幾個站點，也是幾個比較關鍵、比較重要的站點。地，指修行經歷的過程，十地就是十個過程。關於修證的位次，《唯識三十頌》分為資糧位、加行位、通達位、修習位、究竟位五個位次。《成唯識論》分為十住、十行、十迴向、十地和等覺四十一個位次。現在講的十地，是指見道以後到究竟位的十個位次。其實，在四十一個位次中，每個位次都有障礙。這裡舉出十地，所要說明的是十地的障礙。

在十地的修行過程中，有煩惱障和所知障。這裡主要講的是什麼呢？「有不染無知，障十地功德」。煩惱障屬於染無明，而不染無明屬於所知障。也就是說，在每一地的修行過程中，從初地歡喜地，到二地離垢地、三地發光地、四地焰慧地、五地難勝地、六地現前地、七地遠行地、八地不動地、九地善慧地、十地法雲地，每一地都能成就若干功德，每一地中都有各自獨特的風景。就像到旅遊區，從這個山峰到那個山峰，一峰又一峰；從這個石洞鑽到那個石洞，一洞又一洞；從這一景到那一景，一景又一景。每一洞、每一峰、每一景都有吸引人的風光。如果這時雲霧遮蔽了山巒，自然就看不到風景了。同樣，在修行十地的過程中，有了這些障礙之後，就使得菩薩不能成就每一地的功德。所以，在十地的修行中，每一地都有它的障礙。

十地的內容，在很多經論中都曾講到。比如《華嚴經》有《十地品》，《攝大乘論》有《彼修差別品》，講的是六度和十地的內容。《解深密經》有《地波羅蜜多品》，也是關於六度和十地的修行。另外在《成唯識論》裡，在見道位以後進入修道位的階段，也講到十地的修行和障礙，而且每種障礙的具體名稱都標明出來。此外，《成唯識論》裡還講到二十二種愚，而《解深密經》則講到十一種障。總之，關於十地內容的相關資料很多，講述得非常清楚。

「於遍行等十法界中，有不染無知，障十地功德，如次建立為十地障。」遍行等，指每一地所具備的功德，比如初地成就的是遍行功德，二地成就的是最勝功德，三地法界的特點是勝流，成就勝流的功德。在遍行等十法界中，每一地都有各自的功德。但每一地裡，因為有不染無知的關係，障礙了十地的功德。也就是說，根據每一地功德被障礙的不同，依次建立十地的障礙。

「謂初地中所證法界名遍行義，由通達此，證得自他平等法性。」初地為**歡喜地**，最初獲得聖性，證得自他平等法性，生大歡喜，所以叫歡喜地。初地所證的法界名遍行者，即自他平等法性，此法界具有普遍、平等、遍一切處的特徵。《成唯識論》說：初地有異生性障，是二障中分別起的，依此障種子立異生性，菩薩見道現前時，斷此障種子，成就聖性。因為這個原理，所以在初地說斷二種愚及彼粗重：一是執著我法愚，即是異生性障；二是惡趣雜染愚，即是惡趣諸業果等。菩薩斷除此愚及障，成就初地功德。

「第二地中所證法界名最勝義，由通達此，作是思惟，是故我今於同出離，一切行相應遍修治，是為勤修相應出離。」第二地為**離垢地**，因為具足清淨尸羅，遠離能起微細毀犯煩惱垢的緣故，所以叫離垢。第二地所證法界名最勝，由所證法界具無邊德，於一切法中最為殊勝。第二地的菩薩由於證得如此殊勝的真如，於是思惟，我現在對能夠成就三乘涅槃的一切法門都應該努力修習。《成唯識論》說：第二地有邪行障，是所知障中俱生一分及彼所起誤犯戒行的三業行為。此障二地極淨尸羅，菩薩進入二地的時候，便能永斷。所以在二地說斷兩種愚及彼粗重：一是微細誤犯愚，即是此中俱生一分；二是種種業趣愚，即是所起的誤犯戒行的行為。菩薩斷除此愚及障，成就二地功德。

「第三地中所證法界名勝流義，由通達此，知所聞法是淨法界最勝等流，為求此法，設有火坑量等三千大千世界，投身而取不以為難。」第三地名**發光地**，成就勝定，大法總持，能發出無邊妙慧的光芒，所以叫「發光地」。第三地所證的法界名「勝流」，菩薩成就第三地的功德，才能知道佛法是清淨法界的最勝等流。因為了解佛法來源的殊勝，為了求法，即使上刀山下火海，火坑大如三千大千世界，也在所不辭。《成唯識論》說：第三地有暗鈍障，是所知障中俱生一分，令經過聞思修的法忘失。所以在三地中說斷二種愚及彼粗重：一是欲貪愚，多與欲貪俱，能障勝定及修慧；二是圓滿聞持陀羅尼愚，能障總持聞思修。菩薩斷除此愚及障，成就三地功德。

「第四地中所證法界名無攝義，由通達此，乃至法愛亦皆轉滅。」第四地是**焰慧地**，四地菩薩安住在最勝菩提分法，燒煩惱薪，慧焰增勝，所以叫「焰慧地」。第四地所證的法界名無攝，菩薩成就了四地功德，了知真如非自非他所攝，無我、無我所，由此能斷除法愛。《成唯識論》說：第四地菩薩有微細煩惱現行障，是所知障中俱生一分，此障四地菩提分法，入四地時永斷。所以在四地中說斷二愚及彼粗重：一是等至愛愚，即是定愛；二法愛愚，即是法愛，這兩種都是所知障攝。菩薩斷除此愚及障，成就四地功德。

「第五地中所證法界名為相續無差別義，由通達此，得十意樂平等淨心。」第五地是**極難勝地**，真俗二智，行相互違，此地能令兩者相應，所以叫「極難勝」。此地所證法界名相續無差別，了知生死與涅槃無別，遠離厭生死、欣涅槃的過失。由此成就十意樂平等淨心：第一是過去佛所具的平等淨心；第二是未來佛所具的平等淨心；第三是現在佛的平等淨心；第四是戒淨平等淨心，即戒律達到徹底清淨；第五是心淨平等淨心，心靈得到清淨；第六是除疑悔淨，即清除疑悔的清淨；第七是道非道清淨；第八是行斷智淨；第九是思量一切菩提分法清淨；第十是化度一切眾生淨。這十種都是聖賢的境界，名為十種平等淨心。《成唯識論》說：第五地有下乘般涅槃障，是所知障中俱生一分，令厭生死、欣涅槃，此障五地無差別道，入五地時便能永斷。所以在五地中說斷二愚及彼粗重：一是純作意背生死愚，即是厭生死的作意；二是純作意向涅槃愚，即是樂涅槃的作意。菩薩斷除此愚及障，成就五地功德。

「第六地中所證法界名無雜染無清淨義，由通達此，知緣起法無染無淨。」第六地是**現前地**，住緣起智，引發無分別最勝般若現前，所以叫「現前地」。第六地所證法界名「無雜染無清淨」，了知緣起的現象無染無淨。《成唯識論》說：第六地有粗相現行障，是所知障中俱生一分執有染淨粗相現行，此障六地無染淨道，菩薩入六地時便能永斷。所以在六地中說斷二愚及彼粗重：一是現觀察行流轉愚，即是此中執有染者；二是相多現行愚，即是此中執有淨者。菩薩斷除此愚及障，成就六地功德。

「第七地中所證法界名種種法無差別義，由通達此，知法無相，不行契經等種種法相中。」第七地是**遠行地**，七地是菩薩道修行到達無相住有功用的最後，超過世間、二乘道的修行，所以叫「遠行地」。第七地所證法界名「種種法無差別」，由此了知諸法無相，不行契經所說種種染淨生滅相中。《成唯識論》說：第七地有細相現行障，是所知障中俱生一分，執有生滅細相現行，此障七地妙無相道，菩薩到七地時才能永斷。所以在七地說斷二愚及彼粗重：一是細相現行愚，即是此中執有流轉的細生相；二純作意求無相愚，即是此中執有還滅的細相。菩薩斷除此愚及障，成就七地功德。

「第八地中所證法界名不增不減義，由通達此，圓滿證得無生法忍，於諸清淨雜染法中不見一法有增有減。有四自在，一無分別自在，二淨土自在，三智自在，四業自在。法界為此四種所依，名四自在所依止義。第八地中唯能通達初、二自在所依止義。」第八地是**不動地**，無分別任運相續，相用煩惱不能動，所以叫「不動地」。此地所證法界名「不增不減」，由此圓滿證得無生法忍，不見一法有增有減。佛陀是得大自在者，此處指出四種自在：一無分別自在，即分別智慧自在生起。二淨土自在，能隨教化眾生的需要，顯現淨土。三智自在，成就四無礙解，說法無礙。四業自在，能隨緣成就一切事業，利益眾生。第八地的菩薩唯能成就無分別自在、淨土自在。《成唯識論》說：第八地菩薩有無相中作加行障，是所知障中俱生一分，令無相觀不任運起。

在以上的八地中，前五地有相觀多，無相觀少；第六地有相觀少，無相觀多；第七地純無相觀，雖然無相恆常相續，但有加行還不能任運，而這種加行恰恰障礙了第八地的無功用道。菩薩進入第八地，便能永斷這種障。所以在八地中說斷二愚及彼粗重：一是於無相作功用愚；二是於相自在愚，令於相中不得自在。菩薩斷除此愚及障，成就八地功德。

「第九地中亦能通達智自在所依義，圓滿證得無礙解故。」第九地是**善慧地**，成就微妙四無礙解，能遍十方善於說法。第九地通達智自在，圓滿證得四無礙解。《成唯識論》說：第九地有利他中不欲行障，是所知障中俱生一分，令於利有情事中不能勤奮，樂修己利，此障九地四無礙解，菩薩進入九地時便能永斷。所以在九地中說斷二愚及彼粗重：一是於無量所說法，無量名句字後後慧辯陀羅尼自在愚；二辯才自在愚，即辯無礙解。菩薩斷除此愚及障，成就九地功德。

「第十地中復能通達業自在所依義，隨欲化作種種利樂有情事故。」第十地名法雲地，大法智雲，含藏眾德，蔭蔽一切，如空粗重，所以叫「法雲地」。第十地通達業自在，能隨著眾生的需要，成就種種利益有情的事業。《成唯識論》說：第十地有於諸法中未得自在障，是所知障中俱生一分，令於諸法不得自在，此障十地大法智雲及所含藏所起事業，菩薩進入十地的時候，便能永斷。所以在十地中說斷二愚及彼粗重：一是大神通愚，即是此中障所起事業者；二是悟入微細祕密愚，即是此中障大法雲及所含藏的眾德。菩薩斷除此愚及障，成就十地功德。

甲七、略說二障

復略頌曰：

已說諸煩惱，及諸所知障。許此二盡故，一切障解脫。

論曰：由此二種攝一切障故，許此盡時一切障解脫。

前面把所有的障都舉出來了，這裡作個總結，簡單扼要地把所有的障歸結為煩惱障和所知障兩種，使學佛者不要因為上面的許多障搞得暈頭轉向。一個人做事的障礙很多，隨便就可以說出幾百、幾千種障礙，因為做任何一方面的事都會有與之相關的障礙。但如果簡單地歸納一下，不外乎三種：首先是自身能力的障礙，個人能力不夠，或是認識上的不足，或是自身情緒無法調整等等，結果事情做不好，這都是個人問題引起的障礙。其次是人為障礙，有人暗中搞鬼，唱反調，非但不支持你還拆你的台，這也是障礙。第三是客觀環境帶來的障礙，也就是物質環境所造成的障礙。

修行上的障礙雖然很多，但不外乎兩種：即煩惱障和所知障。煩惱障指貪、嗔、痴等種種煩惱，它障礙了解脫，因而被稱為煩惱障。所知障包括佛法及世間的種種知識和學問，作為修學菩薩道的人來說，不論從自身解脫還是廣度眾生來說，假如不具備世出世間的種種學問，就不能成就自利利他的事業。

「論曰：由此二種攝一切障故，許此盡時一切障解脫。」因為這兩種障包含了一切障，如果這兩種障解脫了，那麼一切障也就解脫了。

甲八、結說

前障總義有十一種，一廣大障，謂具分障。二狹小障，謂一分障。三加行障，謂增盛障。四至得障，謂平等障。五殊勝障，謂取捨生死障。六正加行障，謂九煩惱障。七因障，謂於善等十能作障。八入真實障，謂覺分障。九無上淨障，謂到彼岸障。十此差別趣障，謂十地障。十一攝障，謂略二障。

「前障總義有十一種。」前面所列的那麼多障，現在總結一下，不外乎十一種。

「一廣大障，謂具分障。」廣大障的範圍特別廣泛，能夠障礙一切，也就是前面所說的具分障。

「二狹小障，謂一分障。」狹小障指的是一分障，比如障菩薩不障聲聞，障聲聞不障菩薩，名狹小障。

「三加行障，謂增盛障。」加行障就是修行過程中所產生的障礙，指增盛障。

「四至得障，謂平等障。」至得障指平等障，也就是貪嗔痴煩惱平均發展，作用的分量是一樣的。

「五殊勝障，謂取捨生死障。」殊勝障指取捨生死障，因為貪執涅槃而厭惡生死，對菩薩的度生事業會造成障礙。

「六正加行障，謂九煩惱障。」正加行障指煩惱障。

「七因障，謂於善等十能作障。」因障指障礙善等十種。

「八入真實，障謂覺分障。」入真實障指覺分障，即障三十七覺分。

「九無上淨障，謂到彼岸障。」無上淨障指到彼岸障，也就是十度障。

「十此差別趣障，謂十地障。」差別障指十地障。

「十一攝障，謂略二障。」攝障，指二障，即煩惱障和所知障。

辯真實品第三

《辯中邊論》的第三品名為〈辯真實品〉。「真實」在佛教中也叫「實相」，這一品是告訴我們如何認識宇宙人生的實相。佛法講真實的時候，有相對的真實和絕對的真實。《瑜伽師地論》有一品叫做〈真實義品〉，其中講到四種真實，顯示了真實的相對性和絕對性。這四種真實在本品中也有涉及。

學佛修行為什麼要證真實？證真實有什麼意義？佛法認為，無明是有情生死的根源，是人生煩惱痛苦及生死流轉的根源所在。因為無明，才使得我們不明人生真相，不明世界真相，從而產生種種邪見執著及錯誤觀念，並使生命陷入惡性循環，在無盡的煩惱痛苦中輪迴。改變生命的不良狀態，必須從解決無明入手。所以，開智慧、證真實對於修行非常重要。

本品主要通過三性幫助我們認識諸法的真實義。通常，人們總以為自己見到的世界是真實的，以為自己活在真實的世界中，其實這種想法也是錯誤的。原因何在？因為我們的感覺並不那麼可靠。我們所認識的世界，取決於我們的認識能力。我們具有什麼樣的認識能力，就會在認識上呈現出一個什麼樣的世界。如果我們的認識能力是顛倒的，那就無法認識到世界的真實面目。就像戴著有色眼鏡看世界，看到的只是錯誤影象。

唯識學把我們所認識的世界分為三性，對認識作用下的境相和實際的認識對象作了區分。告訴我們，什麼是錯覺下產生的影象，什麼是現象的如實呈現，什麼是宇宙人生最高的真實。本品正是通過這樣三個層面，對我們認識的世界及修學的教法一一進行檢討，幫助我們擺脫錯誤認識，並由此契入空性。

本品的內容共有三十二頌，分十二個方面進行闡述。

甲一、總標

已辯其障，當說真實。頌曰：

真實唯有十，謂根本與相，無顛倒因果，及粗細真實。
極成淨所行，攝受並差別，十善巧真實，皆為除我見。

論曰：應知真實唯有十種，一根本真實，二相真實，三無顛倒真實，四因果真實，五粗細真實，六極成真實，七淨所行真實，八攝受真實，九差別真實，十善巧真實。此復十種，為欲除遣十我見故。十善巧者，一蘊善巧，二界善巧，三處善巧，四緣起善巧，五處非處善巧，六根善巧，七世善巧，八諦善巧，九乘善巧，十有為無為法善巧。

本品共從十個方面來闡述真實，即根本、相、無顛倒、因果、粗細、極成、淨所行、攝受、差別、善巧十種真實。其中善巧真實又有十種，說十種善巧真實是為了除去我見。十種真實的意義也在於破除我執和法執，佛法的一切修行，歸根結柢都是要破除我執和我所執。所以，頌曰「皆為除我見」。所謂「我見」，包括我執和我所執。

真實有十種，主要從十個不同角度顯示真實之理。根本真實依三性說，相真實依增益、損減說，無顛倒真實依苦、空、無常、無我說，因果真實依四諦說，粗細真實依二諦說，極成真實依世間極成、道理極成說，淨所行真實依二障淨說，攝受真實依五法說，差別真實依真如說，善巧真實依十種善巧說。善巧真實又分為十種，就是蘊、界、處、緣起、處非處、根、世、諦、乘、有為無為十種善巧。十種善巧是為了遣除我見，所以說十種善巧真實。

甲二、根本真實

此中云何根本真實？謂三自性，一遍計所執自性，二依他起自性，三圓成實自性。依此建立餘真實故。於此所說三自性中許何義為真實？頌曰：

許於三自性，唯一常非有，一有而不真，一有無真實。

論曰：即於如是三自性中，遍計所執相常非有，唯常非有，於此性中許為真實，無顛倒故。依他起相有而不真，唯有非真，於依他起許為真實，有亂性故。圓成實相亦有非有，唯有非有，於此性中許為真實，有空性故。

為什麼叫「根本真實」呢？因為一切真實都是建立在如實認識三性的基礎上，所以三性為根本真實。三性即三自性：一遍計所執自性，二依他起自性，三圓成實自性。本品所說的十種真實都是根據三性建立起來的，所以，先講三性的真實義。

「許於三自性，唯一常非有，一有而不真，一有無真實。」這個頌是顯示三性中道一個非常重要的偈頌。「許於」就是承認、允許、主張。三自性中，其中有一種是恆「常非有」的，即遍計所執自性，永遠沒有。第二種「有而不真」，指依他起自性，雖然有而不真實，是虛妄有、緣起有。第三種圓成實自性，「有無真實」，圓成實自性是由無所顯現，由無我執和無法執所顯現的真實，是真實有。

「論曰：即於如是三自性中，遍計所執相常非有，唯常非有，於此性中許為真實，無顛倒故。」在三自性中，遍計所執的體相永遠都沒有，只有認識到它是沒有，這才是真實，才是不顛倒。如果把沒有當成是有，那就是一種顛倒，就不是真實。

「依他起相有而不真，唯有非真，於依他起許為真實，有亂性故。」依他起相是「有而不真」，不同於遍計所執的體無，也不同於圓成實的真實有。它雖然是有，但不是真實不變的有。只要認識到它不是真實不變的有，但又不是純粹沒有，那麼這就是真實。因為它有妄識，妄識的虛妄相還是存在的，但又不是真實不變的有，「有而不真」。

「圓成實相亦有非有，唯有非有，於此性中許為真實，有空性故。」圓成實相就是「有非有」。什麼叫「有非有」呢？有是由非有顯現的這樣一種真實，非有顯現的真實，是否定我執和法執後所顯現的真實，也就是空性。空性的有是透過非有所顯，故名「有非有」。

甲三、相真實

云何相真實？頌曰：

於法數取趣，及所取能取。有非有性中，增益損減見。知此故不轉，是名真實相。

論曰：於一切法補特伽羅所有增益及損減見，若知此故彼便不轉，是遍計所執自性真實相。於諸所取能取法中所有增益及損減見，若知此故彼便不轉，是名依他起自性真實相。於有非有所有增益及損減見，若知此故彼便不轉，是名圓成實自性真實相。此於根本真實相中無顛倒故，名相真實。

相真實者，相指三相。通過三相所顯現的真實，名相真實。

「論曰：於一切法補特伽羅所有增益及損減見，若知此故彼便不轉，是遍計所執自性真實相。」法執和我執本身是怎樣的？應該說是沒有的。在這種認識上不起增益見，也不起損減見，而是如實地認識它，這就是遍計所執的真實相。

「於諸所取能取法中所有增益及損減見，若知此故彼便不轉，是名依他起自性真實相。」所取能取法是指依他起相，妄識活動時，自然會顯現出似能取的見分和似所取的相分。如實認識到見分和相分的真實，不起增益和損減，即依他起的真實相。

「於有非有所有增益及損減見，若知此故彼便不轉，是名圓成實自性真實相。」從有非有的正確認識中通達空性。契入空性要離開增益見及損減見，所謂不住於有，也不落於非有，此為圓成實的真實相。

「此於根本真實相中無顛倒故，名相真實。」如實無顛倒地認識三種自性，就是相真實，它建立在根本真實相上。它的關鍵在於對三自性認識上所產生的增益執和損減執，這是唯識宗的說法。用中觀或其他宗派的話來說就是常見和斷見，常見是增益，斷見是損減。唯識宗的概念很好理解，增益就是多出來的，本來不是常，如果認為是常，就是多出來的，名為增益。損減就是說，它本來是有卻認為它沒有，即為損減，也就是斷見。在根本真實的三自性中，如實認識諸法的真實相，遠離增益、損減執，契入非有非無的中道，就是相真實。

甲四、無顛倒真實

無顛倒真實者，謂無常、苦、空、無我性，由此治彼常等四倒。云何應知此無常等依彼根本真實立耶？頌曰：

無性與生滅，垢淨三無常。所取及事相，和合苦三種。

空亦有三種，謂無異自性。無相及異相，自相三無我。

如次四三種，依根本真實。

論曰：無常三者，一無性無常，謂遍計所執，此常無故。二生滅無常，謂依他起，有起盡故。三垢淨無常，謂圓成實，位轉變故。苦三種者，一所取苦，謂遍計所執，是補特伽羅法執所取故。二事相苦，謂依他起，三苦相故。三和合苦，謂圓成實，苦相合故。空有三者，一無性空，謂遍計所執，此無理趣可說為有，由此非有說為空故。二異性空，謂依他起，如妄所執不如是有，非一切種性全無故。三自性空，謂圓成實，二空所顯為自性故。無我三者，一無相無我，謂遍計所執，此相本無故名無相，即此無相說為無我。二異相無我，謂依他起，此相雖有而不如彼遍計所執故名異相，即此異相說為無我。三自相無我，謂圓成實，無我所顯以為自相，即此自相說為無我。如是所說無常、苦、空、無我四種，如其次第依根本真實各分為三種，四各三種如前應知。

「無顛倒真實者，謂無常、苦、空、無我性，由此治彼常等四倒。云何應知此無常等依彼根本真實立耶？」對於無常、苦、空、無我四法，我們應該正確地了解、認識。通常，人們對這四種法總是不能正確認識。無常卻認為是常，苦卻認為是樂，空卻認為是有，無我卻認為是有我，這四種都是顛倒的認識。佛法用「顛倒」的概念，來說明和事實真相違背的認識。如指鹿為馬、混淆黑白之類的現象，都屬於顛倒。如何才能達到不顛倒呢？就必須從三性中如實認識無常、苦、空、無我。如果離開三性，往往無法對無常、苦、空、無我產生正確的認識。

「頌曰：無性與生滅，垢淨三無常。」無常有三種，即無性無常、生滅無常、垢淨無常。

「所取及事相，和合苦三種。」苦也有三種，即所取苦、事相苦、和合苦。

「空亦有三種，謂無異自性。」空也有三種，即無性空、異性空、自性空。

「無相及異相，自相三無我。」無我也有三種，即無相無我，異相無我，自性無我。

「如次四三種，依根本真實。」這四種法，根據他們的次第，各自包含有三性。

其實，從唯識的角度來講，凡夫所認識的一切法都包含有三種自性，都沒有離開三性。可以從一切法上去認識三性，也可以通過三性去認識一切法。具有這種認識之後，才能認識諸法的真實相。如果不能用三性去認識，往往會對諸法產生顛倒的認識。下面將四種法簡單地講述一下。

乙一、無常

「論曰：無常三者。」無常有三種，如何用三性來觀察無常呢？

「一無性無常，謂遍計所執，此常無故。」無性無常就是沒有體性的無常。所謂沒有體性，就是凡夫眾生認識中的無常。這種無常是遍計所執的現象，根本就是沒有的。

「二生滅無常，謂依他起，有起盡故。」生滅無常指依他起。無常法的本身，是有起有盡。起盡即生滅，有起盡就是有生滅。生滅無常指依他起，依他起故有生有滅。

「三垢淨無常，謂圓成實，位轉變故。」垢淨無常指圓成實。圓成實也就是真如實相。真如實相有不同的位次，包括有垢位和無垢位。從有垢到無垢，通過修道位中修習瑜伽止觀逐漸轉變。有情眾生在凡夫位上也沒有離開圓成實，但這圓成實是有垢的，被煩惱、無明所覆蓋。如果開發智慧之後，塵垢蠲除，所證的圓成實就清淨了。

乙二、苦

「苦三種者。」苦有三種，如何用三性來觀察苦呢？

「一所取苦，謂遍計所執，是補特伽羅法執所取故。」所取苦指遍計所執相，是凡夫眾生執著於現象和事物所引起的痛苦，也就是由我執、法執所產生的痛苦。這種苦也成為執著的對象。苦由執著產生，苦的現象又是眾生執著的對象。越是苦的對象，越是執著，也越在乎。這種對苦的執著，本身就屬於遍計所執的表現。

「二事相苦，謂依他起，三苦相故。」事相苦指依他起相，「三苦相」指苦苦、壞苦、行苦。依他起指苦的現象本身，如五蘊色身本身就是個大苦聚，本身就是苦，所謂有漏皆苦。這是依他起的事相苦。

「三和合苦，謂圓成實，苦相合故。」和合苦指圓成實相。圓成實相不存在苦與不苦，但是苦的現象沒有離開圓成實相。所以圓成實相也和苦掛上鉤了，此為和合苦。

從三性觀察苦，一種是苦的本身，一種是對苦的執著，還有一種是苦所顯現的真實。當感到苦的時候，如果能用佛法智慧觀照，當下就能從痛苦中得到解脫。因為真理無所不在，只要有智慧的觀照，隨時隨處都能解脫。

乙三、空

「空有三者。」空也有三種，如何用三性來觀察「空」呢？

「一無性空，謂遍計所執，此無理趣可說為有，由此非有說為空故。」無性空指遍計所執相。因為遍計所執相沒有體性，什麼也沒有，所以說它是空。

「二異性空，謂依他起，如妄所執不如是有，非一切種性全無故。」異性空就是自性不空，指依他起相。什麼是異性空呢？凡夫在依他起性相上妄執的境界是空的，但依他起相的本身卻是有的。所以，不能一概說依他起相是什麼也沒有。般若中觀講自性空，唯識則講異性空，自性不空，這是唯識與中觀不同的所在。當然，唯識家所說的自性和中觀學者所破的自性，本身的內涵就不同。

「三自性空，謂圓成實，二空所顯為自性故。」自性空指圓成實，即由二空所顯現的空性。唯識所說的自性空和中觀所說的自性空不同，中觀的自性空指緣起法無自性，唯識的自性空卻是為了顯示圓成實性的真實有。因為圓成實性是由二空所顯示，是建立在空去二執的基礎上，所以說為自性空。

乙四、無我

「無我三者。」無我也有三種，如何用三性來觀察無我？

「一無相無我，謂遍計所執，此相本無故名無相，即此無相說為無我。」無相無我指遍計所執。無相就是沒有自體相。凡夫眾生所遍計的實我實法，在客觀上根本就不存在，所以稱為無相。

「二異相無我，謂依他起，此相雖有而不如彼遍計所執，故名異相，即此異相說為無我。」異相無我是建立在依他起之上。依他起相本身是有，但從依他起產生的我執和法執卻是沒有的。

「三自相無我，謂圓成實，無我所顯以為自相，即此自相說為無我。」自相無我指圓成實。由無我的當下所顯現的就是圓成實，所以說「即此自相說為無我」。

「如是所說無常、苦、空、無我四種，如其次第依根本真實，各分為三種，四各三種如前應知。」對苦、空、無常、無我的認識，要透過三性來認識。學習唯識，就是要用三性去觀察一切法的真實。

無顛倒真實的內容，也就是用三性來觀察苦、空、無常、無我四種法。凡夫很容易在這四法上產生四種顛倒，以為是常、樂、我、淨。反過來說，如實認識四顛倒，即苦、空、無常、無我。三十七道品中有四念處，告誡我們在修行中要把握念頭，安住在苦、空、無常、無我的境界上。但是，當念頭安住在苦、空、無常、無我境界之後，是否就能正確認識苦、空、無常、無我呢？那也未必！凡夫在苦的上面可能產生遍計所執，在空的上面也可能產生遍計所執。因為凡夫有主觀偏見，也就是遍計所執。所以，到頭來對苦、空、無常、無我，一樣也不能正確認識。很多學佛者對佛法的學習，往往停留在遍計所執上，停留在對文字義理的執著上，而不是緣依他起相，也不是緣圓成實相。如果我們從三性的意義上觀察諸法，就會認識到哪種狀態屬於遍計所執，哪種狀態屬於依他起，哪種狀態屬於圓成實。了解到這些之後，對佛法就能有正確認識。如果不知道用三性去分析觀察，可能學了很多佛法之後，還是停留在遍計所執，非但對佛法沒有正確認識，反而增加越來越多的貢高我慢。

甲五、因果真實

因果真實，謂四聖諦。云何此依根本真實？頌曰：

苦三相已說，集亦有三種。謂習氣等起，及相未離繫。
自性二不生，垢寂二三滅。遍知及永斷，證得三道諦。

論曰：苦諦有三，謂無常等四各三相，如前已說。集諦三者，一習氣集，謂遍計所執自性執習氣。二等起集，謂業煩惱。三未離繫集，謂未離障真如。滅諦三者，一自性滅，謂自性不生故。二二取滅，謂所取、能取二不生故。三本性滅，謂垢寂二，即擇滅及真如。道諦三者，一遍知道，二永斷道，三證得道。應知此中於遍計所執唯有遍知，於依他起有遍知及永斷，於圓成實有遍知及證得，故依此三建立道諦。

因果真實的內容依四諦法門說。四諦法門揭示了雜染和清淨、世間和出世間的兩重因果。如何正確認識雜染因果和清淨因果呢？

「論曰，苦諦有三，謂無常等四各三相，如前已說。」苦諦有三相，也就是所取苦、事相苦、和合苦。所取苦是遍計所執的苦，事相苦是依他起的苦，和合苦是圓成實的苦。這三相在前面「無顛倒真實」中已經詳細解釋過了，此處不再重複。

「集諦三者，一習氣集，謂遍計所執自性執習氣。」集諦也有三種。習氣集，指遍計所執自性執習氣。習氣在唯識宗裡也叫種子，因為種子是由薰習而來。集諦是四諦法門的第二個內容，是生起、集起之義，是痛苦生起之因，能產生遍計所執自性執的種子，叫做習氣集。而在認識依他起相的時候，凡夫容易產生我執和法執，之後薰習成有關我執和法執的種子，構成未來依他起相的生起。

「二等起集，謂業煩惱。」等起集，指能生起業的因，詳指業和煩惱生起的種子。由此種子的現行，形成業力和煩惱。由於有業和煩惱，才構成有情的生死流轉，才有雜染世界的出現。

「三未離繫集，謂未離障真如。」未離繫集，沒有離開繫縛的因，指未離障真如。真如沒有離開煩惱的狀態，叫未離繫集。

這三種，習氣集指遍計所執，等起集是依他起，未離繫集指圓成實。

「滅諦三者。一自性滅，謂自性不生故。」滅諦就是涅槃，是解脫煩惱、生死之後所證得的，也有三種。自性滅，謂自性不生，也就是說遍計所執的自體現象根本就不存在，有如龜毛兔角，從來就不曾生起，所以叫自性滅。

「二二取滅，謂所取、能取二不生故。」二取滅先有後無，指依他起自性。它與遍計所執的區別在於，遍計所執根本沒有，且從來不曾有過。而依他起是有，虛妄現象宛然存在，不是沒有。但通過修持戒定慧，把虛妄分別的二取斷除，妄相自然就沒有了。

「三本性滅，謂垢寂二，即擇滅及真如。」本性滅指本性寂滅。寂滅不是沒有，是把我執、法執，也就是煩惱障息滅之後，進入一種寂靜、安詳、平穩的狀態。垢即煩惱垢，寂即寂滅、真如之理，由智慧而證擇滅及真如。

「道諦三者。」道是修道，道諦即八正道，是修學佛法的重要途徑。道諦有三種，「一遍知道」，指遍計所執相，我們需要明白它是怎麼一回事，故名遍知道。「二永斷道」，指依他起相，是虛妄的二取相及由此所生的二障，需要正確認識並斷除，故名永斷道。「三證得道」，指圓成實相，是應當證得的，故名證得道。

「應知此中於遍計所執唯有遍知，於依他起有遍知及永斷，於圓成實有遍知及證得，故依此三建立道諦。」遍計所執屬於遍知道，只要了解它就行了，因為它根本不存在，所以也不存在斷或除這回事。依他起性，既要知道它，同時也要斷除它。至於圓成實性，不僅要知道它，而且還要證得它。遍計所執沒什麼好證，因為它根本就沒有。依他起也不要證得，因為它是染汙的，清除還來不及。而圓成實是諸法真實相，必須證得。

四諦法門同樣包含著三性。學佛者必須以三性去觀察四諦法門，了解什麼情況下屬於依他起，什麼情況下屬於遍計所執，什麼情況下屬於圓成實。以三性觀察四諦，自然就清楚明白了。

甲六、粗細真實

粗細真實，謂世俗勝義諦。云何此依根本真實？頌曰：

應知世俗諦，差別有三種。謂假行顯了，如次依本三。

勝義諦亦三，謂義得正行。依本一無變，無倒二圓實。

論曰：世俗諦有三種，一假世俗，二行世俗，三顯了世俗，此三世俗如其次第依三根本真實建立。勝義諦亦三種，一義勝義謂真如，勝智之境名勝義故。二得勝義謂涅槃，此是勝果亦義利故。三正行勝義謂聖道，以勝法為義故。此三勝義應知但依三根本中圓成實立。此圓成實總有二種，無為、有為有差別故。無為總攝真如涅槃，無變異故，名圓成實。有為總攝一切聖道，於境無倒故，亦名圓成實。

粗細真實依二諦法門來說明。二諦指世俗諦和勝義諦，世俗諦的相是粗的，因為凡夫可以感受到它的相。凡夫的感官非常粗糙，只能了解粗糙的境界。相反，勝義諦微細難知，非凡夫所能了知，唯有聖賢才能通達。如何從三性來觀察世俗諦和勝義諦呢？

「論曰：世俗諦有三種。」世俗諦有三種。

「一假世俗。」假世俗實指遍計所執相。遍計所執相不僅是世俗的，而且是假的，因為它「但有假名，卻無實義」。遍計執只有假的名稱，事實上卻是沒有的。

「二行世俗。」「行」指有為法。有為法遷流變化，故稱為「行」。行世俗指世俗諦的本身，即依他起相。

「三顯了世俗。」透過對世俗諦的正確認識所顯現的真理，是圓成實性。

「此三世俗如其次第依三根本真實建立。」這三種世俗諦，是依據三性的次第，即遍計執、依他起、圓成實三根本而建立。

「勝義諦亦三種。」勝義諦也有三種。

「一義勝義謂真如，勝智之境名勝義故。」義勝義，義指境界。當勝義作為一種所緣出現時，就叫做義勝義。因為真如是根本智所緣，所以叫做義勝義。

「二得勝義謂涅槃，此是勝果亦義利故。」得勝義，即得到的勝義，指涅槃。涅槃是修行所證得的殊勝結果，也是修學佛法所能得到的最大利益。真如和涅槃是否一樣呢？從本質上來說，真如和涅槃沒有區別。從聖智所緣的角度來說，名叫真如；從證得的結果來說，則叫涅槃。

「三正行勝義謂聖道，以勝法為義故。」正行即正確的行為，指聖道，也就是八正道。八正道是最殊勝的法門，所以叫做勝義。勝義包括修行上的境行果。從能認識的角度看，稱為聖道、聖智；從聖智所緣的角度看，稱為真如；從結果看，稱為涅槃。

「此三勝義應知但依三根本中圓成實立。」三種勝義是根據圓成實建立起來的。也就是說，三種勝義都屬於圓成實相的內容。不屬於依他起相，更不屬於遍計所執相。

「此圓成實總有二種，無為、有為有差別故。無為總攝真如涅槃，無變異故，名圓成實。有為總攝一切聖道，於境無倒故，亦名圓成實。」圓成實相也有兩種，包含無為法和有為法。無為這部分總攝真如涅槃，其特點是永恆不變。世間的家庭、婚姻、財產、地位都不是永恆的，唯有真如和涅槃才是永恆不變的。有為總指一切聖道，詳指八正道。其特點是對於一切境界的認識沒有顛倒，如實地認識諸法，如實地修行，所以有為也叫圓成實。這是從圓成實性觀察二諦法門而得的真實。

甲七、極成真實

極成真實略有二種。一者世間極成真實，二者道理極成真實。云何此二依彼根本真實立耶？頌曰：

世極成依一，理極成依三。

論曰：若事世間共所安立，串習隨入覺慧所取，一切世間同執此事是地非火色非聲等，是名世間極成真實。此於根本三真實中，但依遍計所執而立。若有理義聰睿賢善能尋思者，依止三量證成道理施設建立，是名道理極成真實。此依根本三真實立。

「極成真實略有二種，一者世間極成真實，二者道理極成真實。云何此二依彼根本真實立耶？」極成真實有二種，一是世間極成真實，是世俗人公認的真實；一是道理極成真實，是由邏輯建立起來的真實，或是世間哲學家、宗教家們通過邏輯思惟及修行證悟而建立起來的真實。這兩種真實是如何依據根本真實建立起來的呢？

「頌曰：世極成依一，理極成依三。」世間極成真實依遍計所執相建立。凡夫的認識都屬於遍計所執，所以人們認識的世界也是遍計所執的世界。道理極成真實根據三性建立，有可能是遍計所執，有可能是依他起，也有可能是圓成實。

「論曰：若事世間共所安立，串習隨入覺慧所取，一切世間同執此事是地非火色非聲等，是名世間極成真實。此於根本三真實中，但依遍計所執而立。」如果說某種現象為世人所公認，並且已沿襲成一種習慣觀念，比如這是地而不是火，那是色而不是聲，這是麥克風、茶杯、錄音機、房子、人等等。大家普遍認為，人就是人，房子就是房子，絕不會認為人是房子或者人是茶杯，這就是世間極成真實。這種真實得到人們公認，所以稱為世間極成真實。在三根本真實當中，它是依遍計所執建立的。

「若有理義聰睿賢善能尋思者，依止三量證成道理施設建立，是名道理極成真實。此依根本三真實立。」「有理義」說明比較有理智、理性，而不是憑個人感覺或錯誤經驗。「聰睿」即聰慧、聰明，「賢善」指世間的聖賢。聖賢有道德，有聰明才智，又善於抽象思惟。道理極成真實就是根據三量的道理，通過邏輯思惟或宗教體驗建立起來的理論，稱為道理極成真實。這種真實在三性中，或屬於遍計所執，或屬於依他起，或屬於圓成實。不過，對於東西方聖哲們的言論，一定要有正確認識。他們的觀點有正確的，也有錯誤的；有和真理相符合的，也有和真理相違背的。學佛者必須依三法印加以抉擇，依法不依人，而非不加分析地盲目接受或全盤否定。

甲八、淨所行真實

淨所行真實亦略有二種：一煩惱障淨智所行真實，二所知障淨智所行真實。云何此二依彼根本真實而立？頌曰：

淨所行有二，依一圓成實。

論曰：煩惱所知二障淨智所行真實，唯依根本三真實中圓成實立，餘二非此淨智境故。

「淨所行真實亦略有二種，一煩惱障淨智所行真實，二所知障淨智所行真實。云何此二依彼根本真實而立？」淨所行真實，就是清淨智慧所緣的真實。而前面所講的世間極成真實和道理極成真實，多半是妄識所緣的對象。淨所行真實也有兩種，第一是煩惱障淨智所行真實，指能息滅煩惱障的淨智所緣真實，是聲聞緣覺行者成就的智慧。第二是所知障淨智所行真實，指能息滅所知障的淨智所行真實，是佛菩薩成就的智慧。兩種真實是如何依據根本真實而建立的呢？

「頌曰：淨所行有二，依一圓成實。」兩種淨智所行真實，都是根據圓成實性建立起來的。

「論曰：煩惱所知二障淨智所行真實，唯依根本三真實中圓成實立，餘二非此淨智境故。」煩惱障和所知障除盡時所顯現的智慧所緣的真實，唯依根本三真實中的圓成實建立。因為遍計所執和依他起都不屬於清淨智慧所緣的境界。

這兩種真實，前一種屬於聲聞乘的真實。煩惱障除盡之後，這種智慧所行的真實，是聲聞所證得的，即阿羅漢果位成就的真實。所知障淨智所行真實是大菩薩及佛陀證得的，這種真實才是最高的真實。

甲九、五法真實

云何應知相、名、分別、真如、正智攝在根本三真實耶？頌曰：

名遍計所執，相分別依他，真如及正智，圓成實所攝。

論曰：相等五事隨其所應攝在根本三種真實，謂名攝在遍計所執，相及分別攝在依他，圓成實攝真如正智。

唯識宗的理論有五法三自性、八識二無我，這是唯識宗的核心理論。五法是對宇宙人生一切法的概括和歸納。這五種法中，哪些法屬於遍計所執？哪些法屬於依他起？哪些法又屬於圓成實？

在五法中，「名」屬於遍計所執的範疇，「相」和「分別」屬於依他起的範疇，「真如」和「正智」屬於圓成實的範疇。五法根據各自的內容攝在三種根本真實中。「名」攝在遍計所執中，名是名稱，指名言概念。桌子、房子、茶杯、錄音機等名言概念，都是遍計所執的產物。因為有了遍計所執，所以凡夫眾生才會對事物施設種種的名稱。「相」和「分別」攝在依他起性中，相是緣起事物的體相，包括色法和心法。心法、色法的存在都有它們的體相。分別指有情的認識活動，也就是心法的作用，其特點就是分別。「真如」和「正智」攝在圓成實。相等五法隨其所對應，各各攝受於三種根本真實，具體如上所述。

甲十、差別真實

差別真實略有七種：一流轉真實，二實相真實，三唯識真實，四安立真實，五邪行真實，六清淨真實，七正行真實。云何應知此七真實，依三根本真實立耶？頌曰：

流轉與安立，邪行依初二。實相唯識淨，正行依後一。

論曰：流轉等七隨其所應，攝在根本三種真實，謂彼流轉安立邪行，依根本中遍計所執及依他起，實相唯識清淨正行，依根本中圓成實立。

差別真實一共有七種，又稱為七真如。《解深密經》、《瑜伽師地論》、《顯揚勝教論》等許多論典，也講到七種真如。七真如並不是說真如只有七種，而是說在七種狀態下所顯的真實。比如說麥克風真實、錄音機真實、桌子真實、報紙真實等，真實是一樣的。認識到從麥克風顯現的真實就叫麥克風真實，認識到從報紙顯現的真實就叫報紙真實，認識到從桌子顯現的真實就叫桌子真實，認識到從錄音機顯現的真實就叫錄音機真實。所有這些說明一個什麼道理呢？說明真實無所不在。

《莊子．知北遊》有這麼一個故事，有位老先生問莊子：「道在哪裡？」莊子說：「道在瓦礫。」、「何其下也！」道是很崇高的，怎麼會在這些卑劣的東西當中呢？接著再問，莊子答說：「道在螻蟻。」、「何其下也！」怎麼越說越下等了呢？於是又問，莊子答說：「道在屎溺。」那麼，道究竟在哪裡？「無所不在。」《解深密經》講勝義諦有四個特點，其中一個特點就是「遍一切一味相」，說明勝義遍一切處，而且一味平等。

「論曰：流轉等七隨其所應，攝在根本三種真實，謂彼流轉安立邪行，依根本中遍計所執及依他起，實相唯識清淨正行，依根本中圓成實立。」流轉等七種真實，根據各自的內容分別攝在三種根本真實中。七種真實如何依三性建立？七種真實與三性的關係又是怎樣的？論中告訴我們：流轉真實、安立真實和邪行真實根據遍計所執和依他起而建立，實相真實、唯識真實、清淨真實和正行真實根據圓成實而建立。

茲將七種真實簡單介紹如下：

一、流轉真實，指有為法。有為法具有遷流、變化的特徵。有為法流轉的實性，叫做流轉真實。

二、安立真實，指四諦法門中的苦諦。苦有三苦、八苦、無量諸苦，苦的真實性即是安立真實。

三、邪行真實，指四諦法門中的集諦。它是煩惱和業的一種行為，所以叫做邪行。邪行的實性就叫做邪行真實。

以上三種真實依根本真實中的遍計所執和依他起而建立，屬於遍計所執和依他起的範疇。當然，這是從遍計執和依他起的現象方面說，而不是從本質上說。從本質上說，應該屬於圓成實性。

四、實相真實，我執、我所執破除之後所顯示的真實相，稱為實相真實。

五、唯識真實，指唯識性，即唯識的實性為唯識真實。

六、清淨真實，指四諦法門中滅諦，即涅槃的真實性。

七、正行真實，指四諦法門中的道諦，即八正道的真實性。

以上四種真實依根本真實中圓成實性安立起來。這是七種真實與三性的關係。

甲十一、善巧真實

乙一、十種我見

善巧真實，謂為對治十我見故說有十種。云何於蘊等起十我見耶？頌曰：

於蘊等我見，執一因受者，作者自在轉，增上義及常，

雜染清淨依，觀縛解者性。

論曰：於蘊等十法起十種我見：一執一性，二執因性，三執受者性，四執作者性，五執自在轉性，六執增上義性，七執常性，八執染淨所依性，九執觀行者性，十執縛解者性。為除此見修十善巧。

「善巧真實，謂為對治十我見故說有十種。」善巧真實共有十種。這十種真實是為了對治有情在十種狀態下產生的我見。

「云何於蘊等起十我見耶？」凡夫眾生於蘊、處、界、四諦等十法怎麼產生十種我見呢？如何正確認識五蘊、十二入、十八界、十二因緣、四諦等？論中通過對蘊等十種善巧真實的解釋，來破斥有情在十種狀態產生的我見和我執，從而正確認識五蘊、十二入、十八界、十二因緣、四諦等。

「頌曰：於蘊等我見，執一因受者，作者自在轉，增上義及常，雜染清淨依，觀縛解者性。」對五蘊等法執著的具體內容是什麼？即執著有一、因、受者、作者、自在轉、增上義、常、雜染清淨依、觀、縛解者十種性。以下作詳細介紹。

「論曰：於蘊等十法起十種我見。」在蘊等十法中，在五蘊、十二入、十八界等產生十種我見。此十種我見為：一、執一性，二、執因性，三、執受者性，四、執作者性，五、執自在轉性，六、執增上義性，七、執常性，八、執染淨所依性，九、執觀行者性，十、執縛解者性。本論通過分析蘊等十法，對世間凡夫及外道的十種我見一一進行破斥。

云何十種善巧真實依三根本真實建立？以蘊等十無不攝在三種根本自性中故。如何攝在三自性中？頌曰：

此所執分別，法性義在彼。

論曰：此蘊等十各有三義。且色蘊中有三義者：一所執義色，謂色之遍計所執性。二分別義色，謂色之依他起性，此中分別以為色故。三法性義色，謂色之圓成實性。如色蘊中有此三義，受等四蘊、界等九法各有三義，隨應當知。如是蘊等由三義別，無不攝入彼三性中，是故當知十善巧真實皆依根本三真實而立。

「云何十種善巧真實依三根本真實建立？以蘊等十無不攝在三種根本自性中故。如何攝在三自性中？」此十種善巧真實是如何依三根本真實建立的呢？蘊等十法無不攝在三種自性中，十法中任何一法都沒有離開三性。

「頌曰：此所執分別，法性義在彼。」因為此十種善巧真實的所執、分別和法性的含義都包含在三根本真實中。

「此蘊等十各有三義。」五蘊、十二處、十八界、十二因緣、四諦等十種法相，每種都具備此三義。對世界的每一法都可以從三性去考察，也可以說，在凡夫所認識的一切法中都包含著三性。

「且色蘊中有三義者：一所執義色，謂色之遍計所執性。二分別義色，謂色之依他起性，此中分別以為色故。三法性義色，謂色之圓成實性。」五蘊指色、受、想、行、識。下面闡述色蘊具備的三性。

所執義色：這是有情執著的一種色法。比如看到桌子就認為是實在的桌子，看到房子就認為是實在的房子。世間所有一切現象和事物，介入我們錯誤認識之後所顯現的境界，就成為所執義色，屬於遍計所執的範疇。

分別義色：指色的本身，「謂色之依他起性，此中分別以為色故」。因為一切色都是識的顯現。根據唯識的理論，主張萬法唯識，一切色法都沒有離開心識，一切色法都是以識作為它的體。分別義色指色的本身，即依他起性。

法性義色：指色的真實相，是空性，即圓成實性。

任何一種色、任何一種物質現象都具備以上三個層面。第一個層面是遍計所執，即凡夫介入認識後所見到的境界。第二個層面指物質現象的本身，也就是依他起性。第三個層面是物質現象的實質，即物質的真實相，指圓成實性。

「如色蘊中有此三義，受等四蘊、界等九法各有三義，隨應當知。」色蘊中包含了三性，受、想、行、識四蘊中也都具備三性。而界等九法，即十二處、十八界、十二因緣、四諦等其餘九法，每種法同樣可以用三性來考察，每種法都具有三性。根據對色的三義的認識，可以認識到一切法都能用三性去認識。

「如是蘊等由三義別，無不攝入彼三性中，是故當知十善巧真實皆依根本三真實而立。」與色蘊中包含著三性一樣，受、想、行、識等四蘊，及十二處、十八界、十二因緣、四諦等九法無不包含在三性中。若想正確認識十種善巧真實，應該通過三性來觀察。如果能用三性來觀察，就可以正確認識宇宙人生的一切。

乙二、蘊善巧

如是雖說為欲對治十種我見故修蘊等善巧，而未說此蘊等別義。且初蘊義云何應知？頌曰：

非一及總略，分段義名蘊。

論曰：應知蘊義略有三種：一非一義，如契經言，諸所有色等，若過去若未來若現在，若內若外，若粗若細，若劣若勝，若遠若近。二總略義，如契經言，如是一切略為一聚。三分段義，如契經言，說名色蘊等，各別安立色等相故。由斯聚義蘊義得成，又見世間聚義名蘊。

「如是雖說為欲對治十種我見故修蘊等善巧，而未說此蘊等別義。」為了對治十種我見，並且正確認識這十種善巧，所以說蘊等十種善巧，但並沒有說明十種善巧真實各自的含義和具體內容。

「且初蘊義云何應知？」首先說明蘊善巧真實，這到底是什麼意思呢？

「論曰：應知蘊義略有三種：一非一義，如契經言，諸所有色等，若過去若未來若現在，若內若外，若粗若細，若劣若勝，若遠若近。」應當知道蘊的含義有三種。第一非一義，即不是單一的某種東西。蘊的內涵並不是指單一的東西。佛經中說，色法包含的範圍很廣泛：有過去的色法，未來的色法，現在的色法；有色身以內的色法，色身以外的色法；有識所緣的比較明顯、比較粗糙的物質對象，和極微、原子等比較微細的對象；有品質好的，也有品質不好的；有遠處的，還有近處的。所有物質現象通稱為「色蘊」。受蘊則包括所有的感受：痛苦、憂愁、歡喜、快樂，還有非苦非樂，這些感受各各不同，總名為受蘊。色非一色，受非一受，所以說非一義。

「二總略義，如契經言，如是一切略為一聚。」第二總略義。把所有的色法綜合在一起，簡單歸納為一種，就叫總略義。如契經中說，一切色蘊所包含的內容很廣，物質現象很多，比如桌子、房子、錄音機、茶杯、人，乃至山河大地，宇宙間所有的一切物質現象，把它們總的歸納起來就稱為色蘊。

「三分段義，如契經言，說名色蘊等，各別安立色等相故。」分段即分為一段一段。佛教把世間萬法按各自的特質分門別類，歸納出不同的種類。物質性的統稱為色蘊，感受性的統統稱為受蘊。按照不同的特色，還分為想蘊、行蘊、識蘊等。

「由斯聚義蘊義得成，又見世間聚義名蘊。」蘊是什麼意思呢？蘊就是聚集義，把類似的東西聚集在一起，就稱為「蘊」。所以蘊不是單一的，它包括的內容多種多樣。雖說蘊只有五種，稱為「五蘊」，可它已經把宇宙人生的種種現象，從物質現象到精神現象，統統包攬無遺。世間沒有一種法在五蘊之外，因為世間一切現象雖然很多，但不外乎物質現象和精神現象。物質現象包括在色蘊的範圍內，精神現象則包括在受、想、行、識的範圍內。

解釋五蘊的意義是什麼呢？用三性觀察五蘊的意義又是什麼呢？前面所說的十種我見，是因為有情眾生在不了解五蘊的情況下所起的我見。我見所表現出來的特質是什麼？是執一性。有情眾生把自己的生命體執為恆常、不變、單一的自我。五蘊所要告訴我們的就是，有情的生命體由眾多因緣和合而成，並不是單一的。世間並沒有一個恆常不變的自我，認識到這個道理之後，就能破除我見。所以，蘊善巧的意義就在於破除我見，破除執一性。

乙三、界善巧

已說蘊義，界義云何？頌曰：

能所取彼取，種子義名界。

論曰：能取種子義，謂眼等六內界。所取種子義，謂色等六外界。彼取種子義，謂眼識等六識界。

界的內容包括六根、六塵、六識。六根是能取，六塵是所取，六識是彼取。能取指能夠認識的六根，所認識的是六塵，能對六根、六塵進行總分別的是六識。

「種子義名界。」界是種子的意思，種子就是因，是十八界生起之因。所謂十八界，是把宇宙人生的一切現象分為十八種類型。在佛教經典中，界還有其他的解釋方法。如《俱舍論》說，界是種族義。本論中所說的界則是種子的意思，也就是因義。

「論曰：能取種子義，謂眼等六內界。」能取的種子指眼等六內界，即六根。

「所取種子義，謂色等六外界。」所取的種子，指色等六外界，也就是指六塵。

「彼取種子義，謂眼識等六識界。」彼取的種子，指眼識等六識。宇宙間的一切法不外乎十八界，也就是六根、六塵、六識。六根屬於生理方面，六塵屬於物理方面，六識屬於心理方面。宇宙間的一切法雖然很多，但不外乎生理、物理、心理三方面。

十八界是怎麼產生的呢？每一法的產生都有它們生起的種子。六根有六根的種子，六塵有六塵的種子，六識有六識的種子。這些種子依因待緣，生起現行，才能產生十八界的現象。如果不了解緣起的道理，就會執著有因性，認為宇宙間有第一因。什麼是第一因？基督教、伊斯蘭教，還有印度的婆羅門教等，都認為宇宙中有一個主宰神，能創造並主宰世界。西方哲學史上，唯心論者以心為第一因，唯物論者以物質為第一因。古今中外宗教家所說的宇宙間唯一的主宰神和哲學家所認為的世界本原，就是第一因。但佛法認為世界是緣起的，緣生緣滅，其中並沒有第一因。

了解十八界的道理主要是為了破除第一因。佛法與哲學之區別也在這裡。學者們研究佛法，往往用哲學概念給佛法套上什麼主觀唯心主義、客觀唯心主義等。其實這是錯誤的，因為佛法根本不講第一因。主觀唯心主義的心，必須是固定不變的心；唯物主義的物質，必須是固定不變的物質。但佛法不認為有這樣一個固定不變的心，也不認為有一個固定不變的物質可以作為萬物生起之因。佛法從緣起論看問題，不論是物質現象，還是精神現象，都是緣起的。唯識所說的八識也是緣起的。所以，十八界的意義在於破除執因性。

乙四、處善巧

已說界義，處義云何？頌曰：

能受所了境，用門義名處。

論曰：此中能受受用門義，謂六內處。若所了境受用門義，是六外處。

十二處的內容是六根和六塵。六根是能受，能受用六塵境界。眼睛以色為食，看到好看的顏色就感覺賞心悅目，看了又想看。耳朵以音聲為食，聽到悅耳的聲音就感到身心舒暢，聽了還想聽。聽著那美妙的旋律心裡就舒服，連身體也健康了，似乎好聽的聲音營養豐富，而難聽的聲音就像劣質食品，聽了都感到噁心。此外，鼻子享受香氣，舌頭享受美味，身體享受舒適的環境，意念享受思惟，思考一些有益的問題，心裡就會感到很高興；相反，思考一些傷腦筋的事，就會感到難過。所以，能享受的是六根。

佛教認為一切有情皆依食而住，即有情的生存要依靠食。平常人們所理解的食往往指飲食，其實佛教講的食有四種，分別是段食、觸食、思食、識食。這就包括美食、美音聲和優雅的環境、精神的享受等。相反，不好的飲食和環境，直接影響到一個人的情緒，甚至威脅到一個人的生存。

什麼叫處？處是受用門義。處指處所，是門的意思。六根是對外界開放的六個視窗，也是一個人內心與外在環境相溝通的六個管道。六根緣六塵，然後一切精神活動由此產生。如果少了一個門，比如說沒有眼根，就少了眼睛的對外視窗，由眼睛所引發的一切精神活動也就不能產生了。所以人對外界的認識主要取決於六根。六根不缺，才能比較完整地認識世界。如果少了一門，就是少了一個認識的管道，也就比別人少了一個世界。比如盲人就比常人少了色彩的世界，聾人就比常人少了音聲的世界，鼻子不靈敏的人就少了香味的世界，沒有味覺的人永遠不知道有什麼東西好吃，就少了美味的世界。

「論曰：此中能受受用門義，謂六內處。若所了境受用門義，是六外處。」六根能受用外在的六塵境界，所以又稱為十二處。能受用的是六內處，所了別的境界就是六外處。因為不了解十二處的道理，有情眾生執著有一個恆常不變的受者在感受痛苦或快樂。事實上，並沒有一個固定的受者，有情眾生苦樂的感受，是六根面對不同的六塵隨緣生起。處善巧就是為了破除受者的這種執著。

乙五、緣起善巧

已說處義，緣起義云何？頌曰：

緣起義於因，果用無增減。

論曰：於因果用，若無增益及無損減，是緣起義。應知此中增益因者，執行等有不平等因。損減因者，執彼無因。增益果者，執有我行等緣無明等生。損減果者，執無明等無行等果。增益用者，執無明等於生行等有別作用。損減用者，執無明等於生行等全無功能。若無如是三增減執，應知彼於緣起善巧。

緣起的主要內容指十二因緣。應該怎樣正確地認識十二因緣？佛法告訴我們，應該對緣起的因、緣起的果、緣起的用，做到無增益執和無損減執。增益執就是增多，損減執就是減少。應如實認識事物不增不減，五個蘋果就是五個。如果認為是六個，就是增益執；如果認為是四個，就是損減執。認識到五個就是五個，才是中道的正確看法，是與事實相符合的看法。對於十二因緣也應該這樣去認識。

「論曰：於因果用，若無增益及無損減，是緣起義。」如果對緣起的因、緣起的果、緣起的用，不產生增益的執著，也不產生損減的執著，就是正確地認識緣起。

「應知此中增益因者，執行等有不平等因。」增益就是添油加醋，本來沒有，卻認為有。比如本來沒有固定不變的第一性，如果執著有第一性，就是增益因。就如十二因緣中「行」的生起，並沒有一個獨存的主宰者在產生作用，而是因緣和合的。如果執著有個實在的主宰者，就屬於增益因。這是一種不平等的因，也是一種錯誤的因。

「損減因者，執彼無因。」損減因，就是執著沒有因，一切都是偶然的。正確的認識必須遠離兩邊。執著有真實不變的自我和上帝，或哲學家所說的能生萬物的第一因，都屬於增益因。而像某些唯物論者那樣，認為一切都是偶然的，就屬於損減因。

「增益果者，執有我行等緣無明等生。」增益果就是多出來的結果。諸法無我，但有情執著有一實在的我，從無明生起。其實，無明緣行，這是一種緣起的過程。

「損減果者，執無明等無行等果。」損減果，執著無明等沒有行等果。無明緣行，因果的規律如此。如果認為無明沒有行等結果，不會生起行等，那就是損減果。

「增益用者，執無明等於生行等有別作用。」假如執著無明生行之外還有其他的作用，就屬於增益執。

「損減用者，執無明等於生行等全無功能。」如果執著無明等不能產生行的功能，就屬於損減執。

「若無如是三增減執，應知彼於緣起善巧。」對十二緣起，從無明生行，行緣識，識緣名色，名色緣六入，乃至生緣老死，能夠離開增益執和損減執這兩種狀態，就可以正確認識緣起的道理。反之，就不能正確認識世界，會認為有一個創造世界的能作者。但緣起法告訴我們，世界是緣起的，並沒有一個作者。所以，如實認識緣起主要在於破除「執作者」性。

乙六、處非處善巧

已說緣起義，處非處義云何？頌曰：

於非愛愛淨，俱生及勝主，得行不自在，是處非處義。

論曰：處非處義略由七種不得自在，應知其相：一於非愛不得自在，謂由惡行雖無愛欲而墮惡趣。二於可愛不得自在，謂由妙行雖無愛欲而升善趣。三於清淨不得自在，謂不斷五蓋不修七覺支，決定不能作苦邊際。四於俱生不得自在，謂一世界無二如來、二轉輪王俱時出現。五於勝主不得自在，謂女不作轉輪王等。六於證得不得自在，謂女不證獨覺無上正等菩提。七於現行不得自在，謂見諦者必不現行害生等事，諸異生類容可現行。《多界經》中廣說此等，應隨決了是處非處。

所謂「處非處」，是說世界上任何事物都有能與不能的兩個方面。舉例來說，水具有濕性，可以清洗骯髒的東西。火具有暖性，可以烤熟生冷的食物。水可以把麵粉糅在一起，但水沒有熱能，不能把生麵團煮熟。而火可以煮熟生的食物，但不能把麵粉糅在一起。可見，每件事物都有它能的一面和不能的一面，叫做「處非處義」。

「論曰：處非處義略由七種不得自在，應知其相。」處非處義簡單地說有七種不得自在。首先應該知道，處非處的意義主要在於破除我執，破除「上帝」的無所不能。佛法告訴我們，任何一種事物都有能與不能的兩面，並沒有一種事物能夠代替一切。

「一於非愛不得自在，謂由惡行雖無愛欲而墮惡趣。」一是對自己不喜歡的東西不能自在。比如我們對自己不喜歡的人或事，心裡希望遠離它，但在很多情況下偏偏遠離不了，所謂「不是冤家不碰頭」。你不喜歡的人偏偏同住一個房間，床鋪挨著床鋪，真是難受！同樣，我們也不想墮落到三惡道中，但若不信因果，壞事做盡，不想去也得去。這就是「於非愛不得自在」。

「二於可愛不得自在，謂由妙行雖無愛欲而升善趣。」二是對於可愛的東西不能自在。這可以從兩方面去理解：一是對可愛的東西，一般人都希望能得到它、占有它，事實上多半不能隨心所欲，所以說「於可愛不得自在」。二是「謂由妙行雖無愛欲而升善趣」，善趣指人天道，行五戒十善必感人天果報。不論你嚮往或不嚮往，種了善因自然就得善果。這是客觀的因果規律，不以個人意志為轉移。

「三於清淨不得自在，謂不斷五蓋不修七覺支，決定不能作苦邊際。」三是「於清淨不得自在」，我們希望清淨，希望沒有煩惱，事實上沒那麼簡單，並不是想沒煩惱就沒煩惱。想沒有煩惱，煩惱可能更多。假如一個人不斷五蓋，不斷睡眠、掉悔、貪欲、嗔恚、疑法五種煩惱，不修七種覺支，絕對沒辦法斷除煩惱，絕對不能斷除生死痛苦。

「四於俱生不得自在，謂一世界無二如來、二轉輪王俱時出現。」什麼叫俱生呢？就是在一個世界中不能同時有兩位如來出世。想有兩位如來同時出世，是辦不到的。因為眾生的福報沒那麼大，所以一個世界裡不僅不可能出現兩個如來，甚至不可能同時出現兩個轉輪聖王。這就是「於俱生不得自在」。

「五於勝主不得自在，謂女不作轉輪王等。」轉輪聖王是古印度理想的君主，以仁義治國，當他出現的時候，四方諸侯臣服，天下大治。轉輪聖王必須是男身，女身無法當轉輪聖王，這就是「於勝主不得自在」。

「六於證得不得自在，謂女不證獨覺無上正等菩提。」第六是「於證得不得自在」。女身不能證得獨覺及無上正等菩提，也就是說，不能以女身成佛。《法華經》中有龍女成佛的故事，不過龍女在成佛的剎那，已經轉女成男。所以女眾不證獨覺，不證無上正等菩提，但還可以證得阿羅漢果。

「七於現行不得自在，謂見諦者必不現行害生等事。」初果的聖人和初地以上的菩薩，想讓他做壞事也做不成的。因為見諦的聖人深信因果，寧捨生命也不會去做傷害眾生的事。

「諸異生類容可現行。《多界經》中廣說此等，應隨決了是處非處。」相反，所有的異生，即地前菩薩及初果以前的凡夫眾生才可能出現這種情況。在《多界經》中，關於這些道理說得很多。

處非處善巧主要破除什麼呢？主要破除「執自在」性。印度的外道認為，大自在天想做什麼就做什麼，像上帝一樣無所不能。佛陀可不是全能的，還有七能三不能之類，所以說「於處非處不得自在」。無論科學、哲學還是佛學，都不是萬能的。科學有科學解決的領域，佛學有佛學解決的領域。不能用佛學代替科學，也不能用科學代替佛學。所以，世間任何事物都有能與不能的兩個方面。

乙七、根善巧

如是已說處非處義，根義云何？頌曰：

根於取住續，用二淨增上。

論曰：二十二根依於六事增上義立，謂於取境眼等六根有增上義，命根於住一期相續有增上義，男女二根於續家族有增上義，於能受用善惡業果樂等五根有增上義，於世間淨信等五根有增上義，於出世淨未知等根有增上義。

「根」是增上義，具體內容為二十二根。《俱舍論．根品》專門闡述了二十二根。在一期生命流轉還滅的過程中，有二十二種增上的力量。因為有這二十二種增上緣，才能成就人生中的許多事。

「論曰：二十二根依於六事增上義立。」二十二根主要根據六事增上所建立。

「謂於取境眼等六根有增上義。」第一，六根對於所認識的六塵境界有增上義。因為有了眼、耳、鼻、舌、身、意六根，人們才能認識色、聲、香、味、觸、法。假如沒有六根，人們就無法認識六塵境界。

「命根於住一期相續有增上義。」第二，命根對於一期生命的延續有增上的作用。有了命根，有情才得以生存，並一直延續到死亡。假如沒有命根，就嗚呼哀哉了，自然談不上生命的延續。所以，有命根生命才得以延續。

「男女二根於續家族有增上義。」第三，男女二根對傳宗接代有增上的作用。

「於能受用善惡業果樂等五根有增上義。」第四，五受根對於受用善惡業的果報有增上作用。有情所造的善業或不善業，將來會感得苦、樂、憂、喜、捨五種結果，這五種感受是建立在人們招感果報的基礎上。假如人類沒有痛苦或快樂的感覺，沒有歡喜或憂愁的感覺，那麼做好事或做壞事都無所謂，反正對痛苦或快樂的結果都感覺不到有什麼差別。

「於世間淨信等五根有增上義。」第五，對有情世間的淨化，信等五根具有增上作用。信等五根為信根、精進根、念根、定根、慧根。

「於出世淨未知等根有增上義。」第六，已知根、未知根、具知根等三無漏根，對於出世解脫及斷煩惱具有增上作用。

說二十二根的目的，就是為了破除宿命論。有情在不了解二十二根的情況下，總覺得冥冥之中有種力量在左右自己的行為，在決定自己的命運。二十二根則揭示了人生的一切並非由某種永恆不變的主體在支配，人類命運的改造，完全把握在自己手中。

乙八、世善巧

已說根義，世義云何？頌曰：

因果已未用，是世義應知。

論曰：應知因果已未受用，隨其所應三世義別。謂於因果俱已受用是過去義，若於因果俱未受用是未來義，若已受用因未已受用果是現在義。

世，就是三世。從時間上來說，有過去、現在、未來三世。如何區別過去、現在、未來呢？其實並不容易。比如說現在，現在還沒說完就過去了；我們說未來，未來還沒說完就變成現在了。時間就是這樣交替飛逝，像流水般不斷流淌著。那麼，到底怎麼區分三世因果呢？

「論曰：應知因果已未受用，隨其所應三世義別。」根據因果的規律，是以感果還是未感果來區分三世。

「謂於因果俱已受用是過去義。」若因果都已經發生過，比如從開學典禮的準備到典禮結束，典禮的整個過程都已完成，那就屬於過去。

「若於因果俱未受用是未來義。」若因和果都沒有發生，那就屬於未來。

「若已受用因未已受用果是現在義。」若因已經種下，但結果還沒有產生或正在發生、展開的過程中，則屬於現在。

如果一個人不了解三世因果的變化，就會執著有一個「常」，認為世間是永恆不變的。而佛教告訴我們，世間一切事物的因果都在變化過程中，不是永恆不變的。

乙九、諦善巧

已說世義，諦義云何？頌曰：

受及受資糧，彼所因諸行。二寂滅對治，是諦義應知。

論曰：應知諦者即四聖諦。一苦聖諦，謂一切受及受資糧，契經中說諸所有受皆是苦故，受資糧者謂順受法。二集聖諦，謂即彼苦所因諸行。三滅聖諦，謂前二種究竟寂滅。四道聖諦，謂即苦集能對治道。

「論曰：應知諦者即四聖諦。」諦，即四聖諦，也就是四種真實，顯示了世間與出世間的真實因果。四諦是佛法的大綱，整個佛法理論不外乎四諦。

「一苦聖諦，謂一切受及受資糧，契經中說諸所有受皆是苦故，受資糧者謂順受法。」苦諦的內容，包括一切受及受資糧。佛教所說的受，不僅僅是苦受，還有樂受、喜受、憂受、捨受。不管是哪種受，從它們的本質上來說都是苦的。所謂「受資糧」，就是和受相關的異熟果報。比如人的色身、感情、思想等，這些都是受資糧。因為有了這些受資糧，我們才有能力感受苦樂，感受憂喜。

「二集聖諦，謂即彼苦所因諸行。」所謂集諦，即招感痛苦的原因，也就是煩惱、業等。

「三滅聖諦，謂前二種究竟寂滅。」所謂滅諦，是消除痛苦與煩惱之後所證得的涅槃。

「四道聖諦，謂即苦集能對治道。」所謂道諦，即能對治「苦、集」的途徑，也就是八正道。

如果不了解四諦法門，人們將會執著染淨所依性，認為染淨法的生起，有一種外在的特殊力量在決定。其實，染淨法的生起也是緣起的。了解四諦法門之後，就能破除執染淨所依性。

乙十、乘善巧

已說諦義，乘義云何？頌曰：

由功德過失，及無分別智。依他自出離，是乘義應知。

論曰：應知乘者，謂即三乘，此中如應顯示其義。若從他聞涅槃功德、生死過失而起此智，由斯智故得出離者，是聲聞乘。不從他聞涅槃功德、生死過失自起此智，由斯智故得出離者，是獨覺乘。若自然起無分別智，由斯智故得出離者，名無上乘。

乘指三乘、五乘或一乘。乘是運載義，從凡夫到修行成佛，整個修行過程所運用的方法，就叫做

「乘」。就像旅客必須乘坐汽車、火車或飛機、輪船才能到達目的地一樣。同樣，學佛修行也要依止某一種法門，或是人天乘，或是聲聞乘，或是菩薩乘，修行者才能成就。依止人天乘的法門，就能成就人天乘的果位；依止聲聞乘的法門，就能成就聲聞乘的果位；依止菩薩乘的法門，就能成就菩薩乘的果位。這就是乘的內涵。

「論曰：應知乘者，謂即三乘，此中如應顯示其義。」乘就是三乘，即聲聞、緣覺、菩薩。它們的內容是什麼？它們的含義是什麼？

「若從他聞涅槃功德、生死過失而起此智，由斯智故得出離者，是聲聞乘。」首先說聲聞乘。聲聞人聽聞四諦教法，然後發出離心，解脫生死。更具體一點說，聲聞人是「從他聞」，從佛陀或佛弟子處聽聞涅槃的功德、生死的過失，然後產生厭離生死、尋求解脫的願望。因為有這樣一種認識，自然會厭離世間種種，尋求出離之道。學佛者如果缺乏出離心，對世間的衣食住行、名聞利養、榮辱得失就會貪著不捨。貪的東西特別多，煩惱也就特別多，所以要有出離心。在修學佛法過程中以出離心為基礎，然後根據四諦法門去修行，就屬於「聲聞乘」。

「不從他聞涅槃功德、生死過失自起此智，由斯智故得出離者，是獨覺乘。」獨覺也叫緣覺，和聲聞乘不同的是，緣覺的特點是「不從他聞」。佛陀出世也好，不出世也好，獨覺能獨自覺悟人生真理。一般來說，緣覺都是在佛陀不出世的時候出世，通常所說的辟支佛就屬於獨覺。獨覺乘的聖人，看到花開花落、雲捲雲舒，看到生老病死、悲歡離合、成住壞空，自然會對世間產生厭離，不再貪著世間，自然就能產生徹見無常的智慧，所以是「不從他聞」。當他認識到無常的時候，也能意識到涅槃寂靜是好，生死纏縛是不好，自然就能看到涅槃的功德和生死的過失。由這種智慧而得到出離的人，就是「獨覺乘」。

「若自然起無分別智，由斯智故得出離者，名無上乘。」無上乘指佛乘或菩薩乘。如何區分大小乘呢？通常是取決於發心，即發的是出離心還是菩提心。如果發的是出離心，那就是聲聞乘；如果發的是菩提心，那就是無上乘。本論則以為，自然生起無分別智，不必通過漸次觀行，這種人就屬於無上乘，屬於大乘。這是從根機上來說，如果從發心或結果上，就不是這樣區分了。比如從結果看，聲聞乘證的果位是解脫身，而佛陀證的是法身。

說「乘善巧」的意義是為了破「執觀行者」性。從乘善巧來看，三乘行者是因為根機及所修法門的不同而成就不同聖果。這就能破除「執觀行者」的問題，即修行中少有所得就覺得自己很了不起。

乙十一、有為無為善巧

已說乘義，云何有為無為法義？頌曰：

有為無為義，謂若假若因，若相若寂靜，若彼所觀義。

論曰：應知此中假謂名等，因謂種子所攝藏識，相謂器、身並受用具，及轉識攝意、取、思惟。意謂恆時思量性識，取謂前五識取現境故，思惟即是第六意識，以能分別一切境故。如是若假若因若相及相應法，總名有為。若寂靜者，謂所證滅及能證道，能寂靜故。彼所觀義謂即真如，是寂靜道所緣境故。如是所說若諸寂靜若所觀義，總名無為。應知此中緣蘊等十義所起正知，名蘊等善巧。

這個頌解釋有為和無為的特點，及有為和無為各自包含的意義。簡單介紹如下。

丙一、有為法的特點：

「論曰：應知此中假謂名等。」有為法的第一個特點是假。《中論》說：「眾因緣生法，我說即是無。亦為是假名，亦是中道義。」有為法的存在是虛妄不實的，從它的名稱到現象都不是真的，都是不實在的。

「因謂種子所攝藏識。」有為法的第二個特點是因，因指萬法產生的因緣。有為法的產生及有為法的特點是有因有果、有因有緣。因是種子所攝的藏識，指第八阿賴耶識。阿賴耶識作為宇宙人生萬法生起的因，尤其重要的，是它所含藏的種子。種子包括名言種子和異熟種子兩種。無為法是否也屬於因緣所生法呢？不是。如果無為法是因緣所生，那麼就應該有生有滅。如果有生有滅，無為法和有為法又有什麼區別呢？中觀所說的無為法沒有離開緣起，並不是說無為法就是緣起。

「相謂器、身並受用具，及轉識攝意、取、思惟。意謂恆時思量性識，取謂前五識取現境故，思惟即是第六意識，以能分別一切境故。」有為法的第三個特點是相。相是體相，這裡指有為法的體相。有為法的體相包括三方面。一是**器**，就是器界，包括山河大地等。器界能夠盛載萬物，如地球就像龐大的器界一樣，能夠裝載山河大地和眾多生靈。二是**身**，指有情眾生的根身，也就是浮塵根和淨色根。三是**受用具**，指根身受用的器具。如住房、家具、電器等，都屬於受用具。還有人所受用的一切，如眼睛所能看到的、耳朵所能聽到的、鼻子所能聞到的、舌頭所能嘗到的、身體所能接觸到的等，也都是受用具。

此外還有轉識，也就是前七識。轉是轉起，以第八識為因而生起前七識，所以叫轉識。轉識還有另一層含義，就是轉達、傳送。第八識的種子傳送到外界，把外界的訊息轉到第八識，所以叫轉識。轉識有三義：

1．**意**，「意謂恆時思量性識。」恆時思量性識指第七識。第七識是「恆審思量我相隨」。在八個識中，第七識的活動基本上沒有間斷，所以人在做夢時還有自我意識。在修行的意義上說，轉變第七識非常重要，因為整個修行的關鍵是破除我執，而我執的根源就是第七識。

2．**取**，「取謂前五識取現境故。」取指前五識。前五識在三量中屬於現量，在三境中屬於性境，取眼前的境界。所以說「性境現量通三性」。

3．**思惟**，「思惟即是第六意識，以能分別一切境故。」思惟指第六意識。第六識的特點是善於思惟，具有「三性三量通三境」的三種分別，能夠分別一切境界。

「如是若假若因若相及相應法，總名有為。」像以上所說的若假、若因、若相，就是一切有為法的體相。除此之外，和八識心王相應的心所法，即《百法明門論》中的前四位：心法、心所法、色法和心不相應行法，都是屬於有為法。

丙二、無為法的特點：

「若寂靜者，謂所證滅及能證道，能寂靜故。」無為法的第一個特點是寂靜。平常說，無人吵鬧的地方，或住在山裡不受塵囂干擾就是寂靜。事實上這並不是真正的寂靜，因為在你的內心還存在躁動不安的因素。佛教認為，只有涅槃及通往涅槃的智慧，才是真正的寂靜。這就是「所證滅」的「能證道」。

有的人認為「滅」就是什麼也沒有了，說到涅槃就擔心斷滅。一個人不修行時，執著有我，這是常見；而修行時又耽心斷滅，這是斷見。原因是對「灰身滅智」不能正確理解。「灰身滅智」之後，生命體是否存在？又是以什麼形式出現？涅槃是不是什麼都沒有了？這個人是否將在世上消失？有的人很擔心這些問題。學佛法要有正思惟，要想對佛法有深刻的認識，把佛法變成自己的智慧，必須靠如理思惟。但思惟不是瞎想，而是在正見的基礎上，在聽聞思經教的基礎上去思惟，不是關起門來胡思亂想。這樣的胡思亂想是掉舉，而不是正思惟。胡思亂想很可怕，越想越煩惱。除了佛法之外，把思想變得越簡單越好。平常不要亂想，要思考就思考佛法的問題。久而久之，就會越來越單純，越來越有智慧。

單純是人生幸福的一個關鍵因素。人和動物哪個過得好？不能一概而論。從物質生活來說，應該是人過得更優越。當然也有一些動物過得很好，

生活在自然的環境中，盡情享受大自然的給予。而從精神上的痛苦來說，人恐怕要比動物嚴重。因為人有複雜的思想，人的很多煩惱不是從身體帶來的，而是從思想上產生的，是人自己想出來的。比如有錢的人，吃的、穿的、住的樣樣都有，但坐在房間裡胡思亂想，照樣可以想出很多煩惱來，動物可能沒有這個本事。但動物不可取的地方是愚痴，而成佛卻要有發達的思惟能力為前提。

「彼所觀義謂即真如，是寂靜道所緣境故。」無為法的第二個特點就是「彼所觀義」。彼所觀義是聖道所證得的境界，即真如。從這裡我們可以發現：真如從所緣的角度來說，它是境界；從證得的結果來說，它叫涅槃。涅槃和真如不是兩個東西。真如是屬於無分別智所緣的境界。

「如是所說若諸寂靜若所觀義，總名無為。」以上所說的寂靜和所緣的真如境，沒有煩惱，這種無分別的智慧總稱無為。無為就是無生滅、無造作，有為是有生滅，有造作。觀有為、無為是為了破除執

縛解者性。

「應知此中緣蘊等十義所起正知，名蘊等善巧。」前面已說五蘊、十二處等十法，認識這十種法，就稱為「十種善巧」。「善」就是知道、認識、了解；「巧」不僅是知道，而且非常熟悉，所謂熟能生巧。善巧，就是能夠靈活運用，不死搬教條。同時，還指對某種事做得特別好。比如對電腦掌握得無比熟練，就是對電腦很善巧；對早晚兩堂功課很熟悉，念得特別好，就是對功課善巧。

甲十二、結說

真實總義略有二種，謂即能顯、所顯真實。能顯真實謂即最初三種根本，能顯餘故。所顯真實謂後九種，是初根本所顯示故。所顯九者：一離增上慢所顯真實，二對治顛倒所顯真實，三聲聞乘出離所顯真實，四無上乘出離所顯真實，由粗能成熟細能解脫故，五能伏他論所顯真實，依喻導理降伏他故，六顯了大乘所顯真實，七入一切種所知所顯真實，八顯不虛妄真如所顯真實，九入我執事一切祕密所顯真實。

「真實總義略有二種，謂即能顯、所顯真實。」〈真實義品〉的內容，可以簡單歸納為兩種，即能顯的真實和所顯的真實。

「能顯真實謂即最初三種根本，能顯餘故。」能顯真實指十種真實中的第一種——根本真實，也就是三性。為什麼將三性稱為能顯真實呢？因為「能顯餘故」。其他一切真實都必須透過三性來說明，必須透過三性才能得以顯現。

「所顯真實謂後九種，是初根本所顯示故。」所顯真實指的是後面九種。後面九種真實都屬於三根本真實所顯示，都是透過三根本真實才得以顯現，所以稱為所顯真實。

「所顯九者：一離增上慢所顯真實。」第一種所顯真實，是離增上慢所顯真實，指的是**相真實**。對三性的認識要離開增益和損減兩邊，也就是要離增上慢。

「二對治顛倒所顯真實。」第二種所顯真實，是對治顛倒所顯真實，即**無顛倒真實**。把顛倒對治了，也就是無顛倒了。

「三聲聞乘出離所顯真實。」第三種所顯真實，是聲聞乘出離所顯真實，即**因果真實**。它的具體內容是四諦法門，聲聞乘的出離主要是透過對四諦因果的認識所顯現的。

「四無上乘出離所顯真實，由粗能成熟細能解脫故。」第四種所顯真實，是無上乘出離所顯真實，指**粗細真實**。它的具體內容指二諦。二諦是大乘佛教的重要思想，大乘的修習必須通過二諦法門，世俗諦能成熟有情，勝義諦能解脫有情。

「五能伏他論所顯真實，依喻導理降伏他故。」第五種所顯真實，是能伏他論所顯真實，指**極成真實**。極成真實的特點是能伏他論。明白了世間極成真實，尤其明白了道理極成真實之後，才能成立佛法理論並駁斥世間邪說。也就是說，佛法理論的成立或駁斥世間邪論，都要通過道理極成真實，通過邏輯，根據因和喻的道理來降伏他說。

「六顯了大乘所顯真實。」第六種所顯真實，是顯了大乘所顯真實，指**淨所行真實**。這是大乘菩薩修行所證得的。

「七入一切種所知所顯真實。」第七種所顯真實，是入一切種所知所顯真實，指五法真實，也就是攝受真實。攝受指五法，包括一切法。要成就一切智慧，就要知道世、出世間的一切知識。所以《瑜伽師地論》告訴我們，菩薩要從五明處學，要入一切種所知，對宇宙間的一切都要了解。

「八顯不虛妄真如所顯真實。」第八種所顯真實，是顯不虛妄真如所顯真實，指差別真實。具體內容是七種真如。真如不是虛妄的，能夠讓有情在一切處、一切境、一切對象的情況下，認識真如，證得真如。

「九入我執事一切祕密所顯真實。」第九種所顯真實，指的是善巧真實。善巧真實就是通過對五蘊、十二處、十八界、十二因緣等十種法的正確認識，破除我見、我執，然後證得真實。

〈辯真實品〉到這裡就結束了。《瑜伽師地論》中有一品叫做〈真實義品〉，講得非常好，將來如果想進一步學習唯識，可以作為參考。

辯修對治品第四

《辯中邊論》的內容，前面已講過「辯相品、辯障品、辯真實義品」，現在進入第四〈辯修對治品〉。從本論的組織架構看，前三品主要引導我們正確認識境界，屬於正見的範疇。尤其是〈辯真實義品〉，為我們提供了認識世界的方式——通過三性觀察一切法，認識一切法。所謂三性，即遍計所執性、依他起性、圓成實性，由此確立中道正見。但這些正見只是由聞思得來的，必須落實到心行，才能真正產生作用。

〈辯修對治品〉在本論屬於行的部分，是把唯識正見轉化為禪觀的關鍵。關於大乘菩薩道的修行，通常是講六度四攝，本品卻圍繞三十七道品展開。我們知道，三十七道品屬於聲聞乘的內容，這一架構說明，唯識宗兼通大小，善巧融攝了解脫道和菩薩道的修行。

在唯識根本典籍《瑜伽師地論》中，既有聲聞地，也有菩薩地。《辯中邊論》同樣具備這個特點，在闡述三十七道品的修行後，又在〈辯無上乘品〉中特別指出大乘的不共之處，使我們在認識解脫道的同時，了解菩薩道的殊勝，明白菩薩道修行必須以解脫道為基礎。所以說，唯識經論對大小乘處理得非常圓融，值得我們重視。

本品名為〈辯修對治品〉，包括所對治和能對治。所對治是指惑障，《辯中邊論》專門有一品為〈辯障品〉，從三十七道品、六度、十地等角度，闡述了修行中的種種障礙。總的來說，主要是煩惱障和所知障，由無明迷惑而產生。能對治是指解除惑障的法門，重點講述了三十七道品。

在正式學習本品之前，我們先簡要說明三十七道品在大小乘修行中的重要性。

甲一、大乘解脫道的建設

乙一、三十七道品在解脫道的地位

印度文化的核心是輪迴和解脫，一是對輪迴作出解釋，二是引導人們從輪迴走向解脫，證悟涅槃。這也是印度所有宗教的兩大重點。釋迦牟尼佛在這樣的背景下出家修道，關心的同樣是這些問題。所以聲聞和菩薩的修行都是以解脫為核心，都在為我們指明解脫之道。不同在於，聲聞行者偏向個人解脫，菩薩行者不僅要自己解脫，還要帶領眾生共同解脫。如果自己沒有解脫，何以引導他人、救度眾生？可見，解脫既是印度文化的核心，也是三乘佛法的共同目標。

三十七道品是佛陀在《阿含經》中闡述的解脫法門。我們知道，阿含經典有《中阿含》、《長阿含》、《雜阿含》、《增一阿含》四部，其中施設的法門雖多，但要領大體不外乎三十七道品，所以經中對它的重要性有諸多描述。

《阿含經》說：三世諸佛都是依三十七道品而成佛。經中還比喻說，就像一座被城牆圍住的城市，只有一個門，所有人只能由此出城。同樣，三十七道品就是佛陀引領我們走向解脫的唯一大門。《雜阿含經》還講到，有比丘問佛陀「如何速得漏盡」，即怎樣才能迅速斷除煩惱。佛陀說：你要精進修習三十七道品，由此才能迅速斷除煩惱，走向解脫。這都是說明三十七道品在解脫道修行中的重要性。

三十七道品的內容，包括四念住、四正斷、四神足、五根、五力、七覺支、八正道。為什麼這些修行可以使人解脫？關鍵在於，它為我們提供了解脫的途徑——立足於對哪些目標的觀察，觀察的方法和流程是什麼，最終指出觀察的結果，次第非常清晰。

四念住，是通過對身、受、心、法的觀察，而能觀身不淨、觀受是苦、觀心無常、觀法無我。**四正斷**，又稱四正勤，是關於精進的四個著力點，重點在於斷惡修善，是貫穿一切修行的增上力量。**四神足**，是修習禪定的四種近因，分別是欲神足、勤神足、心神足、觀神足。**五根**，是能生一切善法的五種根本，即信根、精進根、念根、定根、慧根。**五力**，是五根修行成熟的結果，也是克服障礙的能力，即信力、精進力、念力、定力、慧力。**七覺支**，又稱七菩提分，有助於智慧的生起，包括擇法覺支、喜覺支、精進覺支、念覺支、輕安覺支、定覺支、捨覺支。**八正道**，是佛弟子非常熟悉的八種修學常道，分別是正見、正思惟、正語、正業、正命、正精進、正念、正定。

三十七道品是佛陀為我們指出的修行綱要，每個項目都緊緊圍繞解脫的核心而設置。其中，四念住是觀察的對象，五根、五力是觀察的流程，七覺支、八正道是觀察的結果，並在此結果上進一步修行。掌握這些方法，就能迅速走出迷惑，走向覺醒。

乙二、三十七道品和菩薩道的關係

大乘佛法重視空性見，此外還有菩提心和菩薩行。關於三十七道品，雖然《維摩經》、《華嚴經》、《涅槃經》等大乘經論都曾提到，但多半是作為法相出現，並沒有作為重點展開闡述，也就沒有受到應有的重視。我覺得，這是很多大乘學人在解脫道修行上基礎薄弱的原因所在。

大乘的見地，如中觀、唯識、天台、華嚴等，當然無比殊勝。但這些甚深見地是依託於龐大的理論體系，我們必須通過深入聞思，對整個思想體系具備完整認識後，才能形成相應的正見。所以正見的建立就有難度，更談不上依此修行。各地佛學院都在開唯識課，但真正學懂的有多少？如果法義尚未學懂，見地怎麼建立？禪修怎麼入手？禪觀又怎麼修得起來？再如禪宗的「直指人心，見性成佛」，確實圓頓直接，但這是屬於精英教育，只接引上根利智。雖有這麼高的見地，奈何眾生根機不夠，也不是人人可行的。怎麼解決這些問題？如果能把三十七道品的修行和大乘見地結合起來，對大乘解脫道的修行會有很大幫助。事實上，這種結合在大乘經論中早已有之。

聲聞乘和菩薩乘的根本區別在於兩方面。一是發心，聲聞乘以出離心為重點，菩薩乘以菩提心為重點。二是見地，聲聞乘偏向對苦、無常、無我的認知，菩薩乘偏向對無自性空、諸法唯識、如來藏的認知。作為大乘解脫道，就是以這樣的見地來修習三十七道品。在唯識經論中，是立足於唯識見修習三十七道品；在中觀經論中，是立足於空性見觀察身、受、心、法。這個道理，我們學習《入菩薩行論·智慧品》時就已了解到。在「廣說法無我」的部分，就是引導我們以無自性的見地觀察身、受、心、法。

當然，我們也可以先從聲聞乘無常、無我的見地修三十七道品，進一步導向空性見。從無常、無我到無自性空，矛盾不矛盾？衝突不衝突？其實並不矛盾，更不存在衝突。無常，說明「常」是空的，沒有所謂的常；無我，說明「我」是空的，沒有所謂的我。事實上，無常無我本身也是空的另一種表達方式，只是不那麼徹底。可見，聲聞乘和菩薩乘從見地到修行都是不相違的。

乙三、三十七道品的修行設置

就修行設置來看，從四念住、四正勤、四神足，到五根、五力，再到七覺支、八正道，這些項目本身有一定的獨立性和完整性。比如四念住，佛陀在《雜阿含經》中說：「有一乘道淨眾生，離憂悲惱苦，得真如法，所謂四念處。」通過修習四念住，就可以讓人斷除煩惱，走向解脫。還有五根、五力、七覺支、八正道等，本身也是獨立且完整的修行內容，我們可以依七覺支解脫，也可以依八正道解脫。

三十七道品的有些項目是圍繞特定內容設置的，比如四正勤是闡述精進的修行，四神足是關於禪定的修行。還有一些項目貫穿了所有修行。比如精進，四正勤就是關於精進的修行，此外，五根中有精進根，五力中有精進力，七覺支有精進覺支，八正道有正精進。比如念，四念住的重點就在於念，此外，五根中有念根，五力中有念力，七覺支有念覺支，八正道有正念。再如慧，四念住蘊含著慧，五根中有慧根，五力中有慧力，七覺支有擇法覺支，八正道有正見和正思惟，這些都屬於慧的範疇。可見，三十七道品的項目既有不同側重，也有部分重疊。當然這些重疊分屬不同位次的修行，其內涵又有深淺之別。

所以三十七道品並沒有必然的次第，不是一定要從四念住修到四正斷、四神足，再到五根、五力，乃至七覺支、八正道。事實上，你可以通過修習四念住解脫，也可以通過修習五根、五力或八正道解脫。之所以把這些項目形成體系，因為它們既有獨立性，又有互補性。

唯識將修行次第分為五位，一是資糧位，二是加行位，三是見道位，四是修道位，五是究竟位。如果從修行次第來理解三十七道品，可以將四念住、四正斷、四神足對應資糧位，五根、五力對應加行位，七覺支對應見道位，八正道對應修道位。同樣的修行項目，在不同階段的要求是有差別的。比如正念，在資糧位要修，在加行位、見道位還要修。再如精進，是任何修行階段都需要的，但內涵有所不同。

乙四、四念住和三十七道品

三十七道品中，特別強調四念住的修行。四念住是玄奘三藏的翻譯，傳統翻譯為四念處。四念住不僅位列三十七道品之首，本身也是完整的修行。

修行需要改變對自我和世界的錯誤認知。怎麼改變？首先要找到觀察對象，即身、受、心、法，這是佛陀對身心內外一切現象所作的歸納。其次是有觀察的智慧，即四念住的「觀身不淨，觀受是苦，觀心無常，觀法無我」。第三是知道觀察流程，以及通過這一觀察產生的結果，包括五根、五力、七覺支、八正道。

可見，四念住同時含攝了三十七道品的修行。從另一個角度說，三十七道品的修行都是建立在四念住的基礎上，依四念住而建立。正因為如此，四念住歷來都受到廣泛的推崇和弘揚。

乙五、〈辯修對治品〉的組織架構

本品圍繞三十七道品的施設，從四念住、四正斷、四神足、五根、五力、七覺支到八正道，依唯識的角度展開闡述，引導我們認識每個項目的修行。在《瑜伽師地論》、《顯揚聖教論》、《雜集論》等唯識經論中，也有關於三十七道品的解說，我們可以作為參考，深入了解這些修行究竟是怎麼回事。

此外，〈辯修對治品〉還告訴我們，同樣是修四念住，大乘和聲聞的不同到底在哪裡。我們既要看到解脫道的特點，還要認識大乘的不共之處，才能對這些修行有全面認識，走上圓滿的修行之路。

甲二、四念住

前面對三十七道品作了總的介紹，下面正式進入論文。首先是對四念住的概述。

乙一、概述

已辯真實，今次當辯修諸對治，即修一切菩提分法。此中先應說修念住。頌曰：以粗重愛因，我事無迷故，為入四聖諦，修念住應知。

「已辯真實，今次當辯修諸對治。」前面已經講述了第三〈辯真實義品〉，通過三性引導我們建立正見，現在要進入〈辯修對治品〉。辯是探討，「修諸對治」是進入實修。這就告訴我們，本品是探討——怎麼修習能對治的法門？

「即修一切菩提分法。」能對治的法門是什麼？必須修一切菩提分法。三十七道品，又稱三十七菩提分、三十七覺支。簡單地說，就是修行的三十七種途徑。

「此中先應說修念住。」三十七道品的第一個項目是四念住，即身念住、受念住、心念住、法念住。

「頌曰：以粗重愛因，我事無迷故，為入四聖諦，修念住應知。」這個偈頌包括兩個層面，一是指出四念住的修習對象：粗重，是對身的觀察；愛因，是對受的認識；我事，是對心的認識；無迷，是對法的認識。二是指出修習四念住所要達到的目標——悟入四聖諦。我們知道，四聖諦是佛陀整個教法的綱領，由知苦而能斷集，由慕滅而能修道。這是修習四念住應該具備的認知。

凡夫因為無明而有種種迷惑，對世間一切看不清楚，就會對外境產生貪著，引發種種煩惱。再由煩惱造作業力，導致生死輪迴。任何迷惑和煩惱的產生，都和相應對象有關。我常常在講座中說到這個問題，一切煩惱都有依託點。有人因為事業產生煩惱，有人因為地位產生煩惱，有人因為家庭產生煩惱，有人因為感情產生煩惱……每個人有不同的渴求，就會引發不同的執著，成為輪迴之因。包括生死輪迴，也包括現世輪迴——有人在對事業的執著中輪迴，有人在對感情的執著中輪迴……這樣的輪迴，時時刻刻都在發生。

修行就是要去尋找——什麼讓自己產生煩惱，以此作為解脫的突破點。這就涉及一個問題：選擇什麼作為觀察對象？從禪宗的角度說，「青青翠竹，盡是法身；鬱鬱黃花，無非般若」，任何事物都可以作為觀察對象，在在處處都可以成為解脫的突破點。這當然是對的，關鍵是你得有上根利智，否則是沒能力做到的。

佛陀在修行中發現，有四個對象最容易讓人生起煩惱，那就是身、受、心、法。我們想一想，所有煩惱的產生，是不是和這四個對象關係密切？有沒有超出這些範疇？四念住的法門，就是讓我們從這四個對象入手觀察。

首先是對身的觀察。通常，我們不太會對翠竹產生我執，卻對自己的身體執著不捨，還覺得是理所當然的。這種執著早在識去投胎時就已產生，所以身體是我們最熟悉、也最容易看不清的對象，很多煩惱由此而來。

其次是對受的觀察。在十二緣起構成的輪迴流程中，受是關鍵環節。凡夫在認識世界的過程中，由無明而有行、識、名色、六入，然後接觸外境，產生感受，包括苦受、樂受、憂受、喜受、捨受。這是遍一切時一切處的常規心理，所以對受的觀察尤其重要。如果不能正確面對，一旦受出現後，我們就會陷入其中，引發愛、取、有，輪迴由此而生。很多時候，我們對某些人或事戀戀不捨，耿耿於懷，這種揮之不去的感覺，絕不是單純的影象，背後還蘊含強烈的苦樂憂喜。正是這些感受在內心留下的深刻印象，使我們執著於此，成為輪迴之因。佛教把受列為五蘊之一，正說明它是導向輪迴的重要心理。

第三是對心的觀察。人都是活在各自的心念中，其中有善心，也有不善心，這些心念決定了我們擁有什麼樣的世界。因為不能正確認識心念，我們總是在不知不覺中長養煩惱，造作無盡的輪迴。通過對心的觀察，看清它是什麼，我們才能進一步管理它，改變它。這是轉染成淨的關鍵。

第四是對法的觀察。法的範圍很廣，如名法、色法、四諦、十二處、十八界等，都屬於法。其中有些代表有漏的生命現象，如色、受、想、行、識五蘊；有些是和輪迴相應的法，如貪、嗔、昏、掉、疑五蓋；有些是和解脫相應的法，如七覺支、八正道。對所有這些法，我們都要正確觀察。否則，當我們面對雜染法時，就會陷入雜染。即使面對清淨的法，要是不能如理作意，而是帶著貪著等不善心，淨法也會變成染法。

看似簡單的四個對象，卻涵蓋了一切，由粗到細，由表及裡，又由自身到世界。所謂念住，就是鎖定這些對象，讓心安住於此。念頭的安住，對我們來說並不陌生。有人會把念頭安在吃喝玩樂，有人會把念頭安住在財富、地位，還有人會把念頭安在某個人身上。事實上，這種串習是凡夫的本能，是和貪嗔痴相應的。所以在修行過程中，並不是開始就修四念住，而是要親近善知識，通過聽聞正法、如理作意來確立正見。有了正見，才能以智慧觀察身、受、心、法，從而導向解脫。

四念住的關鍵在於正知正念。其中，正知側重觀察，正念側重安住。在唯識經論中，正念的定義是「明記為性」，就是記住所緣對象，安住於此。比如念佛，心安住於佛號就是正念；念法，心安住於法就是正念。但從禪修角度說，正念的前提是有正知。南傳佛教所說的正念，主要就是指正知。

正知包含四個層面。第一是利益正知，知道什麼對自己真正有益，什麼是有過患的。第二是適宜正知，某些事雖有利益，但未必適合自己去做，也要進退有度。第三是行處正知，對自己的行為舉止了了明知，走路時知道自己在走路，吃飯時知道自己在吃飯，待人接物時知道自己的每個動作和念頭，而不是心不在焉。第四是不痴正知，具備智慧觀照，了知無常、無我的真相。

修習四念住，是以身、受、心、法作為禪修對象，在正見指引下深入觀察。學佛之前，我們是帶著貪嗔痴看待這一切，對此產生我執和愛取有，從而造業、輪迴。這都是因為缺乏正見。《辯中邊論》中，先講〈辯真實義品〉，再講〈辯修對治品〉，就是讓我們由聞思確立正見，然後帶著正見而不是固有認知來觀察身、受、心、法。

乙二、身念住

論曰：粗重由身而得顯了，故觀察此入苦聖諦。身以有粗重諸行為相故，以諸粗重即行苦性，由此聖觀有漏皆苦。

在四念住的修行中，觀身是最基礎，同時也是非常重要的內容。

「論曰：粗重由身而得顯了，故觀察此入苦聖諦。」論即長行，是對偈頌的解釋。首先是對身體的認識。身體具有粗重的特點，通過對這一特點的觀察，可以了解苦的真相，幫助我們通達苦諦。

「身以有粗重諸行為相故，以諸粗重即行苦性，由此聖觀有漏皆苦。」身體呈現出粗重的諸行。行是遷流變化，表現在身體上，就是老病死的相，以及由此帶來的種種痛苦。除了老病死的自然規律外，還有四大不調、五蘊熾盛等痛苦。由身苦帶來心苦，心苦加劇身苦，使人身心俱疲，這些變化就是行苦。所以說，身體是煩惱惑業招感的苦果。通過對五蘊身的觀察，就能認識到「有漏皆苦」。

對於身體的觀察，《大念住經》講到很多視角。最典型的是對呼吸的觀察，當心專注於此，對呼吸的整個過程了了明知，知道呼吸的生，知道呼吸的滅，長息時知道是長息，短息時知道是短息。進一步，帶著正見觀察呼吸究竟是什麼。以大乘緣起性空或諸法唯識的見地看，呼吸從哪裡來，到哪裡去？我們通過觀察會發現，其實呼吸沒有來處，也沒有去處，它只是緣起法，是無常、無我、無自性的。當下就可以了知呼吸的本性空寂，所觀察的呼吸是本性空寂的，能觀察的心也是本性空寂的。

步行禪則是在走路過程中，將心專注於抬腳、落腳的每一個當下。在專注過程中會發現，身體並不是恆常的實體，而是由四大和合所生。動作更不是恆常的實體，而是在剎那剎那地生滅變化，是緣起而非自性的存在。比如《中論・觀去來品》講到，所謂的去，包括去的時間、去的動作和去的人，離開這些條件，根本找不到實實在在的去。如果我們把中觀見用在步行禪的觀察中，可以體會到一切動作的當下都是本性空寂的。由此幫助我們開發觀智，瓦解身見，不再對身體生起貪著和渴愛。

總之，身念住是通過對身體的觀察，了解到色身是粗重的，是業力招感的苦果，同時又會成為新的苦因。在此基礎上，進一步對身體作智慧觀照，可以從認識苦到超越苦，最終平息痛苦。

乙三、受念住

諸有漏受說為愛因，故觀察此入集聖諦。

其次，是對受的觀察。

「諸有漏受說為愛因。」諸有漏受，就是由迷惑、煩惱產生的受。十二緣起中，受是愛生起的因。在凡夫心的運作流程中，當有漏的受生起，下一個流程就會進入愛，然後是取和有，由此導向生和老死。

「故觀察此入集聖諦。」我們基於對受的觀察，就能認識到集諦，認識生死輪迴之因。在十二緣起中，觸是在受和愛取有之前，屬於觀察後的反推。這個觀察的意義在於，不僅要了解受是愛的因，以及受在生死流程中承擔的重要角色，還要通過禪觀去改變它的性質。受本來是輪迴之因，我們現在要通過正確觀察，使之成為解脫的增上緣。

禪修時，當身上出現痛、癢、麻等感受，心很容易被抓住。「哎呀，腿麻得不行了，疼得不行了」，如果不能如理作意，正確認識這些感受，很可能半途而廢，繼續進入輪迴的串習，被苦受左右命運。此時就需要對受進行智慧觀察，知道這個色身癢了、麻了、痛了，知道這些感受是由五蘊這個大苦聚產生的，但只是知道，只是看著它，不讓心亂跑，也不被串習左右，動來動去。

在安住過程中，我們還要保有正知正念，對觀察對象了了明知，清清楚楚地看到受的變化。知道哪裡出現癢，哪裡出現麻，哪裡出現痛；知道這些感受有強有弱，有生有滅；知道苦受過去，又有樂受出現；知道苦樂過去，會進入捨受的狀態。進一步，還要以智慧觀察這些感受。我們可以用無常來觀察，用無我來觀察，也可以用無自性空的智慧來觀察。在觀察過程中，認識到受是本性空寂的，了不可得。如此，受和緣這個受產生的心都會逐漸平息，不再成為愛取之因、生死之因，而是生起觀智的增上緣。

我們講到「諸有漏受說為愛因」，不僅要通過受了解集諦，更是為了斷除輪迴。正如佛陀在四諦教法中所說的那樣：「此是苦，汝應知；此是集，汝應斷。」了解集諦的目的，是從源頭解決輪迴之因，這才是觀察受的意義所在。

乙四、心念住

心是我執所依緣事，故觀察此入滅聖諦，怖我斷滅由斯離故。

第三，通過對心的觀察，引導我們證入滅諦。

佛法自古就被稱為心性之學，從這個角度說，修行就是修心。世間有各類心理學，如果給佛法做一個定義，我覺得它是屬於解脫心理學。關於心的認識，佛法有真妄兩大體系。所謂真心，是讓我們直下承擔，認識自身本具的覺醒之心，即禪宗所說的「直指人心，見性成佛」。所謂妄心，是從認識現前的凡夫心開始修行。佛法認為，有情的存在主要是心在主導，由不同心念決定我們的行為，進而決定命運。

這就需要認識心念的組成。色、受、想、行、識五蘊就包括種種心和心所。從《阿含》到《阿毗達摩》，也是對人的心理加以分析並歸類。

關於這個問題，唯識經典講得尤為詳細，將心分為八識五十一心所，包括意識和潛意識。所以心不是單一的存在，不是只有一個心在表現不同作用。同時，每種心理都是緣起的存在。唯識的「眼識九緣生，耳識八緣生，鼻舌身七緣生」，正是說明了這一點。

印度各宗教普遍認為，有一個恆常不變的自我在主宰生命。但佛法告訴我們，人生最大的誤解，就是對自己的錯誤認識。有了我執之後，就會有貪嗔痴，並由煩惱而造業、輪迴，給生命帶來無盡過患。事實上，五蘊只是眾緣和合而成，其中並沒有所謂的「我」，有的只是四大和種種心理。通過對心的觀察，可以使我們斷除我執，通達涅槃。

「心是我執所依緣事，故觀察此入滅聖諦。」心是我執生起的所依。從唯識的角度說，是因為第七識不能正確認識第八識，將此執以為「我」。從外道和世間凡夫來說，也是因為心對「我」產生了錯誤認知。所以心是我執生起的所依，同時，心又是我執所緣的對象。因為不能正確認識五蘊，由此產生我執。這就需要在智慧引導下，對心加以觀察。

我們學習《阿含經》、《阿毗達摩》及唯識論典，了解到心的多元性、緣起性、無常性、無我性，然後帶著這些正見觀察心的活動。貪心生起，知道它生起了；貪心息滅，知道它息滅了；嗔心生起，知道它生起了；嗔心息滅，知道它息滅了。總之，要對心念保持高度覺察，對它的生起、息滅都能了了明知。

我們在觀察中會發現，心念不是固定的，而是在剎那生滅，會增長也會變弱，會生起也會消失，其中並沒有所謂的自性。這種觀察需要以佛法智慧為前提，如果沒有正見，可能會對心念的生滅作出錯誤解讀。

什麼是正確觀察？從《金剛經》的見地看，就是「過去心不可得，現在心不可得，未來心不可得」。心是什麼？過去心從哪裡生起？消失後又到了哪裡？我們通過觀察會發現，心其實是念念不住、念念生滅的。過去心如此，現在心如此，未來心還是如此。在這樣的觀察中，就能看清念頭的本質，使妄念逐步平息。

從禪宗的見地看，就是「覓心了不可得」。當年，二祖找初祖達摩安心：「我心不安，求師與安。」初祖說：「將心來，與汝安。」此時二祖反觀自心：心是什麼？不安在哪裡？在智慧觀照下，發現心是無影無蹤的，根本就找不到。

「故觀察此入滅聖諦，怖我斷滅由斯離故。」當我們在觀察過程中解除我執，證悟涅槃，就不再擔心我的斷滅。因為執著有一個「我」，才會擔心「我」的斷滅。當我們通過對心的觀察，體悟無我的空性，還有什麼可以擔心的呢？因為它本來就不存在，更談不上斷滅。當妄心徹底平息，心不再陷入任何妄念時，我們就能體悟涅槃的寂靜。

乙五、法念住

觀察法故，於染淨法遠離愚迷，入道聖諦。

第四，是對法的觀察。法的範圍非常廣泛。有情身心和世界的一切，都可以稱為法。如何觀察法呢？還是要立足於佛法正見。

「觀察法故，於染淨法遠離愚迷。」法包括染法和淨法，導向輪迴的是雜染法，導向解脫的是清淨法。愚迷，指凡夫的狀態，輪迴的狀態，以迷惑和煩惱為基礎。凡夫帶著無明看自己，看世界，就會陷入煩惱，製造輪迴。對於和解脫相應的淨法，同樣要有正知正念，否則就可能心生貪著，在解脫路上停滯不前。所以不論對染法還是淨法，我們都要保持智慧觀察，才能遠離迷妄。

「入道聖諦。」生命有兩個軌道，一是輪迴的軌道，一是解脫的軌道。以無明煩惱觀察一切法，會走上輪迴的軌道；以正知正念觀察一切法，則會走上解脫的軌道。通過這樣的觀察，可以使我們進入道諦。

《大念住經》講到法的對象，包括對五蓋的觀察，對五蘊的觀察，對十二處的觀察，對七覺支的觀察，對四聖諦的觀察，其中包括染法和淨法。比如對貪欲的觀察，要看到貪欲生滅、有無的過程，了解貪欲的生起之因，以及平息貪欲的方法。這個觀察要遵循四諦法門的思路，認識苦的症狀、苦的成因、苦的平息，才能找到滅苦之道。對嗔恚也是如此。我們要觀察貪欲和嗔恚產生的因，也就是集諦。了解這一點，讓貪欲和嗔恚失去支持，才能進一步加以對治。

另一方面，我們要了解貪欲和嗔恚斷除的因是什麼。除了禪修中的觀察，還要學習經教，如理思惟，在內心建立對治貪欲和嗔恚的力量，把功課做足。每個人的煩惱各不相同，有些還特別強盛，就需要特殊對治。比如五停心觀告訴我們，嗔恨的人要修慈悲觀，散亂的人要修數息觀，愚痴的人要修緣起觀，貪婪的人要修不淨觀，我執重的人要修界分別觀。

除了五蓋之外，對五蘊、十二處同樣可以這樣觀察。總之，對所修的每一法，不論染法還是淨法，我們都要在正見指導下，建立正知正念。正念，是把心安住於觀察對象；正知，是對觀察對象了了明知。這不僅是簡單的知道，還蘊含著智慧決擇。

前面說到四種正知，即利益正知、適宜正知、行處正知、不痴正知。其中，利益正知、適宜正知就包含判斷和選擇，你要知道什麼該做，什麼不該做，做什麼對解脫有利，做什麼對解脫無益，甚至會障礙解脫。在具足正見的前提下，對自己的身口意三業保持觀察，即行處正知。不痴正知則是以正見觀照諸法實相，了解觀察對象的無常、無我、無自性空。

是故為入四聖諦理，最初說修四念住觀。

「是故為入四聖諦理，最初說修四念住觀。」為了引導我們證悟苦集滅道四諦，佛陀首先講述了四念住的修行，也就是對身、受、心、法的正確觀察。其中蘊含著整個佛法的修行內涵，不僅是解脫道的關鍵，也是菩薩道的必要基礎。

甲三、四正斷

三十七道品的第二項是四正斷，也叫四正勤，屬於精進的範疇。

已說修念住，當說修正斷。頌曰：

已遍知障治，一切種差別，為遠離修集，勤修四正斷。

論曰：前修念住，已能遍知一切障治品類差別。今為遠離所治障法，及為修集能對治道，於四正斷精勤修習。如說已生惡不善法為令斷故，乃至廣說。

乙一、概述

四正斷，一是律儀斷，二是斷斷，三是修斷，四是防護斷。如果和四正勤相對應，第一是「已生惡不善法令斷」，已經生起的不善法要斷除，為律儀斷。第二是「未生惡不善法令不生」，尚未生起的不善法不讓它生起，為斷斷。第三是「未生善法令生」，尚未生起的善法讓它生起，為修斷。第四是「已生善法令增長」，已經生起的善法要讓它增長，為防護斷。

世人要成家立業，取得成功，同樣要發奮努力，甚至到了廢寢忘食的程度。但這種努力是有漏的，其結果是導向輪迴，所以不能稱為正勤。「正勤」的「正」有其特定內涵，簡單地說，是為走向解脫所作的努力；展開來說，是為止惡行善、轉迷為悟、轉染成淨所作的努力。

首先是**止惡行善**。學佛要知道什麼是善，什麼是惡，還要知道如何修善，如何止惡。這是最基本且貫穿始終的修行。善有不同的層次和內涵，解脫道修行是善，菩薩道修行是更高的善，成佛則是圓滿的善。其次是**轉迷為悟**，就是要解除迷惑，開啟智慧，通達空性。這也是我們在修行過程中需要努力的方向。第三是**轉染成淨**，染是有漏，淨是無漏。在我們的阿賴耶識中，有有漏種子，也有無漏種子。唯識修行講究轉依，包括轉捨和轉得。轉捨，是捨去有漏的種子和妄識，從修行一直到金剛道後。轉得，是成就無漏的種子，開發無漏的智慧。

止惡行善、轉迷為悟、轉染成淨不僅貫穿解脫道修行，也貫穿成佛的修行，是修行追求的目標。只有立足於這三個目標付出的努力，才能稱為正勤，即正當的奮鬥、正當的精進。反之，是不能稱為正勤的。

精進貫穿各個法門的修行。除了四正斷，六度的第四度是精進度，五根有精進根，五力有精進力，七覺支有精進覺支，八正道有正精進。也就是說，在修行的各個階段，從開始到加行位、見道位、修道位，都貫穿著精進。佛陀在《阿含經》曾說：我就是因為精進，才能快速成佛。尤其對現代人來說，往往散漫放逸，缺乏精進，所以修行難有成就，這就特別需要認識精進的意義。

「已說修念住，當說修正斷。」前面已經講了四念住的修行，接著要修四種正斷。

「頌曰：已遍知障治，一切種差別。為遠離修集，勤修四正斷。」這個偈頌可分為兩部分。前兩句是說，我們學習四念住，了解到修行的障礙是什麼，以及如何對治這些障礙。後兩句說明，我們明白這個道理後，就要遠離造成障礙的因，修習能對治的智慧，這就需要勤修四正斷。

「論曰：前修念住，已能遍知一切障治品類差別。」接著以長行解釋偈頌內容。通過前面所說的四念住法門，我們已經了解一切障礙和對治法的差別。障治，包含所治和能治。所治是我們要解決的問題，能治是能對治的智慧，二者都是立足於身、受、心、法。所對治的障礙從何而生？是基於我們對身、受、心、法不能正確認識，就會引發種種煩惱，然後造業、輪迴。那麼，解決這些障礙從哪裡下手？還是從身、受、心、法。就像你要炸掉一棟大樓，要找到關鍵的爆破點，再放上炸彈。四念住就是佛陀為我們找到的，足以摧毀輪迴大廈的爆破點。所以能治的觀智，還是立足於對身、受、心、法的觀照，由此通達空性。

了解這個道理，我們才知道修行到底要解決什麼問題，怎麼解決。現在很多人學佛，乃至出家修行，每天都在念經、拜佛，做不同的功課，卻不清楚，做這些到底是要解決什麼問題？怎麼做才能真正有效？很多時候，我們只是在遵循傳統而已。事實上，傳統不見得都是優良傳統，如果只是隨眾做些什麼，未必能真正對修行起到實質性的引導。

「今為遠離所治障法，及為修集能對治道。」通過學習四念住法門，我們明確了應該怎麼修行。之後要做的，一方面是遠離所治障法，就是對身、受、心、法產生的我執我見，以及由我執我見引發的貪嗔痴。一方面是修習能對治道，也就是三十七道品。四念住對身、受、心、法的觀察，貫穿了四正勤、四神足、五根、五力、七覺支、八正道。

「於四正斷精勤修習。」我們明白這個道理後，接下來要精進地修習四正斷。

乙二、律儀斷

「如說已生惡不善法為令斷故。」首先是已生惡不善法令斷，又稱律儀斷，即通過修習律儀來斷諸惡法。無始以來，凡夫因為貪嗔痴造作殺盜淫妄，及身語意一切不善行，已成為生命中的串習，隨時都會被引發。我們現在要改變這種串習，必須精進努力。

怎麼才能發起精進？剛開始精進時，要認識到這些努力對生命的重要性。就像世間人想升官發財，認為這些事對自己無比重要，就會想盡辦法去做，為此吃苦耐勞，甚至廢寢忘食，可見認知非常關鍵。在這個前提下，還需要有堅強的意志力。當然有些人通過禪修，心越來越有力量，正念也越來越有力量，這時再去阻止不良串習，就會比較容易。但心力不是很強大時，就必須靠警覺提醒，靠意志約束，強行讓自己擺脫串習，安住於正念和正行，這就特別需要有精進的支持，才能讓心行安住於戒律，擺脫由貪嗔痴引發的不良串習。所謂律儀斷，就是通過持戒達到斷惡的效果。

「乃至廣說。」指四正斷的其他三點：未生惡法令不生、未生善法令生、已生善法令增長，又稱斷斷、修斷、防護斷。

乙三、斷斷

未生惡法令不生，又稱斷斷。既然惡法尚未生起，怎麼來斷？沒有生，有沒有斷？按正常邏輯說，沒有生是不需要斷的。問題在於，貪嗔痴的潛在串習很強大，今天不生，不等於明天不生、後天不生。因緣際會時，串習就會出動，貪嗔痴不善行就會生起，所以我們要未雨綢繆。當不良串習尚未生起，正是修行的時候。如果它已經生起，我們已陷入強大的貪、嗔、嫉妒、我慢等不善心時，再要讓自己安住於正念，其實是很難的。所以在惡法尚未生起時，就要保持正知正念，培養善法的串習。當我們有了強大的正知正念和良好串習後，未生惡法就不再生起了。所以這種斷叫作斷斷，就是為斷而斷，為了讓它將來不再生起，現在需要付出努力。

乙四、修斷

未生善法令生，又稱修斷。菩薩戒中，有攝善法戒和饒益有情戒，前者側重自利的善法，後者側重利他的善法。包括到現在講到的四念住、四正勤、四神足、五根、五力、七覺支、八正道，都屬於善法。當這些善法尚未生起時，我們要通過三十七道品的修行，讓正知正念能夠現前，所以叫未生善法令生。

這不是容易的事。不論四念住、四神足，還是五根、五力所說的信、進、念、定、慧的每一個項目，我們想讓自己安住正念，得定發慧，走向覺醒，首先要了解每個心行的功德利益。比如深信三寶對生命有多大利益，修習正念有多大利益，成就正定有多大利益。只有不斷思惟，我們才能對善法生起信心和好樂。進一步，在此前提下精進努力，讓未生善法得以生起。比如通過四念住的禪修，讓心穩定安住在身念住上，然後深入觀察這個所緣，了解五蘊身的無常、無我、無自性空，由此開啟觀智。這個過程中必須努力修習，才能生起相應心行，所以叫修斷。

乙五、防護斷

已生善法令增長，又稱防護斷。對於三十七道品的各個項目，如果這些善法已經生起，就要時時防護，讓心安住其上。如何讓正向心行得以成長？必須不斷重複。貪嗔痴是在重複中強化的，信進念定慧同樣要在重複中增長。在熟悉和重複的過程中，正向心行會越來越穩定，越來越安住，越來越強大，最終成為生命的主導力量，引導我們邁向解脫。反過來，如果它的力量很弱，讓我執、我見、貪嗔痴在內心當家作主，生命就會導向輪迴。

總之，四正斷是通過對這四個項目的精進努力，一方面斷除解脫道的種種障礙，一方面幫助我們建立觀智。為什麼稱之為斷？在佛陀成就的三種功德中，涅槃為斷德，就是斷一切迷惑、煩惱、貪嗔痴。精進的最終目標就是證悟涅槃，成就斷德。

甲四、四神足

三十七道品的第三項是四神足，又稱四如意足，探討禪定的修行，分別是欲神足、勤神足、心神足、觀神足。

乙一、概述

已說修正斷，當說修神足。頌曰：

依住堪能性，為一切事成。滅除五過失，勤修八斷行。

論曰：依前所修離集精進，心便安住，有所堪能，為勝事成修四神足，是諸所欲勝事因故。住謂心住，此即等持，故次正斷說四神足。此堪能性，謂能滅除五種過失，修八斷行。

「已說修正斷，當說修神足。」四神足屬於禪定的修行。在解脫道修行中，定是不可或缺的項目，也是三十七道品的重點。為什麼把禪定稱為神足？足為支撐義，禪定是一切神通，乃至三乘所有功德的基礎，所以叫神足。本論在介紹四正斷，即精進之後，接著為大家講述四神足的修行。

「頌曰：依住堪能性，為一切事成。滅除五過失，勤修八斷行。」禪定可以成辦一切勝事，即三乘所有功德。怎麼成就禪定？這就必須滅除五種過失，修習八種斷行。

「論曰：依前所修離集精進。」這是對偈頌的解釋。前面講到四正斷，為我們指出了兩個努力方向，一是修「離」，遠離解脫的障礙，屬於所治；一是修「集」，修習對治障礙的智慧，屬於能治。這些修行可以讓心具足力量，克服障礙。凡夫通常是屬於被控的狀態，被外在的名利聲色所控，被內在的不善心理所控，面對貪心、嗔心、嫉妒、我慢等種種煩惱，我們往往是身不由己的。如果我們做不了自己的主人，靠什麼對治障礙？

「心便安住，有所堪能。」修習禪定就是讓心安住，變得有力量。當我們有能力做自己的主人時，才能進一步平息迷惑煩惱，戰勝種種障礙。

「為勝事成修四神足，是諸所欲勝事因故。」勝事，是三乘成就的神通、智慧及種種功德。禪定是勝事生起之因，為了成就三乘功德，需要修習四神足。戒定慧三無漏學中，也是「由定發慧」。這是說明修習禪定的重要性。

禪定，即心一境性。平常人的心是游離的，念頭一會兒飄到這裡，一會飄到那裡，此起彼伏。禪修是讓心安住所緣，不偏離，不散亂，不動搖。在安住過程中，心就能逐步安靜，念頭就能隨之平息。

關於禪定訓練，《阿毗達摩》講到九住心，把心從安住到得定的過程分為九個步驟，從內住、等住、安住、近住，到調順、寂靜、最極寂靜、專注一趣，最後達至等持。前四個階段是讓心通過訓練，可以持續、穩定地安住。剛開始修行時，心會到處亂跑，這就需要找到一個目標，如觀身、觀受，讓心繫念於此，為**內住**。但心沒那麼聽話，停一下又會跑，所以要把它帶回目標，繼續安住，為**等住**。通過反覆訓練，心就可以長時間地停留在目標上，為**安住**。久而久之，即使沒有特別作意，心也不會跑遠，為**近住**。這四個步驟，反映了心從四處飄浮到逐步穩定的過程。

第五步到第七步是**調順**、**寂靜**、**最極寂靜**。雖然心已能老老實實地安住於所緣，但面對干擾和誘惑時，潛在的煩惱還是會隨之生起，把心攪亂。所以這三個步驟重點在於抵制誘惑、調伏煩惱，讓心保持安定，不為干擾所動。第八步是**專注一趣**，即繼續用功，可以長時間地專注所緣，進入甚深的寂靜。第九步是**等持**，從有功用到無功用，無須刻意用功，心就能進入定中。這是關於禪修的九個步驟，不少論典都講到。

「住謂心住，此即等持，故次正斷說四神足。」通過禪修訓練心的安住，遠離昏沉掉舉，最後達至等持，就能讓心具足定力。在此基礎上，我們才有能力作智慧觀照，從而戰勝煩惱和障礙。正因為禪修可以訓練心的堪能性，所以在精進之後要說四神足。

「此堪能性，謂能滅除五種過失，修八斷行。」我們想要成就禪定，使心具有堪能性，就要滅除五種過失。如何才能滅除過失？必須修習八種斷行。

四神足也叫四如意足，神足也好，如意也好，不僅僅是代表神通，而是通過修習禪定，成就出世解脫的一切功德。只有當心自在了，認識沒有困惑，內心沒有煩惱，我們才能真正如意。

乙二、五種過失

何者名為五種過失？頌曰：

懈怠忘聖言，及昏沉掉舉，不作行作行，是五失應知。

論曰：應知此中昏沉、掉舉合為一失。若為除滅昏沉、掉舉不作加行，或已滅除昏沉、掉舉復作加行，俱為過失。

「何者名為五種過失？」在禪修過程中，有五種過失會成為修行的障礙。如果不能克服這些過失，就無法令心安住，成就禪定。如何斷除五種過失？必須修習八斷行。下面這個偈頌告訴我們，什麼是五種過失。

「頌曰：懈怠忘聖言，及昏沉掉舉，不作行作行，是五失應知。」首先說明五種過失的名稱。第一是懈怠，第二是忘聖言，第三是昏沉和掉舉，第四是不作行，第五是作行。這是我們應該了解的，關於禪修的五種過失。

第一是**懈怠**的過失。懈怠就是鬆懈、懶惰，這是凡夫常見的串習，不論在禪修還是其他修行中都很普遍。當然，如果你已成就禪定，把心鬆下來是恰到好處的。除此以外，鬆懈往往意味著你已落入串習，順著貪嗔痴的慣性放縱自己。比如有人喜歡吃，有人喜歡玩，有人喜歡睡，在滿足串習的過程中，會給我們帶來暫時的愉悅，覺得在這些慣性中很舒服。這樣的心就會失去警覺，不思進取，不願訓練正知正念，不想追求更高的目標。

第二是**忘聖言**的過失。修習正知正念，首先要了解四念住教法，依此確立正見，才懂得如何建立所緣，如何讓心安住，如何保持對身心的觀察。忘聖言就意味著我們忘記了這些教導，忘記了經教提供的正見及安心方法。在《阿毗達摩》及唯識論典中，有種心理與此相似，即失念，是和念相對的。念是對所緣境明記為性，失念則意味著對所緣境不能明記，就會失去正知正念，使心散亂、混沌、不知不覺。

第三是**昏沉和掉舉**，這是禪修過程中最常出現的障礙，本論將此合為一種過失。在昏沉時，我們的心是昏暗、模糊，甚至是不知不覺的。心的特點是了知，但在昏沉狀態中，就會失去心的基本功能，無法了知對象，更談不上覺知，從而障礙修觀，也就是毗缽舍那的生起。因為觀是以覺知為前提，如果連基本的了知能力都沒有，就不可能產生覺知，更不可能引發觀智。

掉舉和昏沉相反，掉是搖擺，舉是飄浮不定。簡單地說，就是心過於興奮。在禪修過程中，即使身體安住了，心也會浮想聯翩。生活中經歷的很多事，高興的、不高興的，尤其是你特別關心和在意的，此刻都會湧上心頭。禪修要讓心停在一個所緣，但心落入掉舉時，就會出現無數的所緣和關注點。想到某件事，心就跑到那件事情上；想到另一件事，心又跑到另一件事情上；再想到其他事，心還會繼續跑來跑去。總之，就在各種所緣中游離飄浮，東想西想。這些所緣境的吸引力，又取決於你對它的黏著程度。黏著程度越高，吸引力就越強，對心的干擾就越大。

所以昏沉和掉舉都會障礙止的修行。昏沉是讓心昏暗遲鈍，看不清所緣；掉舉是讓心過於動盪，無法安住於所緣。

第四是**不作行**的過失。當我們落入昏沉和掉舉，卻不作意、不用心、不精進，不願積極對治，不願修習正知正念，就會繼續沉淪在這個狀態中。所以面對昏沉和掉舉時，我們要及時調整，把心帶回當下，安住在禪修的所緣。如果不努力對治，就會障礙正知正念的建立，禪定更是免談。

第五是**作行**的過失。當我們通過修習正知正念，心已穩定安住，不昏沉也不掉舉，就不必再作意了，安住在當下所緣，繼續保持即可。如果此時還去作意，同樣會成為修定的障礙。

「論曰：應知此中昏沉、掉舉合為一失。」在五種過失中，將昏沉和掉舉合為一種，這是禪修過程中最常見的問題，也是需要克服的重點。

「若為除滅昏沉、掉舉不作加行，或已滅除昏沉、掉舉復作加行，俱為過失。」如果面對昏沉、掉舉不作加行，是修定的過失。如果已經滅除昏沉、掉舉，心已進入等持，還在繼續作意，同樣屬於修定的過失。這兩種都是針對沉掉所說的，目的就是讓心不沉不掉、不鬆不緊。

以上，是修習禪定的五種過失。

乙三、八種斷行

前面講到，有五種過失會影響禪定的成就。如何才能斷除這些過失？本論通過兩個偈頌，為我們介紹了八種斷行。

為除此五，修八斷行。云何安立彼行相耶？頌曰：

為斷除懈怠，修欲勤信安，即所依能依，及所因能果。

為除餘四失，修念智思捨，記言覺沉掉，伏行滅等流。

論曰：為滅懈怠修四斷行，一欲、二正勤、三信、四輕安。如次應知，即所依等。所依謂欲，勤所依故。能依謂勤，依欲起故。所因謂信，是所依欲生起近因，若信受彼便希望故。能果謂安，是能依勤近所生果，勤精進者得勝定故。

為欲對治後四過失，如數修餘四種斷行，一念、二正知、三思、四捨。如次應知，即記言等。記言謂念，能不忘境，記聖言故。覺沉掉者，謂即正知，由念記言，便能隨覺昏沉、掉舉二過失故。伏行謂思，由能隨覺沉掉失已，為欲伏除發起加行。滅等流者，謂彼沉掉既斷滅已，心便住捨平等而流。

「為除此五，修八斷行。云何安立彼行相耶？」為了對治禪修的五種過失，必須修八種斷行。那麼，八斷行和五過失是怎麼匹配的？以哪些斷行來對治哪些過失？需要把關係搞清楚。

「頌曰：為斷除懈怠，修欲勤信安，即所依能依，及所因能果。為除餘四失，修念智思捨，記言覺沉掉，伏行滅等流。」這兩個偈頌總的告訴我們：為了斷除懈怠，需要修欲、勤、信、安四種斷行。其他四種過失，分別由念、智、思、捨四種斷行來對治。此處只是概括說明，接著以長行具體解釋。

「論曰：為滅懈怠修四斷行，一欲、二正勤、三信、四輕安。」本論告訴我們：要滅除懈怠，應該修八斷行的前四種，分別是欲、正勤、信和輕安。

我們知道，四神足分別是欲神足、勤神足、心神足、觀神足，以欲、勤、心、觀四種增上力得三摩地。一是**欲三摩地**。前面說過，修行必須以希求心為前提，生起修行的欲望。說到欲望，不少宗教都持否定態度，提倡禁欲。但在《百法》中，欲望並不屬於煩惱心所，也不屬於善心所，而是別境心所。因為欲望通三性，比如我們平常吃飯喝水，屬於無記的欲望；為滿足貪嗔痴產生犯罪行為，是不善的欲望；追求解脫，發心利他，則是善法欲。在禪定修行中，也把欲列為重要內容。世人為了追求地位、財富、感情、吃喝玩樂，甘願吃苦耐勞，廢寢忘食。對於修行，我們同樣要有強烈的希求，只有覺得「我必須這麼做」、「這是生命的唯一出路」，才會有持續的動力。

希求的前提是信，是「於實德能，深忍樂欲，心淨為性」。簡單地說，就是對三寶具足信心。當我們了知輪迴的本質是苦，希望徹底平息痛苦，就要對解脫的目標、覺醒的人格，對四諦、三十七道品等法門心生嚮往。這不是簡單的「我相信」，而是要「深忍樂欲」，高度認可，才會對修行生起迫切的希求。不僅把三寶作為信仰對象，還將此作為追求目標，確認解脫是生命的唯一出路，對人生最有價值。除此之外，對世間一切都不再有太大的興趣。

這種希求是修行的動力所在。除了追求禪定，發菩提心也是一種善法欲，是以「我要成就無上菩提，幫助一切眾生走向覺醒」作為人生目標。大乘佛教的每一位菩薩，都曾在因地發起宏願，希望成就佛果，利益眾生。可以說，菩薩道修行就是建立在利他、覺他的崇高願望之上。這種願望也是來自信心。

現代人為什麼對修行的希求不真切？就是因為信得不真切。我們雖然在學佛，但對自己所信的佛菩薩、經教和修行法門，認識得非常膚淺。因為認識不到位，所謂的信必然是泛泛的。說到信，有勝解行地的信，這是屬於解信，建立在定解的基礎上。到初果的四證淨，則是證悟三寶本質後建立的、堅定不移的信仰。在此基礎上產生的修行希求，才會真正具足力量。

二是**勤三摩地**，也就是精進，同樣是以信為基礎。禪修必須精進不懈，否則就無法走出串習。因為貪嗔痴是無始以來的積累，早已形成慣性。我們想在內心建立正念，使之成為生命主導，必須排除萬難，以勇猛精進之心，從凡夫心殺出一條血路，否則是做不到的。在正勤的階段，需要圍繞正知正念，反覆訓練，增長定力。

三是**心三摩地**，即止的修行。通過正知正念的禪修，讓散亂、昏沉、掉舉的心止於一處，成就禪定。

四是**觀三摩地**。佛教禪修和其他宗教最大的不同在於，並不以成就禪定為目的，而是通過止的修行，幫助我們開發觀智。我們可以用苦、無常、無我的正見，來觀照身受心法。通過這些訓練成就定力，進而引發觀智，進入七覺支的修行。

欲、勤、心、觀是禪修的四個組成部分。在滅除懈怠的四種斷行中，包含了前兩種，第一是**欲**，第二是**勤**。

第三是**信**，就是對三寶、四諦、三十七道品的信心。前面已經說過，信是欲和勤生起的基礎。

第四是**輕安**，是擺脫懈怠的重要動力。為什麼這麼說？如果我們不能從禪修中受益，總是靠意志力在支撐，其實是很辛苦的，難以持久，所以需要輕安的滋養。當我們在禪修中受益，能夠擺脫身心的粗重之苦，法喜充滿，再來禪修時就會樂此不疲。這種精進是自發而主動的。如果沒有輕安，可能想到打坐就覺得很辛苦，坐下去腰痠腿疼，妄念紛飛，根本不知道這麼坐著有啥意義，是很難堅持下去的。所以輕安是克服懈怠不可或缺的條件。

「如次應知，即所依等。」前面說到，斷除懈怠需要修習欲、勤、信、輕安四種斷行。四者蘊含能依和所依的關係，究竟是怎麼安排的呢？

「所依謂欲，勤所依故。能依謂勤，依欲起故。」在欲和正勤（精進）二法中，欲是所依，正勤是能依。也就是說，精進是依欲產生的。我們先要生起希求，有修習止觀和出世解脫的強烈願望，才能發起精進。我們能付出多大的努力，投入多大的精力，就取決於自己信得有多深，對修行有多重視。

「所因謂信，是所依欲生起近因，若信受彼便希望故。」希求和精進又有一個共同的因，就是對三寶和覺醒人格，對四諦法門、三十七道品等解脫方法的信心。具足信心之後，我們才能進一步建立希求。

如果沒有信，就不可能產生希求，也不可能精進努力地追求。

「能果謂安，是能依勤近所生果，勤精進者得勝定故。」能果就是輕安，是修行帶來的結果。如果我們以正確方法精進禪修，就能獲得輕安，成就正定。

如果把四種斷行的順序調一下，一是信，二是欲，三是正勤，四是輕安，從修行次第來說會更容易理解。

以上告訴我們，八斷行中的信、欲、正勤、輕安四法，可以對治懈怠。如果我們對禪修產生懈怠，就需要去檢討，看看這四種斷行中，到底什麼做得不足——是信心不真切，對禪定的希求不強烈，還是不夠精進或方法有誤，無法獲得輕安？比如有些人覺得：我的生活需要禪修嗎？這麼做對自己真的重要嗎？如果有這些念頭，即使開始修行，也往往會流於表面，無法深入。還有些人雖然很努力，但方法不對，得不到禪悅的滋潤，使禪修變得很辛苦、很枯燥，也是難以為繼的。當我們從這四個方面檢討之後，就可以有的放矢地加以調整，以正確的心態和方法投入訓練，對治懈怠。

除了懈怠，還有四種過失是如何對治的呢？

「為欲對治後四過失，如數修餘四種斷行，一念、二正知、三思、四捨。」為了對治忘聖言、昏沉掉舉、不作行、作行這四種過失，需要修習後面四種斷行。一是正念，二是正知，三是思，四是捨。從八斷行整個的順序來說，就是從第五到第八。

「如次應知，即記言等。」這四種斷行的內容，對應頌文中的「記言覺沉掉，伏行滅等流」。

「記言謂念，能不忘境，記聖言故。」念，在《百法》中屬於別境心所，其定義是「令心明記，不忘為性，定依為業」。可見，明記是定生起的所依。我們學習經教和四念住法門之後，知道心應該如何安住，然後帶著這樣的見地和方法來觀察身、受、心、法，就能建立正知正念。

對治忘聖言或失念，必須不斷修習正念。這種修習要做的是兩件事，一是選擇、安住，二是熟悉並重複。就像我們找到一條路，可以引領自己走向覺醒，接著要做的就是不斷熟悉和重複，就會越走越自在，越走越有信心。禪修也是同樣，當心安住於所緣境，通過正確重複，從不熟悉到熟悉，就能在心相續中形成與之相應的串習，正知正念的力量會越來越強，忘聖言的時候就會越來越少。

「覺沉掉者，謂即正知。」正知的作用在於覺察沉掉。在禪修過程中，正知承擔著糾錯作用，就像一個無形的員警，讓自己隨時處在監控下，看看心有沒有落入昏沉、掉舉的狀態。

「由念記言，便能隨覺昏沉、掉舉二過失故。」安住於正知正念，心才是清明的，隨時可以覺察昏沉和掉舉的過失。一旦落入其中，立刻就能清楚地看到，並使心得到校正，再次安住於正念。如果心是散亂、混沌的，就會對心行狀態不知不覺，什麼都看不清。

「伏行謂思，由能隨覺沉掉失已，為欲伏除發起加行。」思心所是對治不作行的過失。雖然我們已經覺察到昏沉和掉舉，但不等於有力量可以平息它。在這種情況下，還要繼續訓練正知正念。思有造作義，提醒自己保持正知正念。如果不努力，不造作，不反覆訓練，就無法對治昏沉和掉舉。所以我們要通過禪修，熟悉並強化正知正念，讓它的力量日益壯大。

「滅等流者，謂彼沉掉既斷滅已，心便住捨平等而流。」捨心所是對治作行的過失。我們通過修習正知正念，徹底平息昏沉和掉舉之後，心已進入三摩地，安住在等持的狀態。在這種情況下，就不要繼續造作，而要進入捨心。在禪修心所中，捨是指心進入平等、正直、無功用的狀態，此時只要安住在禪定的等流即可，不必再有任何造作。所以捨是對治入定後的作行。

八斷行是關於禪修的八種要素，可以對治五種過失。在禪修過程中，我們要對相關內容有正確認識，不斷檢討自己是否具備這些要素。尤其是出現五種過失時，要以八種斷行逐一對治，使自己回到正確的禪修軌道，最終成就禪定。

甲五、五根

三十七道品的第四項，是五根的修行，包括信、進、念、定、慧五部分，即信根、精進根、念根、定根、慧根。

已說修神足，當說修五根。所修五根云何安立？頌曰：

已種順解脫，復修五增上，謂欲行不忘，不散亂思擇。

論曰：由四神足心有堪能，順解脫分善根滿已，復應修習五種增上，一欲增上、二加行增上、三不忘境增上、四不散亂增上、五思擇增上。此五如次第，即信等五根。

乙一、概述

三十七道品的修行是立足於四念住，成就生命的覺醒、解脫、涅槃。根有增上義，就是對覺醒、解脫、涅槃具有增上作用。所以說，五根是佛陀為我們指出的解脫路上的五個步驟，每一部分都要通過修行去建立。其中最關鍵的是念根，即正念。它所成就的目標，是定根和慧根。而信根和精進根屬於修行基礎，沒有信和精進，就不能成就念根，更談不上定根和慧根。

「已說修神足，當說修五根。所修五根云何安立？」前面已經說了四神足，接著闡述五根的修行。五根是怎麼安立的呢？

「頌曰：已種順解脫，復修五增上，謂欲行不忘，不散亂思擇。」這個偈頌主要說明，在什麼基礎上提出五根的修行。同時指出了五根的內容，即欲增上、加行增上、不忘境增上、不散亂增上、思擇增上，分別對應信、進、念、定、慧五根。

「論曰：由四神足心有堪能，順解脫分善根滿已。」我們立足於四念住修習止觀，通過四神足的修行，使心有能力自主，有能力戰勝種種煩惱，圓滿順解脫分。

「復應修習五種增上。」接著進入加行位，修五種增上。這對見道和邁向解脫具有增上作用，所以叫五根。前面講到，佛陀為我們指出了一條解脫之路，五根是其中的五個重要環節。

整個資糧位包括四念住、四正勤、四神足，這些修行都稱為順解脫分，是幫助我們培植解脫之因，為解脫打下良好基礎。當然，四念住也可以含攝三十七道品的內容，貫穿整個解脫道，乃至菩薩道的修行。這裡只是作為基礎，然後通過四正勤、四神足、五根、五力、七覺支、八正道，使四念住的修行達到圓滿。以下，分別介紹五根的修行。

乙二、信根

「一欲增上。」欲增上，是對應信根。我們要對覺醒的目標，對三寶和四諦法門深深認可，生起強烈希求。這也是前面反覆強調的。

信根立足於四預流支的基礎。四預流支，又稱四法行，分別是親近善知識、聽聞正法、如理作意、法隨法行。只有找到具格師長，我們才能聽聞正法，以此糾正誤解，重建三觀。我們通過學法，對佛陀的人格、修行的法門及賢聖僧的品質產生高度認同。其中，法主要指四諦法門，幫助我們認識輪迴之苦，找到苦的根源，了解離苦的狀態和解脫途徑。

這些學習讓我們對三寶、四諦充滿信心，重新確立生命的價值、目標和方向。所以信根是建立在正見的基礎上。如果沒有正見，沒有接受智慧文化的傳承，沒有對三寶具足淨信，所修的正知正念可能只是一門技術，無法導向解脫。

乙三、精進根

「二加行增上。」加行增上，是對應精進根。我們已經找到人生的目標，確立修行的方向，就要精進努力。

精進建立在深信三寶的前提下。前面說過，信的定義是「於實德能，深忍樂欲」。我們認識到三寶的內涵，相信佛陀的功德、佛法的真理、解脫的人格，對這些目標生起強烈的希求之心，發願為此不斷努力。所以精進和信密切相關，你信到什麼程度，才會精進到什麼程度。如果只是泛泛的、寧信其有式的信，精進就會缺乏動力。

精進不僅要目標清晰，還要方法正確。如果方法不正確，即使花了很多功夫，往往還是用不上力，得不到受用。佛法博大精深，有八萬四千法門，有些人每天都在誦經、拜佛、打坐，但只是跟著大家那麼做，就像機械重複一樣，以為這就是修行，卻不清楚做這些到底有什麼意義？對自己的心行有什麼改變？這種修行是很難進步的，不但修得疲憊不堪，勞而無功，還會南轅北轍，甚至走火入魔。所以精進的有效性非常重要，否則就是盲修瞎練。

通過有效的精進，就能「未生惡令不生，已生惡令斷，未生善法令生，已生善法令增長」，使善心善行逐步生起，與解脫相應的心行不斷增長。同時去除凡夫心形成的種種障礙，包括前面所說的懈怠、忘聖言、昏沉掉舉、不作行和作行五種過失。

乙四、念根

「三不忘境增上。」不忘境增上，是對應念根，不忘失修行所緣。這是五根最核心的項目。念根的產生同樣離不開信根，必須接受智慧文化的傳承，對三寶、四諦、三十七道品的修行生起信心。只有具足信根，才能在此基礎上確立正念，找到離覺醒最近的地方，知道在哪裡用功。正知正念就是修行的著力點，可以直通解脫。

在無盡輪迴中，我們因為無明，看不清自己，看不清世界，對此充滿誤解。又因為貪嗔痴，形成了無量無邊的念頭。有人說路是走出來的，但對生命之路來說，並不是在腳下，而是在我們心中。事實上，每個念頭都可能主導生命方向。我們有多少心念，就會有多少條道路。但從凡夫現前的生命狀態來看，這些感覺多半是錯亂的，是和煩惱相應的，結果就是造作種種不善業，使我們輪迴六道。

修習念根，必須在混亂的心相續中確立正念，以此為引導，開闢一條通往覺醒和解脫的道路。所以正念對斷除凡夫心具有革命性的意義。

乙五、定根

「四不散亂增上。」不散亂增上，是對應定根。我們通過修習正念找到心的安住點，進一步，就要讓心專注目標，時間越來越長，狀態越來越穩，從而培養心的自主性、穩定性和清明性。

首先是自主性，從不能自主到可以自由選擇，想安住在哪裡就能安住在哪裡，想安住多長時間就能安住多長時間。如果不經過反覆訓練，是做不到的。其次是穩定性，持續安住在所緣目標上，不受妄念的干擾，也不被外境所誘惑。第三是清明性，就像水通過沉澱之後，清澈見底，一覽無餘。心也是同樣，隨著定力的增強，妄念、情緒和煩惱逐漸平息，我們就能感受到一份明晰的力量，進而達到心一境性的狀態。這是開啟觀智的重要前提。

乙六、慧根

「五思擇增上。」思擇增上，是對應慧根。

我們通過修習四諦法門，依苦、空、無常、無我的正見，探討身、受、心、法的有無、生滅，以及它們產生的原因、離苦的狀態和修行的原理。在深入觀察的過程中，就能平息內心的躁動和散亂，使觀照力日益強大，最終成就觀智。如果說定根可以暫時平息煩惱，那麼慧根才能徹底斷除煩惱，擺脫身見和我見。

五根中，念根是定根產生的基礎，定根又是開發智慧的基礎。所以，我們是在正念、正定的前提下建立智慧觀照。

「此五如次第，即信等五根。」以上所說的欲增上、加行增上、不忘境增上、不散亂增上、思擇增上，分別對應信、進、念、定、慧五根。這是屬於觀照般若的層面，由此可以導向七覺支，證悟實相般若。

五根是佛陀為我們指出的解脫之道的五個流程，本身有一定完整性。在慧根之後，還可以和七覺支、八正道連貫起來。從五根的修行次第來說，前一根會成為後一根生起的增上緣。由信根增上產生精進根，精進根增上產生念根，念根增上產生定根，定根增上引發慧根。

甲六、五力

三十七道品的第五項，是五力的修行。和五根同樣，五力也包括信、進、念、定、慧五部分。

乙一、五根和五力

已說修五根，當說修五力。何者五力？次第云何？頌曰：

即損障名力，因果立次第。

論曰：即前所說信等五根有勝勢用，復說為力，謂能伏滅不信障等，亦不為彼所陵雜故。

「已說修五根，當說修五力。何者五力？次第云何？」前面說了五根的修行，接著介紹五力。什麼是五力？其修行次第如何？我們通過兩者的名稱會發現，五力和五根的指向是同樣的。五根是信根、精進根、念根、定根、慧根，五力則是信力、精進力、念力、定力、慧力。當五根的力量增強之後，就成為五力，所以五根的次第，也是五力的次第。

「頌曰：即損障名力，因果立次第。」這個偈頌告訴我們兩點，一是為什麼五根增強後稱為五力？因為它可以破除修行中的障礙。簡單地說，就是相對五根產生的五種障礙。比如信的障礙是不信，精進的障礙是懈怠，正念的障礙是失念，禪定的障礙是散亂，智慧的障礙是無明愚痴。二是五力的安立次第和原理。我們接著看長行的解釋。

「論曰：即前所說信等五根有勝勢用，復說為力。」前面說到，通過不斷修習信、進、念、定、慧五根，使之具有強大的力量，就會成為五力。

這個力量有什麼標準？我們修習五根時，往往感覺不到它很有力量。比如要建立信根，我們的信是否堅定不移？是否會被其他信仰所影響？或是被世間的種種煩惱、業障所干擾？事實上，我們的信往往是不穩定的，很容易受到影響，將信將疑；或是受到干擾，心力羸弱。

其次，我們時常會有精進的願望，偶爾也能精進一下，但沒辦法做到天天精進。因為懈怠是代表無始以來的串習，而精進只是靠剛剛產生的正見和意志力在支撐，前者的力量遠比後者強大。結果就是，今天精進了，明天又回到懈怠的軌道；再提醒一次，就再精進一段時間，很快又打回原形。在我們的心靈世界，精進是新來的客人，懈怠才是一直以來的主人，所以精進常常被懈怠所戰勝。我們要讓精進當家作主，以壓倒性的力量戰勝懈怠，必須通過長期修行，從培養精進的串習開始，到讓精進成為習慣，可以輕鬆自在地精進，需要付出很大的努力。

正知正念的建立也是同樣。我們內心時刻都有各種念頭在此起彼伏，其中大部分都是無明、妄想、貪嗔痴，自己卻往往不知不覺。現在通過四念住培養正念，開始時，肯定還是以妄念的串習為主導，必須反覆糾正並提醒，才能讓正念得以增長，有力量戰勝妄念和失念。如果不努力，就無法扭轉心靈世界的局勢。

從修定來說，心的不自主、不穩定、不清明，早已是我們的常態。只有不斷修習正知正念，才能讓心持續、穩定地安住所緣，獲得定力，最終時時都能安住在定的狀態。

慧力是建立並成就觀智。我們以往都是活在各種錯誤認識和不良情緒中，以我執我見作為認知世界的模式。這種模式的運作結果，就是製造煩惱，製造生死，製造輪迴。我們學佛之後，通過親近善知識、聽聞正法、如理作意、法隨法行四預流支，擺脫原有的認知模式，確立佛法正見，從而改變觀念。這是修行的重要環節，但僅僅建立聞思正見還不夠，必須進一步把這種正見變成觀智，以此看待一切，才能成為生命的主導力量。

「謂能伏滅不信障等。」信進念定慧五個項目，從建立、成長、穩定，直到具足強大力量，才能斷除不信、懈怠、失念等障礙。這個過程離不開精進。所以精進不是單獨的項目，而是貫穿整個修行的輔助力量。也就是說，每個項目都需要精進，才能從五根成為五力。

「亦不為彼所陵雜故。」陵雜，凌亂蕪雜，指干擾。我們要不斷修行，才能讓五根的力量日益強大，讓信進念定慧成為內心主導，不再被不信、懈怠、失念、散亂、愚痴所干擾，更不被它們左右。這是告訴我們五力和五根的不同。

乙二、五力的因果次第

此五次第依因果立，以依前因引後果故。謂若決定信有因果，為得此果發勤精進。勤精進已，便住正念。住正念已，心則得定。心得定已，能如實知。既如實知，無事不辦。故此次第依因果立。

「此五次第依因果立，以依前因引後果故。」五力的建立也有其因果次第，以前一個環節為因，後一個環節為果。把前一個環節修好，就能引發後一個環節；後一個環節修好，繼續引發再後一個環節。比如以正信為因，引發精進的果；以精進為因，引發正念的果；以正念為因，引發正定的果；以正定為因，引發智慧的果。

「謂若決定信有因果，為得此果發勤精進。」這裡的因果是指四諦。首先要認識輪迴的因果和過患，其次是深信解脫的因果和利益，知道可以由三十七道品走向解脫。了解這些因果之後，為了要得到我們想要的結果，必須努力精進。這樣的修行就是目標明確，方法正確，不再是無用功了。

「勤精進已，便住正念。住正念已，心則得定。」找到修行的關鍵，精進努力之後，就能安住於正念。在三十七道品中，精進主要落實在正念的修行，以此訓練心的安住，讓心長時間安住於正念，不再東跑西跑。當心持續、穩定地安住，就能逐步成就定力。

「心得定已，能如實知。」是不是心定下來就能如實知呢？其實未必。這裡的得定，是以信根為前提，建立在對三寶、四諦的信仰基礎上。只有在這樣的正見指導下，才能由定發慧，獲得如實的智慧。否則，就可能以成就四禪八定為目標，是不能通達空性智慧的。

「既如實知，無事不辦。故此次第依因果立。」有了觀慧之後，我們就有能力成就三乘聖賢的功德，斷除種種煩惱障礙。所以五力的次第是依因果而建立，由前面的因引發後面的果。

乙三、五根五力的修行位次

如前所說順解脫分既圓滿已，復修五根。何位修習順決擇分，為五根位、五力位耶？頌曰：

順決擇二二，在五根五力。

論曰：順決擇分中，暖、頂二種在五根位，忍、世第一法在五力位。

「如前所說順解脫分既圓滿已，復修五根。何位修習順決擇分，為五根位、五力位耶？」本論在此提出一個問題。前面講到四念住、四正勤、四神足，修的是順解脫分。接著是五根、五力，屬於順決擇分。這裡的決擇指見道的智慧，順決擇就是導向見道的修行，屬於加行位，共有四個位次，即暖、頂、忍、世第一法。那麼，五根五力分別屬於什麼位次？

「頌曰：順決擇二二，在五根五力。」這個偈頌解決的問題是：四個位次和五根五力是什麼關係，告訴我們，其中兩種和五根對應，兩種和五力對應。

「論曰：順決擇分中，暖、頂二種在五根位，忍、世第一法在五力位。」在加行位的四個位次中，要修四種禪定。暖位修的是**明得定**，即得到智慧；頂位修的是**明增定**，即智慧增長。從文字、觀照、實相三種般若來說，加行位屬於修習觀照般若的階段，代表觀智的生起和增長。此外，忍位修的是**印順定**，世第一法修的是**無間定**。在順決擇分中，暖位和頂位屬於五根的修行，了解所緣、所取的境界是空的，只是緣起假相；忍位和世第一法屬於五力的修行，體證能緣的心是空的，了不可得。

修行解決的問題不外乎能和所，一是能緣的心，一是所緣的境。我們面對每一個境界時，都會有能緣的心、所緣的境。所以我們的世界其實就是能和所的世界，又叫見分和相分。用哲學的話說，就是主觀和客觀。

當眼耳鼻舌身意六根，面對色聲香味觸法六塵，以及貪嗔痴的生起，都會有相應的影象。凡夫因為無明，既看不清能認識的心，也看不清所認識的境，就會對能緣產生我執，對所緣產生法執。這種執著使我們被卡在二元對立的世界，帶來無盡煩惱。修行所做的，就是讓我們解除對能和所的執著。比如禪宗修行，看似不走常規，其實也是從能所入手，或是奪人（能），或是奪所，所有手段都是讓學人走出二元對立。一旦能所雙亡，當下就能通達空性。

在四念住的修行中，通過觀身、觀受、觀心、觀法，讓我們如實觀察身、受、心、法，了解它們的無常、無我。如果我們帶著中觀的見地觀察，就會看到它們是無自性的，其存在只是緣起假相，了不可得，從而擺脫對境界的執著。當我們放下對所的執著，依執著建立的心（能），自然就隨之平息了。

唯識則是讓我們去觀察每一法的名、義、自性、差別，重新認識和思考一切現象，對此作名的尋思、義的尋思、自性的尋思、差別的尋思，認識到它們只是顯現在內心的影象，從而擺脫對現象的錯誤認識，從所空到能空，使妄心徹底平息。就像《心經》所說：「無智亦無得，以無所得故，菩提薩埵依般若波羅蜜多故，得阿耨多羅三藐三菩提。」當能所徹底空掉，實相般若就生起了，從而通達空性。

所以從順決擇分來說，是通過禪修建立觀智，瓦解對能和所的執著，以及由執著能所建立的種種障礙。這也是五根五力的修行重點。

甲七、七覺支

三十七道品的第六個項目，是七覺支，分別是念覺支、擇法覺支、精進覺支、喜覺支、輕安覺支、定覺支、捨覺支。

已說修五力，當說修覺支。所修覺支云何安立？頌曰：

覺支略有五，謂所依自性，出離並利益，及三無染支。

論曰：此支助覺故名覺支，由此覺支位在見道。廣有七種，略為五支。一覺所依支，謂念。二覺自性支，謂擇法。三覺出離支，謂精進。四覺利益支，謂喜。五覺無染支，此復三種，謂安、定、捨。何故復說無染為三？頌曰：

由因緣所依，自性義差別，故輕安定捨，說為無染支。

論曰：輕安即是無染因緣。粗重為因，生諸雜染，輕安是彼近對治故。所依謂定，自性即捨。故此無染義別有三。

乙一、覺支的安立

我們聽到覺支的概念，應該非常親切，因為覺是佛法的核心內涵。佛陀就是覺者，菩薩意為覺有情，即覺悟的有情。菩提也代表著覺醒，所以發菩提心是發起覺醒的心，無上菩提是最高的覺悟，阿耨多羅三藐三菩提則是無上正等正覺，即究竟圓滿的覺悟。我們從發心學佛，到整個菩薩道的修行，乃至最終成佛，始終貫穿著覺。可以說，千經萬論、八萬四千法門都是指向這個核心任務——從迷惑走向覺醒。

迷是代表凡夫的狀態，覺是代表聖賢的狀態。在三十七道品的修行中，資糧位、加行位是為覺醒奠定基礎，五根、五力是通向覺醒的道路。在這一部分，則是從念、擇法等七個方面來認識覺支的體，以及它們產生的作用。

「已說修五力，當說修覺支。所修覺支云何安立？」講述五力的修行後，接著要說的是七覺支。這些覺支是怎麼安立的呢？

「頌曰：覺支略有五，謂所依自性，出離並利益，及三無染支。」這個偈頌告訴我們，七覺支可以概括為五種，分別是覺所依支、自性支、出離支、利益支、無染支。七支和五支的前四種是一一對應的，而無染支包括了七覺支的後三支，即輕安、定、捨。我們看論文的解釋。

「論曰：此支助覺故名覺支，由此覺支位在見道。」為什麼叫覺支？因為這七種修行可以幫助我們成就覺醒。七覺支屬於見道位，只有見到覺性，才能最終通達覺性。

「廣有七種，略為五支。」覺支的內容，如果廣說包括七種，就是前面所說的念、擇法、精進、喜、輕安、定、捨七支。如果簡要歸納，可根據其功用分為覺所依、自性、出離、利益、無染五支。

乙二、念覺支

「一覺所依支，謂念。」首先是覺所依支，即覺性生起的所依。它所對應的是念覺支，也就是說，必須立足於正念的修行。從資糧位修習四念住，就開始建立正知正念，到了加行位又進一步修行，讓正知正念的力量不斷強大。但我們不是把正知正念導向四禪八定，而是通過這一修行建立觀智，導向智慧的成就，屬於觀照般若。

建立觀智要有正見，我們通過無常、苦等正見觀察呼吸，或是以無自性空、諸法唯識及如來藏的見地觀察，看到呼吸是本性空寂的，本身也是佛性的作用。同樣面對這個所緣，用不同的見地觀修，高度是不一樣的。在觀修過程中，隨著觀智的增強，能和所就會隨之空寂，最終開啟覺性。

乙三、擇法覺支

「二覺自性支，謂擇法。」覺自性支，即通常所說的見性，由此通達覺性。它所對應的是擇法覺支，是以實相般若通達實相。觀照般若在加行位，實相般若在見道位。擇法屬於直觀，不是理性思惟的結果，因為空性是超越思惟的。我們在《入菩薩行論》中講到這個問題，勝義諦不是思惟所能抵達的，而是般若智慧的直觀。

乙四、精進覺支

「三覺出離支，謂精進。」覺出離支所對應的，是精進覺支。我們已經見到覺性，是不是任務就完成了呢？不是的。因為有漏的妄識還在，伴隨這些妄識，我們還有種種思惑，甚至還會被煩惱主導。所以說，並不是見性後就能始終安住在覺性上。即使能暫時安住在覺性中，力量也未必強大，需要不斷精進，不斷重複。在熟悉過程中，學會時時安住於空性，以空性禪觀觀照一切，由此消除有漏妄識，擺脫生命的迷惑和煩惱，最終拔除三有之根。

所以精進在見道後非常重要。當然，見道後的精進比資糧位、加行位要輕鬆一點，因為你的心已經有力量了。在此之前，可能你想精進，但不知道從哪裡下手，根本就在盲修瞎練，甚至會修出問題。或是煩惱很重，懈怠、放逸、貪嗔痴很強大，心是飄浮的，即使想精進，也很難用得上力氣，沒有能力戰勝串習。如果已經見道，再來作覺性禪修，就會很有力量，用一點功夫就會有一點效果。

乙五、喜覺支

「四覺利益支，謂喜。」覺利益支所對應的，是喜覺支。因為覺性會源源不斷地散發寧靜和歡喜，使生命充滿法喜，這是證悟覺性給我們帶來的利益。事實上，覺性蘊含的寧靜和喜悅永遠都在那裡，只是平時被貪嗔痴所遮蔽，使我們陷入煩惱，感受不到覺性本來的喜悅。一旦去除這些遮蔽，我們就可以安住於覺性，感受由此帶來的法喜。這是我們通過禪修可以體會到的。

乙六、輕安、定和捨覺支

「五覺無染支，此復三種，謂安、定、捨。何故復說無染為三？」覺無染支，可以使我們擺脫生命中的染汙，與此對應的有輕安覺支、定覺支和捨覺支三種。為什麼無染支包含這三種覺支呢？

「頌曰：由因緣所依，自性義差別，故輕安定捨，說為無染支。」這三支是什麼關係？為什麼把這三支叫作無染支？簡單地說，就是因緣所依和自性義的差別。具體內容，我們在論文中詳細解釋。

「論曰：輕安即是無染因緣。粗重為因，生諸雜染。」首先，輕安是無染的因緣。依無明煩惱建立的有漏生命，所表現出的就是雜染，包括煩惱雜染、業雜染、生雜染。當生命處在這些狀態，會變得很粗重、很躁動、很辛苦。所以《阿含經》把涅槃稱為捨擔，為什麼這麼說？

我們背負的五蘊身心，不僅會因四大不調產生種種疾病，還會由內在迷惑帶來無量煩惱，從生、老、病、死，到愛別離、求不得、怨憎會、五蘊熾盛……可以說，凡夫生命就是製造痛苦的永動機。背負這樣的系統，就像一個人總是挑著百斤重擔過日子，萬般辛苦。而涅槃則是徹底放下有漏、粗重的系統——這個擔子我終於不必再挑，所以叫捨擔。

「輕安是彼近對治故。」禪修得力後，情緒和煩惱得到降伏，此時輕安就會生起，使身體調適、放鬆，內心自在且洋溢著喜悅。我們平時為什麼感受不到這樣的喜悅？因為被煩惱障礙、纏縛住了。當輕安生起時，可以對治身心的粗重和雜染。這裡所說的輕安覺支，並不是禪修中時常出現的舒適感，而是建立在空性定的基礎上，品質更高。

「所依謂定。」輕安的生起是依託於定。我們的生命包含有漏和無漏兩套系統。有漏系統是生起雜染，以妄識為基礎；無漏系統則是由覺性產生的功德，所呈現的是清淨三業。這裡所說的定覺支，也不是普通的定，而是覺性定，是無染生起的所依。

「自性即捨。」定的本質是什麼？其實，定是代表一種狀態，是覺性呈現的平等、正直、無功用，且沒有任何造作，也就是禪宗所說的「平常心是道」。這個平常不是凡夫的日常，而是安住在覺性，安住在心的本來狀態。這裡沒有是非，沒有曲直，沒有分別，也不需要你做什麼。如果你想要做什麼，可能又進入妄識系統了。

禪宗祖師們經常探討：修行到底要修，還是不要修？因為覺性是本來具足的，當你起心動念，陷入要修的執著，就離覺性十萬八千里了，可謂多此一舉。但如果不修，凡夫現前都在妄識的系統，如何才能體會覺性？關於這個問題，《六祖壇經》的答案是：「修證即不無，汙染即不得。」也就是說，修行必須付出努力，否則就無法走出迷妄系統，但真正到了覺性層面，就不再需要做什麼了。因為道不是修出來的，覺性也不是修出來的，一旦找到，就是圓滿無缺的。七覺支的修行，從念、擇法、精進到捨覺支，最終走向覺醒，這個目標也不是我們造出來的，而是本來具足的。所以捨覺支代表覺性的自體，這種狀態是平等正直、沒有造作的。

「故此無染義別有三。」所以無染支包括三部分，即輕安、定、捨。

七覺支在見道位，是立足於覺自性支，開啟無分別的智慧。通達覺性之後，其他都是由這一覺支產生的功德。所以覺支的修行不是要修這個覺，因為覺是現成的，在聖不增，在凡不減。但凡夫生命中還有迷惑，走出這個迷惑系統，需要花大力氣。一旦安住於覺性，就不需要做什麼，只要保持、熟悉即可。

甲八、八正道

三十七道品的第七個項目是八正道。相對以上各個修行項目，八正道是我們最熟悉的內容，包括正見、正思惟、正語、正業、正命、正精進、正念、正定。

乙一、概述

說修覺支已，當說修道支。所修道支云何安立？頌曰：

分別及誨示，令他信有三，對治障亦三，故道支成八。

論曰：於修道位建立道支，故此道支廣八略四。

從三十七道品的次第來說，八正道屬於見道後的修行。因為見道只是斷除見惑，此外還有思惑，需要在修行過程中逐步斷除。所以見道之後的修道非常重要，這樣才能使見道位的所證得到滋養和鞏固。

但從整個修行來說，八正道本身也是完整的修行項目，貫穿世間和出世間。從學佛開始，我們就要樹立正見。比如四念住，屬於三十七道品的第一個項目，幫助我們建立智慧觀察。乃至生活中的行住坐臥、穿衣吃飯、一切言行，都要貫穿正知正念，否則就會把修行和生活打成兩截。但正念必須建立在正見基礎上，否則就不能完成四念住的修行。不僅如此，正見還貫穿三十七道品的每一個項目，從四念住到五根、五力、七覺支的修行，都離不開正見，離不開八正道。

需要注意的是，雖然三十七道品的各個項目有交叉，但又有不同側重。其中有些屬於資糧位，有些屬於加行位，有些屬於見道位，有些屬於修道位。比如同樣修正念，在資糧位層面的修，和在加行位、見道位、修道位層面的修，深入程度是不一樣的。正定、精進也是如此。換言之，這些項目在不同修行位次的內涵是不同的。雖然都是在修正念，但隨著修行的提升，它的內涵和深入程度會發生改變，甚至是本質性的改變。我們看論文。

「說修覺支已，當說修道支。所修道支云何安立？」前面已經說了修覺支，即七覺支，接著要說修道支，即八正道。八正道是如何安立的呢？

「頌曰：分別及誨示，令他信有三，對治障亦三，故道支成八。」這個偈頌告訴我們，八正道由分別支、誨示他支、令他信支、對治障支組成。其中，後兩支分別包含三項內容。下面根據論文進一步解釋。

「論曰：於修道位建立道支，故此道支廣八略四。」在修道位建立的道支，即八正道。這八個項目又根據其不同作用，概括為四類，所謂廣八和略四。它們的內涵是什麼？廣八和略四又是如何對應的？

乙二、正見

一分別支，謂正見。此雖是世間而出世後得，由能分別見道位中自所證故。

「一分別支，謂正見。」分別支，指的是正見，是佛法修行的重中之重，包括世俗正見和勝義正見，或者說世間正見和出世間正見。世間正見是分別的智慧，在見道之前，我們通過親近善知識、聽聞正法、如理作意來確立正見，比如因果、無常、無我的正見，這是建立觀智的基礎。我們修四念住觀，是通過四預流支獲得苦、空、無常、無我，及諸法唯識、無自性空等正見，然後才能依此建立觀照。這些在資糧位、加行位已經講到。而修道位所說的正見，是立足於根本智，屬於出世間的勝義正見。

「此雖是世間而出世後得，由能分別見道位中自所證故。」當我們在見道位通達無分別智、親證真如之後，會產生後得智。根本智是無分別的，後得智是有分別的，可以認識一切差別，認識世間的苦、空、無常。這裡的「分別支」，是指後得智的分別。這些分別雖然是世間的，但屬於後得智的作用，是建立在根本智的基礎上。由能分別在見道位所證的真理，用後得智把它表現出來，由後得智去觀察。

乙三、正思惟、正語一分

二誨示他支，謂正思惟、正語一分等起，發言誨示他故。

「二誨示他支，謂正思惟、正語一分等起。」誨示他支，包括八正道中的正思惟和正語的一分。我們在正見指引下，由根本智通達真如，再由後得智了知苦、空、無常、無我等諸法實相，由此起正思惟。這裡的正思惟，主要指出離的思惟、無害的思惟、無恚的思惟，由此導向出離和解脫。

這些思惟還包含對人生目標的選擇，是一種志向，所以正思惟也叫正志，即志求解脫。對無常、無我的思惟，是導向出離解脫；對無恚、無害的思惟，是對眾生生起慈悲和利他之心。這些思惟是建立在正見基礎上，立足於對眾生的慈悲、利益，不會嗔恨和損惱眾生。所以正思惟有兩個指向，一是出離解脫，成就智慧；二是不傷害眾生，進一步還能利益眾生，帶領眾生走向解脫。這就要有大乘精神，否則可能僅僅停留在第一步。

「發言誨示他故。」在正思惟的基礎上，還要發起正語，說真實語、利他語，遠離妄語、綺語、兩舌、惡口。所謂誨示他支，就是以正思惟和正語教導並利益眾生。《辯中邊論》屬於大乘論典，所說的正思惟、正語都要導向利他，不僅要生起出離解脫、不傷害眾生的思惟，還要生起引領眾生解脫的思惟。

正語一分，因為這裡只說到正語的一部分作用，另一部分在第三令他信支中。

乙四、正語、正業、正命

三令他信支，此有三種，謂正語、正業、正命。

「三令他信支，此有三種，謂正語、正業、正命。」令他信支，就是讓他人對自己產生信心，這取決於你的人格、言行舉止能否受人尊敬。其中包括八正道的三種，即正語、正業、正命。前面講到正語一分，是以語言利他，內容還不完整。這裡所說的正語，是以語言讓人對自己生起信任和尊重。

至於正業，是以身口意造作十善業，遠離十不善，使自己的衣食住行、行住坐臥都能如法如律。對出家人來說，則是以律儀規範自己的言行，知道此應做，此不應做，避免心行進入貪嗔痴的串習，產生不如法甚至犯戒的行為。

此外還有正命，是對謀生手段的選擇。對於在家人來說，要在不違背法律和戒律的前提下謀生。對於出家人則有更高的要求，不僅要符合法律和戒律，還不能有任何欺騙和自我表現的行為。比如為了名聞利養把自己裝扮得很有德行，詐現有德，或是通過看相、算命，甚至說些神神鬼鬼的事來獲得供養，這些都不屬於正命的範疇。

以上所說的正語、正業、正命，屬於日常生活的修行。在修道位次上，我們應該怎麼做呢？主要包括兩方面。一是對自己的語言、行為、謀生手段具有正知，知道該做什麼不該做什麼，二是做每件事的時候都能安住當下，以空性見建立智慧觀照，對自己的語言、行為、選擇了了明知。如果我們始終在空性定的狀態下說話做事，不僅行為清淨如法，且內心安住在高度寂靜中，沒有任何染汙，顯現出安詳的外在威儀，自然會有強大的攝受力，大眾自然會對你生起敬信。這才是真正的正語、正業、正命。

乙五、正精進、正念、正定

四對治障支，亦有三種，謂正精進、正念、正定。

「四對治障支，亦有三種，謂正精進、正念、正定。」對治障支也有三種，包括正精進、正念、正定，主要是對治煩惱障。

這裡的正精進，離不開前面所說的四正勤，是從止惡行善到轉迷為悟、轉染成淨的努力。修道位的重點是轉染成淨，立足於空性禪修，讓心持續、穩定地安住於無分別的空性慧，不再陷入有漏妄識，進而不斷克服內心的煩惱雜染。通過前面的修行，我們已經體證空性智慧，接著就要不斷熟悉它，使安住的時間越來越長。見道可能是一剎那，而修道要做的是保任，讓它長時間地持續。

從大乘修行來說，七地已經可以讓心長時間安住在無漏道，但還有功用，需要努力精進。到八地才能無功用，不需要再做什麼，心都可以穩定安住。從聲聞乘修行來說，從初果到四果都要不斷精進，讓心長時間安住在無漏智慧。所以正精進也代表出離的過程，是通過空性禪修來斷除煩惱。

正念和正定，是建立在空性禪修上。這裡的正念相當於禪宗所說的無念。無什麼？無塵勞妄想；念什麼？念真如實相。在修道位的正念，不是念什麼具體的所緣，而是念真如實相。正定，則是讓心長時間安住在空性定上。所以這也不是一般的定，而是立足於空性體證的定，既是定也是慧。

乙六、令他信受

由此道支，略四廣八。何緣後二各分為三？頌曰：

表見戒遠離，令他深信受，對治本隨惑，及自在障故。

論曰：正語等三，如次表已，見、戒、遠離，令他信受。謂由正語論議決擇，令他信知已有勝慧。由正業故不作邪業，令他信知已有淨戒。由正命故，應量應時、如法乞求衣缽等物，令他信已有勝遠離。

「由此道支，略四廣八。」綜上所述，八正道又可根據作用歸納為四部分。略四，為分別支、誨示他支、令他信支、對治障支。廣八，即開顯為正見、正思惟、正語、正業、正命、正精進、正念、正定八種。

「何緣後二各分為三？」為什麼後兩支各分為三種呢？以下就對這個問題加以解釋。

「頌曰：表見戒遠離，令他深信受，對治本隨惑，及自在障故。」這個偈頌說明，為什麼略四的後二支，即令他信支和對治障支，分別對應八正道中的三種？這樣的安立到底有什麼意義？我們看論文。

「論曰：正語等三，如次表已，見、戒、遠離，令他信受。」正語、正業、正命這三種修行，代表了一個修行者要具足正見、嚴持淨戒、生起出離解脫之心。通過這三點，體現了修行者高尚的人格、完善的品行和超然出世的情懷，可以讓眾生生起信心。

「謂由正語論議決擇，令他信知已有勝慧。」正語，就是說充滿智慧、利他、真實的語言。通過一個人的說話，可以看出你有沒有智慧，有沒有慈悲，是不是值得信賴。如果你所說的都是正語，能和真理相應，而且總是從利他出發，慈悲調柔，就能讓人心悅誠服，知道你是具足智慧的，可以相信你。

「由正業故不作邪業，令他信知已有淨戒。」一個人能踐行正業，止惡行善，身口意三業都能如法如律，與道相應。通過這些行為，可以讓人了解到你是品行高尚、嚴持淨戒的佛弟子，就會對你生起景仰之心，願意相信並仿效你的言行。

「由正命故，應量應時、如法乞求衣鉢等物，令他信已有勝遠離。」正命是正當的謀生手段，對於出家人來說，包括什麼時候該吃飯，什麼時候不該吃，吃多吃少，以及衣服、用品、醫藥、住處等必需品，來源和使用必須是如法的。也就是說，對物質的需求只是為了維持生存，沒有任何貪著和占有欲，更不會以不法手段謀取世間利益。當你這樣做的時候，別人能看到你是如法清淨的出家人，追求解脫，有著超然物外的境界。這些品行可以讓世人對你乃至三寶產生信心。

道在日常中，生活就是修行的組成部分。當我們以正知正念去說話做事，待人處世，行住坐臥都不離正語、正業、正命，就能得到社會大眾的尊重和認可。但這只是附帶的，是言行如法的必然結果。事實上，這麼做本身就是修行的重要內容。所以我們的正語、正業、正命並不是做給世人看的，而是對自己的要求。如果想要以此得到恭敬乃至名聞利養，即使行為都是如法的，但因為發心有問題，也會成為邪命。這是需要注意的。

乙七、對治障礙

正精進等三，如次對治本、隨二煩惱及自在障。此所對治略有三種：一根本煩惱，謂修所斷。二隨煩惱，謂昏沉、掉舉。三自在障，謂障所引勝品功德。此中正精進別能對治初，為對治彼勤修道故。正念別能對治第二，繫念安住止等相中，遠離昏沉及掉舉故。正定別能對治第三，依勝靜慮速能引發諸神通等勝功德故。

「正精進等三，如次對治本、隨二煩惱及自在障。」這裡的等三，指正精進、正念、正定，用來對治根本煩惱、隨煩惱和自在障。

「此所對治略有三種：一根本煩惱，謂修所斷。」正精進等對治的問題主要有三種。一是根本煩惱，即貪、嗔、痴、慢、疑、惡見，是在修道位所斷的，為修所斷。

「二隨煩惱，謂昏沉、掉舉。」二是隨煩惱，指昏沉、掉舉。

「三自在障，謂障所引勝品功德。」三是自在障，障礙由禪定引發的神通等種種功德。

接著說明，正精進、正念、正定和三種煩惱到底是什麼關係。

「此中正精進別能對治初，為對治彼勤修道故。」其中，正精進主要對治第一種。為了對治根本煩惱，我們在見道之後，還要繼續精進修行。前面講到，體證根本無分別智後，要讓自己長時間安住於空性禪修，以空性慧消除根本煩惱。這個過程必須精進不懈，才有力量徹底對治煩惱。

「正念別能對治第二，繫念安住止等相中，遠離昏沉及掉舉故。」正念主要對治第二種，即隨煩惱，這裡指昏沉、掉舉。修習正念，是讓自己的心安住在止等相中，比如身念住、受念住，是安住在對身和受的觀察。這裡的繫念安住，不僅是安住在身、受、心、法，還要安住在通過四念住體證到的空性中，遠離昏沉和掉舉。

「正定別能對治第三，依勝靜慮速能引發諸神通等勝功德故。」正定主要對治第三種，即自在障。生命本具種種能力和功德，但因為心總是陷入煩惱妄想中，使內在覺性和神通等殊勝功德不能開顯。通過修習殊勝靜慮，也就是空性定，可以消除這些障礙，引發覺性等種種功德。

這種空性定本身也是慧，禪宗叫作「即定即慧，定慧一體」。定是指它的體，慧是指它朗照的作用。就像燈和光一樣，燈是光的體，光是燈的用，所謂「即定之時慧在定，即慧之時定在慧」。

所以說，八正道中的正精進、正念、正定可以對治三種障礙，分別是根本煩惱、隨煩惱和自在障。

甲九、三乘修治差別

以上，全面介紹了三十七道品的內容及其修行，接下來要說明，聲聞、緣覺、菩薩三乘修行的差別。

乙一、異生、有學和無學修治差別

修治差別云何應知？頌曰：

有倒順無倒，無倒有倒隨，無倒無倒隨，是修治差別。

論曰：此修對治略有三種，一有顛倒順無顛倒，二無顛倒有顛倒隨，三無顛倒無顛倒隨。如是三種修治差別，如次在異生、有學、無學位。

「修治差別云何應知？」修治差別，就是修行和對治的差別。三乘修行的差別究竟在哪裡？

「頌曰：有倒順無倒，無倒有倒隨，無倒無倒隨，是修治差別。」這個偈頌是說凡夫、二乘有學及無學在修行上的差別。其中講到三種情況，一是有倒順無倒，二是無倒有倒隨，三是無倒無倒隨。它們分別有什麼含義？凡夫、有學、無學和這三類怎麼對應？我們看長行。

「論曰：此修對治略有三種，一有顛倒順無顛倒。」修對治主要有三種情況。第一是有顛倒順無顛倒，指的是異生位。所謂異生，就是凡夫。因為凡夫生命立足於有漏妄識，沒有證悟共同的法性，所以見道之前都稱為異生。所謂有顛倒順無顛倒，是順著正法，順著四念住、三十七道品的引導，走向無顛倒，從有漏的妄識轉變為無漏的清淨識。

「二無顛倒有顛倒隨。」第二是無顛倒有顛倒隨，指聲聞乘的有學位，即前三果的聖者。他們已經體認無漏智慧，以此為立足點，但生命中還殘存一點有漏妄識，以及與之相關的煩惱，需要繼續修習無漏智慧，徹底消除有漏妄識。

「三無顛倒無顛倒隨。」第三是無顛倒無顛倒隨，指無學聖者，即四果阿羅漢。他們已究竟通達無漏智慧，同時也徹底解除有漏妄識，生命中除了無漏智慧外，不再有妄識產生作用，整個生命呈現的都是無顛倒。

「如是三種修治差別，如次在異生、有學、無學位。」這三種修治差別，分別對應異生、有學和無學。第一種有顛倒順無顛倒，在異生位；第二種無顛倒有顛倒隨，在有學位；第三種無顛倒無顛倒隨，在無學位。

乙二、菩薩和二乘修治差別

菩薩、二乘所修對治有差別相，云何應知？頌曰：

菩薩所修習，由所緣、作意、證得殊勝故，與二乘差別。

論曰：聲聞、獨覺以自相續身等為境而修對治，菩薩通以自他相續身等為境而修對治。聲聞、獨覺於身等境，以無常等行相思惟而修對治，若諸菩薩於身等境，以無所得行相思惟而修對治。聲聞、獨覺修念住等，但為身等速得離繫。若諸菩薩修念住等，不為身等速得離繫，但為證得無住涅槃。菩薩與二乘所修對治，由此三緣故而有差別。

「菩薩、二乘所修對治有差別相，云何應知？」前面說過，三十七道品是聲聞解脫道的核心修行，但菩薩道經論中也有相關內容。如《大智度論》、《瑜伽師地論》都有相當篇幅講到三十七道品，還有

《華嚴經》、《般若經》、《寶積經》、《維摩經》等，雖然沒有將之作為重點，但也有說到。這裡的問題是：二乘人修三十七道品，菩薩也修三十七道品，他們的差別究竟在哪裡？

「頌曰：菩薩所修習，由所緣、作意、證得殊勝故，與二乘差別。」這個偈頌告訴我們：菩薩和二乘的修治差別，主要體現在三方面，分別是所緣、作意和證得。在以下的長行中，主要以四念住，尤其是身念住為例，闡述二乘和菩薩的修治差別。

「論曰：聲聞、獨覺以自相續身等為境而修對治，菩薩通以自他相續身等為境而修對治。」對於身念住的修行所緣，聲聞、獨覺通常是以自相續身，即自己的身體作為觀察對象，通過對自身的觀察破除身見，解除貪嗔痴。而菩薩不僅要觀察自己的身體，還要以眾生乃至世界作為所緣境。這是第一點，在修行所緣上，菩薩和二乘有廣狹之別。

「聲聞、獨覺於身等境，以無常等行相思惟而修對治。若諸菩薩於身等境，以無所得行相思惟而修對治。」對於身等境的作意，即以什麼見地去認識，二乘和菩薩也有很大差別。聲聞、獨覺主要是以無常、無我、苦的見地，去觀察和思惟身受心法，由此破除身見，解除貪嗔痴。而大乘菩薩是以空、無所得的見地，來觀照這些所緣對象。

同樣對五蘊、十二緣起、十二處、十八界等內容，在聲聞修行中，是通過苦、空、無常、無我的見地來觀察。在大乘修行中，則是以空性見來觀察。如《心經》的「照見五蘊皆空，度一切苦厄」，然後到「無眼耳鼻舌身意，無色聲香味觸法，無眼界乃至無意識界，無無明亦無無明盡，乃至無老死，亦無老死盡，無苦集滅道，無智亦無得」，統統都是「無」。依此建立無我、無相、無所得的智慧，對治我法二執，進而對治煩惱障和所知障。這是第二點，在修行見地上，菩薩和二乘有深淺之別。

「聲聞、獨覺修念住等，但為身等速得離繫。若諸菩薩修念住等，不為身等速得離繫，但為證得無住涅槃。」在修行所證上，聲聞、獨覺修四念住的目的，是為了讓自己迅速成就解脫，證悟涅槃。但菩薩修四念住，並不是為了讓自己證入無餘涅槃，而是為了證悟無住涅槃，繼續以大悲心利益世間。因為菩薩有無盡的悲願，所以不住生死，不住涅槃，還要盡未來際地救度眾生。這是第三點，在修行所證上，菩薩和二乘的證悟有是否圓滿的差別。

「菩薩與二乘所修對治，由此三緣故而有差別。」以上，是菩薩和二乘關於修對治的三種差別，一是所緣差別，二是作意差別，三是證得差別。

通過以上學習可以認識到，三十七道品為解脫道修行構建了清晰的框架，開闢了直接通往解脫的道路。作為大乘解脫道，也要建立在這樣的框架和套路上，才能使修行落地。如果沒有這些階梯，大乘的甚深見地往往會流於空洞，菩薩行也可能成為空中樓閣。事實上，這正是目前很多大乘學人的痛點所在。我覺得，三十七道品可以為大乘解脫道奠定基礎。在這個前提下，我們再把菩提心和空性見帶進去，就可以使這些項目成為大乘解脫道的重要組成，把菩薩道和解脫道統一起來。

甲十、結說

修對治總義者，謂開覺修、損減修、瑩飾修、發上修、鄰近修，謂鄰近見道故。證入修、增勝修、初位修、中位修、後位修、有上修、無上修，謂所緣、作意、至得殊勝。

最後，對以上所說的三十七道品加以總結和歸類。

「修對治總義者，謂開覺修、損減修、瑩飾修、發上修、鄰近修，謂鄰近見道故。」總的來說，修對治品的內容又可以歸納為以下幾類。開覺修，即四念住，可以引導我們開啟覺悟之門。損減修，即四正斷，可以損減惡法，從止惡行善到轉染成淨、轉迷為悟，引導我們成就斷德。瑩飾修，即四神足，通過修習禪定成就種種功德，莊嚴我們的生命。發上修，即五根，這是佛陀開闢的通往解脫的道路，對於出世解脫具有增上作用。鄰近修，即五力，這是靠近見道的修行。

「證入修、增勝修。」證入修，即七覺支，可以通達根本無分別智。增勝修，即八正道，可以使無漏慧的力量不斷增強。至此，概括了整個三十七道品的修行。

「初位修、中位修、後位修。」初位修，即異生的修行，是有顛倒順無顛倒。中位修，即有學位的修行，是無顛倒有顛倒隨。後位修，即無學位的修行，是無顛倒無顛倒隨。

「有上修、無上修，謂所緣、作意、至得殊勝。」最後指出聲聞和菩薩的修治差別，主要在於所緣、作意、證得三個方面。聲聞的修行屬於有上修，即使證悟涅槃，只是完成了個人解脫，還沒有圓滿慈悲，也沒有對覺性有圓滿的體悟，不是最究竟的。菩薩的修行屬於無上修，既能圓滿成就智慧，也能圓滿成就慈悲，最終成就無上佛果。

本品的內容非常重要，大家學了之後，還要繼續思惟，這樣才能從理解、接受到運用。解脫是三乘佛法的核心任務，我們過去總覺得，解脫只是聲聞乘的修行，菩薩行者就是要成佛，要利益一切眾生，口號喊得噹噹響，但在實際修行上，往往連解脫的基礎都沒有。如果自己還深陷於迷惑、煩惱，沒有從中解脫，成佛的目標就會遙不可及，對眾生的利益也非常有限。所以我們要重新認識解脫在三乘佛法中的核心地位。從聲聞乘來說，解脫是唯一目的；但從菩薩道來說，修行有兩大內涵，一是解脫，即智慧的成就；一是菩提心和菩薩行，即慈悲的成就。所有大乘經論，基本都是圍繞這兩條路線設置的。

在唯識、中觀的經論中，有大量篇幅引導我們建立大乘見地，依此轉化為空性禪修，可惜在落地上有些不足。因為這些見地很高，再加上止的基礎不足，就會流於空洞。此外，對菩提心和菩薩行也重視不足，沒能充分開顯菩薩道的精神。如果抓住這兩大重點，一方面重視解脫道的基礎，一方面重視慈悲利他的實踐，我們的修行就能落到實處，最終導向圓滿。所以說，三十七道品對大乘解脫道的建設非常重要，對於這一內容的學習很有意義。

辯修分位品第五

前面的《相品》、《障品》、《真實品》，告訴我們如何認識宇宙人生的真實，《修對治品》指出了修行的方法，本品《修分位品》則是介紹修行的整個過程。

關於佛法修行的過程，各宗派都講到了。如《俱舍論．聖賢品》將修行過程概括為七賢四聖。唯識宗也講到這個問題，比較正規的說法是《唯識三十頌》中的五位：資糧位、加行位、通達位、修習位和究竟位。而《成唯識論》又把五位演繹成四十一位，即十住、十行、十迴向、十地和佛果位。通過三大阿僧祇劫的修行，每一劫修到哪一位都有明確交待。這些都屬於修行的過程，說明從學佛到成佛要經歷的階段。

有些人覺得還是禪宗的當下頓悟、見性成佛來得更直接。事實上，如能將唯識宗與禪宗的修行結合起來，可能會相得益彰。我想，當年達摩祖師之所以用《楞伽經》印心，也是反映了祖師的苦心。禪宗對「向上一著」確實有其特殊的方便，卻忽略了作為修行應該具備的相應基礎。如發菩提心、修行次第、聞思正見等，這都是非常重要的基礎。如果忽略這些基礎，「向上一著」往往會成為空中樓閣。而唯識宗的修學正可以彌補禪宗在這方面的不足。

如果從三大阿僧祇劫、四十一位來看，成佛確實是漫長的事。但就修行實質來說，也可以非常簡單。如空性的契入，我們的生命中有三個層面，即遍計所執相、依他起相、圓成實相。凡夫都生活在遍計所執中，可當我們沒有生起遍計所執，也就是對依他起的似能取的見分和似所取的相分不起能所執時，當下就能現量證得空性。因為空性是現成的，非從外得，只是被虛妄分別產生的能所執遮蔽，所以我們才無緣認識。一旦去除這些遮蔽的東西，即可契入空性。修道的過程，就是發揮空性、無漏智的作用，將無盡生命中形成的妄識逐步消融。

《辯中邊論》關於修行過程有特殊的分法，與以往其他經論不太一樣。如《俱舍論》等聲聞乘經論，專門闡述聲聞乘的修行過程，而大乘經論多側重菩薩的修行過程。《辯中邊論》則將聲聞乘和菩薩乘的修行過程綜合起來說明，這是本論的特點所在。

甲一、三乘修證位次

已說修對治，修分位云何？頌曰：

所說修對治，分位有十八，謂因入行果，作無作殊勝。

上無上解行，入出離記說，灌頂及證得，勝利成所作。

論曰：如前所說修諸對治，差別分位有十八種。一因位，謂住種性補特伽羅。二入位，謂已發心。三加行位，謂發心已未得果證。四果位，謂已得果。五有所作位，謂住有學。六無所作位，謂住無學。七殊勝位，謂已成就諸神通等殊勝功德。八有上位，謂超聲聞等，已入菩薩地。九無上位，謂已成佛，從此以上無勝位故。十勝解行位，謂勝解行地一切菩薩。十一證入位，謂極喜地。十二出離位，謂次六地。十三受記位，謂第八地。十四辯說位，謂第九地。十五灌頂位，謂第十地。十六證得位，謂佛法身。十七勝利位，謂受用身。十八成所作位，謂變化身。

這兩頌包括了三乘聖賢修證的十八個過程。

「論曰：如前所說修諸對治，差別分位有十八種。」本論將三乘人的修行過程分成十八個站點，每個修行過程就像一個站點。比如從廈門乘火車到北京需要經過很多車站，其中有大站也有小站。如果是特快列車，停靠的都是大站。如果是普快列車，就不止十八個站點。如果是慢車，停靠的車站就更多，可能是一百零八個車站了。

「一因位，謂住種性補特伽羅。」因也就是唯識學所說的種子，確切地說應該指種性。種性思想是唯識宗的一個特點。唯識學認為，三乘聖賢的修行都有各自的因。修聲聞乘應該具有聲聞乘的種性，修緣覺乘應該具有緣覺乘的種性，而成佛必須具備菩薩的種性。具備種性之後，修行才能有所成就。如果沒有菩薩種性而想成佛，是不可能的！這種觀點和《涅槃經》的思想不太一樣。《涅槃經》認為一切眾生都有佛性，而唯識的「五種性」思想中，有一種是「無種性」，也就是沒有成佛的種性，這樣的人永遠沒有成佛的希望。

對這個問題我有自己的看法。無種性是相對而言的，不能絕對化。人有沒有實在的種性差別呢？其實是有的，好比人存在天賦的差別一樣。這種稟賦是從哪裡來？也是無始以來形成的。但這並不是絕對的，也有可能改變，只是難度很大。比如對一個無種性的人來說，要讓他學佛乃至修行成佛，的確非常困難。

根據唯識學的種性思想，認為成佛一定要有相應的根基，比如具有菩薩種性的有情，或具有聲聞種性的有情，或具有緣覺種性的有情。沒有這種基礎，是不可能成就阿羅漢果，成就無上菩提的。

「二入位，謂已發心。」具備種性才能進一步發心，入位就是已經發心。發心有兩種：一是出離心，一是菩提心。由出離心成就解脫，依菩提心成就無上佛果。發心代表著修行的開始，同時也貫穿整個修行次第，直到最終成就。發心的力量非常重要，《華嚴經》所說的「忘失菩提心，修諸善根，是名魔業」，正是說明了這個道理。

「三加行位，謂發心已未得果證。」發心之後就要開始用功修行。這是契入空性前應做的努力。加行位有四個步驟，即暖、頂、忍、世第一位。從發心到未證得聖果之前，為加行位。

「四果位，謂已得果。」得果，是指成就聖果。在聲聞乘的修行過程中，所成就的果位有四種，稱為四果，即初果須陀洹、二果斯陀含、三果阿那含、四果阿羅漢。初果的成就，象徵著凡夫從凡夫階段邁向聖位。從修行上說，由契入空性、斷除三界見惑，乃得須陀洹果。

「五有所作位，謂住有學。」聲聞乘四果四向的前四向三果，都屬於有學位。為了斷盡三界思惑，從有漏進入無漏，還要繼續修習戒定慧，所以稱為有學。

「六無所作位，謂住無學。」指聲聞無學位，也就是不需要再學什麼。因為這時已斷盡三界見思二惑，出三界生死牢獄，在聲聞乘的修學上已經畢業，得到了最高果位。不再需要學什麼或修什麼，所以稱為無學。佛經上稱無學果的聖人是所作已辦，不受後有。

「七殊勝位，謂已成就諸神通等殊勝功德。」證無學果後，成就三明六通種種殊勝功德。

「八有上位，謂超聲聞等，已入菩薩地。」前面從第一因位到第七殊勝位，主要從聲聞乘的修行過程來說，自第八有上位，是從菩薩道而言。菩薩道行者在證入聲聞無學位之後，轉而發大心濟世救苦，慈悲度生，就進入菩薩地。這是迴小向大的聲聞行者，如果是趣寂聲聞，也就入涅槃去了。

「九無上位，謂已成佛，從此以上無勝位故。」無上位指無上菩提、無上佛果。這是佛法修行中最高、最圓滿的果位，再也沒有比之更高、更圓滿的。

「十勝解行位，謂勝解行地一切菩薩。」勝解行位就菩薩修行的位次來說明。菩薩修行過程中，所有的資糧位、加行位都屬於勝解行地的範疇。因為在資糧位、加行位的菩薩還沒有見道，對空性的認識僅僅停留在意識的理解上。所以佛法說悟有兩種：一是解悟，二是證悟。通過學習教理，達到解悟並不難。經典看得多了，了解到佛法的深意，從理論上理解了見道、真如、涅槃等等，但這種理解僅僅是意識上的知解而已，並非親證。不過這種解悟也是證悟的基礎，在此基礎上才懂得如何修行，如何契入空性。

「十一證入位，謂極喜地。」證入位是最初契入空性。在菩薩道的修行過程中，為十地之初地。行者通過長時間的努力修行，終於成就無漏智，契入空性，證得十方三世一切諸佛的平等法性，因而生起極大的歡喜心，故名極喜地。

「十二出離位，謂次六地。」出離位，指十地中的第二地至第七地。即二地離垢地、三地發光地、四地焰慧地、五地極難勝地、六地現前地、七地遠行地，這六地都屬於出離位。從有漏妄識的狀態中走出來，使生命逐步進入無漏智的作用中。

「十三受記位，謂第八地。」受記位指第八不動地。至第八地，無漏智無須功用就能相續不斷。也就是說，有情的有漏識再也不起作用，因而又稱不退轉地。菩薩達到這一境界，再也不必擔心退轉了。因為有漏妄識已不起作用，如何會退呢？對於八地菩薩，十方諸佛都為之授記，稱其必定成佛無疑，故名受記位。

「十四辯說位，謂第九地。」辯說位指第九善慧地。第九地成就四無礙解，即法無礙解、義無礙解、詞無礙解、辯才無礙解。九地菩薩具足四無礙解，說法自在，雄辯滔滔。

「十五灌頂位，謂第十地。」第十地是指佛地前的一個位次，又稱灌頂位，這是以比喻來說明。據說，古印度太子登位之前必須舉行灌頂儀式，然後才能正式成為國王。同樣，十地是菩薩證得佛果之前的最後一個步驟。

「十六證得位，謂佛法身。」證得位，是圓滿證得、究竟證得。《法華經》說：「唯佛與佛乃能究竟諸法實相。」因此，這裡的證得乃是佛果意義上的證得，而不是一般的證得。這和十一位的證入位是不一樣的。圓滿證得什麼呢？證得佛的法身。

「十七勝利位，謂受用身。」勝利位指成就受用身，在法身的基礎上成就受用身。受用身有兩種：一是自受用，二是他受用。自受用指佛陀自己受用，自作自受。他受用身是佛陀為十地菩薩所顯現的身相及國土，無量相好莊嚴，非一般凡夫所能看到。

「十八成所作位，謂變化身。」成所作位是變化身。變化身也有好幾種，所謂「三類分身息苦輪」。根據眾生不同根機而示現不同的身相，以此成就一切度生的事業。

這就是十八位次。這些位次既是修行的過程，同時也是修證的果位。所以，過程和結果不是截然分開的。如果明確地把過程和結果分開，那麼從第一位到第十七位都屬於過程，第十八位才是結果。但是講過程的時候，同時也講到結果。在下一品〈辯得果品〉，我們會進一步發現，過程和結果之間似乎很難辨別得一清二楚。

甲二、略為三位

此諸分位差別雖多，應知略說但有三種。其三者何？頌曰：

應知法界中，略有三分位。不淨淨不淨，清淨隨所應。

論曰：於真法界位略有三，隨其所應攝前諸位。一不淨位，謂從因位乃至加行。二淨不淨位，謂有學位。三清淨位，謂無學位。

「此諸分位差別雖多，應知略說但有三種。其三者何？頌曰：應知法界中，略有三分位。不淨淨不淨，清淨隨所應。」修行的過程雖然很多，但不外乎三種狀態：一是不清淨的狀態，二是清淨和不清淨混雜的狀態，三是純粹清淨的狀態。

「論曰：於真法界位略有三，隨其所應攝前諸位。」在真法界位上，從整個成佛修行的本身來說，略有三個過程，即三種狀態。概括起來就是前面所說的十八種過程，十八個位次。

「一不淨位，謂從因位乃至加行。」不淨就是不清淨。有漏就是不淨，無漏就是清淨。從因位一直到加行位的整個過程，都屬於不淨位，因為他們都是在有漏的狀態中修行與生活。

「二淨不淨位，謂有學位。」有漏和無漏夾雜在一起。在有學位的修習過程，是有漏和無漏夾雜著現行，一會兒是有漏，一會兒是無漏。

「三清淨位，謂無學位。」進入無學狀態時，生命也進入一種純粹無漏的狀態，即清淨位。這三位分得精確到位，簡單明瞭。

甲三、依位說人

云何應知依前諸位差別建立補特伽羅。頌曰：

依前諸位中，所有差別相，隨所應建立，諸補特伽羅。

論曰：應知依前諸位別相，如應建立補特伽羅，謂此住種性，此已發心等。

「云何應知依前諸位差別建立補特伽羅。」剛才已經談了修行的位次，現在再來談談在修行過程中有什麼差別。修行人處在每個位次及過程中，又是一種怎樣的狀態？

「頌曰：依前諸位中，所有差別相，隨所應建立，諸補特伽羅。」根據前面修行過程的不同，確認修行人到底是屬於哪一種位次。

「論曰：應知依前諸位別相，如應建立補特伽羅，謂此住種性，此已發心等。」根據修行位次來確認到底屬於哪一種修行層次。這是什麼道理呢？比如讀小學的就是小學生，讀中學的就是中學生，讀大學的就是大學生。同樣，從修行過程來確認修行位次也是這個道理。在發心位的狀態就是發心位的菩薩，證入初果位就是初果的聖人，證入無學位就是無學位的聖人。根據所修證的位次來確定修行地位，就像拿到碩士證書就是碩士學位，拿到博士證書就是博士學位一樣。

甲四、結說

修分位總義者，謂堪能位即種性位，發趣位即入加行位，不淨位、淨不淨位、清淨位，有莊嚴位，遍滿位謂遍滿十地故，無上位。

這裡作最後的總結。「堪能位」就是種性位，這種人有能力學佛修行。具有菩薩種性，就有能力成為菩薩；具有聲聞種性，就有能力成為聲聞行者。種性是基礎，非常重要。「發趣位」指入加行位。初果和初地之前的位次屬於「不淨位」，三果之前和八地之前的果位屬於「淨不淨位」，四果、八地以後的果位才屬於「清淨位」。在修行過程中，初果、初地以上所成就的種種神通、智慧、功德等就是「有莊嚴位」。「遍滿位」指十地，「無上位」指成佛。

辯得果品第六

〈辯得果品〉從內容上說和〈辯修分位品〉大體相同。「分位品」重點講的是過程，而「得果品」的重點講的是結果。其實，從這兩品的內容上看，都講到了過程，也講到了結果。〈辯修分位品〉既講到過程也講到結果，同樣，本品也講到過程和結果。

講到修學結果時，包含兩方面的結果：一是從究竟意義上說的結果，二是從不究竟的意義上說的結果。就像同學們在這裡學習四年，畢業是結果，但沒有畢業之前有沒有結果呢？也有結果，學一門課就有一門課的結果，學兩門課就有兩門課的結果。畢業時表示該學的都已學完，屬於究竟意義上的結果。學習一門或兩門課程的結果，雖然不是究竟意義上的結果，但同樣屬於結果。又如前面舉過的例子，坐火車到北京，到達北京是終點，屬於究竟意義上的結果。事實上，從離開廈門開始，途中每到達的一個站點，也都屬於結果。所以，有究竟意義上的結果和不究竟意義上的結果。也就是說，結果有究竟與不究竟的差別。

〈辯得果品〉既包含究竟意義上的結果，也包含不究竟意義上的結果。究竟的結果，如二乘無學果和菩薩乘的佛果。不究竟的結果，如修證過程中各個階次的結果。

前面說過，在聲聞乘的經典中，一般只說聲聞乘的結果。如《俱舍論》、《阿含經》等，只講聲聞乘修行的結果。而大乘經典只講行菩薩道的修行結果。《辯中邊論》則把三乘修學的結果綜合起來加以說明，這是本論的一大特色，既屬於大乘的思想體系，又沒有脫離聲聞乘的內容。

甲一、總說五果

已辯修位，得果云何？頌曰：

器說為異熟，力是彼增上。愛樂增長淨，如次即五果。

論曰：器謂隨順善法異熟。力謂由彼器增上力，令諸善法成上品性。愛樂謂先世數修善力，令世於善法深生愛樂。增長謂現在數修善力，令所修善根速得圓滿。淨謂障斷得永離繫。此五如次即是五果：一異熟果，二增上果，三等流果，四士用果，五離繫果。

這一品非常短，只有兩個偈頌。本頌講總果，也就是五種果。五果，通常是對一切結果的說明，不只是從修行意義上說的。比如說，五果中的離繫果，純粹是修證意義上的果。但異熟果、增上果、等流果、士用果都屬於世間的果，不一定屬於出世間。它們和修道可以有關係，也可以沒關係。但現在所說的五種果，主要是從修道成就的結果來說明，是依法修行所成就的，不同於一般的五果。

五種果的名稱是：一異熟果，二增上果，三等流果，四士用果，五離繫果。本頌用幾個比較特殊的概念來解釋五種果，用「器」來解釋異熟果，用「力」來解釋增上果，用「愛樂」來解釋等流果，用「增長」來解釋士用果，用「淨」來解釋離繫果。

在修學佛法中，五果又具有因果次第的意義。以異熟果為因而有增上果，以增上果為因而有等流果，以等流果為因而有士用果，以士用果為因而有離繫果。五果前前各為後後之因，後後各為前前之果，各作增上之因，體現了因果的相對性。所以，這裡根據因果次第來解釋五果。

「論曰：器謂隨順善法異熟。」「器」釋異熟果，有三種含義：一異時而熟，二異類而熟，三變異而熟。異時而熟指因果不在同一個時間。異類而熟指因和果的屬性不一樣，比如說因是善惡、果唯無記，這就是類型不同。變異而熟指從因到果有變化，如果沒有變化的話，果就不能成熟。比如說現有的色身、生存的器界及社會環境，一切都屬於各人的異熟果。但異熟果在這裡主要指隨順善法所產生的結果。《菩提道次第廣論》中講到八種有暇人身，就是隨順善法所產生的果。暇滿人身是學習佛法的基礎，首先是六根具足，同時善根深厚，並能生活在有佛法的社會環境中。

「力謂由彼器增上力，令諸善法成上品性。」「力」釋增上果。良好的人生異熟果是修學佛法的重要前提，以此作為增上力量，能令所修善法結出殊勝的果實。

「愛樂謂先世數修善力今世於善法深生愛樂。」「愛樂」釋等流果。等是平等，流是流動，等流也就是相似相續。一期生命的延續具有自身的一貫性。今生是否具有慧根，善根是否深厚，取決於過去生。因為前生有良好的基礎，延續到今生才有今生的結果。這是生命的一種沉澱和積累，這點很重要。因為前生的好基礎，所以今生的根基才會特別好。同樣，在佛學院四年時間裡，如果能好好學習，打下一個堅實、良好的基礎，將來走出校門去講課、講經，準備起來就容易了。以「愛樂」釋等流者，是因為過去學習佛法所積累的深厚基礎，今生看到佛法就能深深愛樂，接受佛法的教導感覺很歡喜，而且能學得特別好，這是等流果的作用。

「增長謂現在數修善力，令所修善根速得圓滿。」「增長」釋士用果。士用是一種比喻，就像農夫在田裡種菜，然後不斷澆水、施肥，精心培植，菜很快生長起來。同樣，修學佛法如果有良好基礎，再加上不斷持戒、修定，就能使善根快速增長並成就。所以，士用果是一種作用的結果，是建立在等流果的基礎上。

「淨謂障斷得永離繫。」「淨」釋離繫果，指遠離煩惱繫縛，讓煩惱障永遠消失後成就的果。它建立在前面所說的異熟果、增上果、等流果、士用果等基礎上，然後才能成就離繫果。

「此五如次即是五果：一異熟果，二增上果，三等流果，四士用果，五離繫果。」在修學過程中，五種果本身是一種因果次第的關係，這種解釋比較特殊。以往解釋這五果，都是從世間法上來說，而本論則從修行的角度來談五果，闡述得非常清楚。

甲二、餘果十種

復次，頌曰：

復略說餘果，後後初數習，究竟順障滅，離勝上無上。

論曰：略說餘果差別有十。一後後果，謂因種性得發心果，如是等果輾轉應知。二最初果，謂最初證出世間法。三數習果，謂從此後諸有學位。四究竟果，謂無學法。五隨順果，謂因漸次應知即是後後果攝。六障滅果，謂能斷道即最初果，能滅障故，說為障滅。七離繫果，謂即數習及究竟果，學無學位如次遠離煩惱繫故。八殊勝果，謂神通等殊勝功德。九有上果，謂菩薩地，超出餘乘未成佛故。十無上果，謂如來地，此上更無餘勝法故。此中所說後六種果，即究竟等前四差別。如是諸果但是略說，若廣說即無量。

餘果差別有十種。一後後果，二最初果，三數習果，四究竟果，五隨順果，六障滅果，七離繫果，八殊勝果，九有上果，十無上果。十果純粹是從三乘學者修道的過程來說明。

「論曰：略說餘果差別有十：一後後果，謂因種性得發心果，如是等果輾轉應知。」簡單地說，餘果差別有十種。一是後後果。後後果並非特指哪一果，而是指每種果的排列，前面的為因，後面的為果。也就是說，相對前面的因就會產生後面的結果。「分位品」中所說修行的十八個位次也是這樣，前面為因後面為果。比如種性是因，發心就是結果；以發心為因，加行位就是結果；以加行位為因，果位就是結果；果位是因，有所作位就是結果。所以，後後果是相對前前因來說的，並非特指哪一種結果。

「二最初果，謂最初證出世間法。」最初果指最早證得的出世間法。其時是在初果見道位，斷盡三界見惑，最初通達真如實相。

「三數習果，謂從此後諸有學位。」見道之後還要修道，不斷修習戒定慧。在修道過程中，隨著斷惑的多少又不斷成就結果，其間又有二果、三果等區別。比如斷三界見惑之後，再進一步斷欲界九品思惑的前六品，就成就了二果。斷盡欲界殘餘的後三品思惑，就成就了三果。這些果位都叫數習果，是不斷修習之後成就的結果。這種結果主要從有學位來說，所有有學位的結果都是數習果。

「四究竟果，謂無學法。」究竟果指無學位。這裡說的究竟，指聲聞乘在修學上的最高成就，稱為無學位。無學，表示已經畢業，不用再修再學了。但這種畢業也是相對而言，就像同學們在佛學院四年畢業。畢業之後是不是代表學業圓滿了呢？不是的，還要進一步學修、研究，所謂學無止境。所以，無學果與無上佛果相比還是不究竟的。

「五隨順果，謂因漸次，應知即是後後果攝。」隨順果是相對因所成就的果，與前面的後後果有點相似。

「六障滅果，謂能斷道即最初果，能滅障故，說為障滅。」障滅果是滅除障礙後所成就的結果。比如在見道位滅除了見惑，在修道位又滅除了修惑。聲聞乘的修行就滅除了煩惱障，而菩薩的修習、佛果的成就不僅是斷除煩惱障，同時也滅除所知障。滅除障礙後所成就的結果就是障滅果。

「七離繫果，謂即數習及究竟果，學無學位如次遠離煩惱繫故。」離繫果包含數習果和究竟果，指有學、無學位的修學過程中，不斷遠離種種煩惱束縛，故稱離繫果。

「八殊勝果，謂神通等殊勝功德。」聲聞乘的修習能夠成就三明六通，這一成就屬於殊勝果。應該注意一點，殊勝果、離繫果、障滅果、隨順果，這四果和前面的最初果、數習果和究竟果並非截然不同，也不是截然分開的。殊勝果、離繫果、障滅果、隨順果是根據前面的最初果、數習果、究竟果的不同功德和特徵所安立。所以，它們並沒有截然分開。到此為止，這八種果主要是根據聲聞乘的修習果位而安立。

「九有上果，謂菩薩地，超出餘乘未成佛故。」有上果指菩薩地。菩薩遠遠超出聲聞乘，但還沒有成佛，所以說有上。所謂「有上」，就是還有更高的結果。打個比方來說，某地蓋了一幢高樓，這幢樓的第六層已經超過一般房屋，但它本身只是第六層，並不是最高的頂層。有上果就是這個意思，因為菩薩乘超出聲聞乘，但尚未成佛。

「十無上果，謂如來地，此上更無餘勝法故。」無上果指如來地。即是無上菩提、無上佛果，是修行者成就的最高果位，沒有比這果位更高了，所以叫無上果。

「此中所說後六種果，即究竟等前四差別。如是諸果但是略說，若廣說即無量。」這裡進一步說明，後面所講的六種果沒有超出前面四種果的範疇，沒有超出究竟果。這個究竟果不妨停留在聲聞果位上理解。阿羅漢果在聲聞乘中的果位也是最高的，但從大乘的角度來理解，究竟果當然是指佛果。以上所說的十種果都是略說，廣說就更多了。

甲三、結說

果總義者，謂攝受故，差別故，宿習故，後後引發故，標故，釋故。此中攝受者，謂五果。差別者，謂餘果。宿習者，謂異熟果。後後引發者，謂餘四果。標者，謂後後等四果。釋者，謂隨順等六果，分別前四果故。

這是對前面所說的各種果作總結、歸納和說明。

「果總義者，謂攝受故，差別故，宿習故，後後引發故，標故，釋故。」總的歸納起來，果可以說為六種，即攝受、差別、宿習、後後引發、標、釋。

「攝受者，謂五果。」攝受果指異熟等五果。五果為什麼叫攝受呢？因為它包含了一切果。世間和出世間的一切果，都不外乎五果的內容。

「差別者，謂餘果。」差別指餘果。餘果十種，指修道過程中的差別果。

「宿習者，謂異熟果。」宿習指異熟果。過去生所種的因，就是今生所感得的結果。

「後後引發者，謂餘四果。」後後引發指餘四果，即除異熟果之外的增上果、等流果、士用果、離繫果。這四種果屬於後後引發的，以前一種果為因，引發後面一種結果。如以增上果為因產生等流果，以等流果為因產生士用果，餘者依此類推。

「標者，謂後後等四果。」標指後後等四果。後後等四果就是餘果中的後後果、最初果、數習果、究竟果。這四種果把總果標出來，把所有的果籠統地標出來，這就是標。

「釋者，謂隨順等六果，分別前四果故。」釋指隨順等六果，即隨順果、障滅果、離繫果、殊勝果、有上果、無上果。這六果主要解釋餘果中前面的四種果。

辯無上乘品第七

《辯中邊論》共七品，前六品主要從境、行、果三方面介紹修學佛法的整個內容。本品名為〈辯無上乘品〉，「無上乘」意為無上大乘，主要說明大乘的殊勝。也就是說，大乘在佛法中是最殊勝、最究竟的。在唯識另一部重要論典《攝大乘論》中，具體談到了十種殊勝，以此說明大乘殊勝於小乘。〈辯無上乘品〉的重點，也是說明大乘的殊勝超過小乘。瑜伽唯識的論典特別提出大乘是佛說，並顯示大乘殊勝於小乘，可以說是唯識學的又一大特色。

本品共二十九頌，主要從三個方面來顯示大乘的殊勝。三種無上是：正行無上、所緣無上、修證無上。這三種無上從境行果三個方面顯示大乘的究竟：正行無上指行，所緣無上指境，修證無上指果。

甲一、總標

已辯得果，無上乘今當說。頌曰：

總由三無上，說為無上乘。謂正行所緣，及修證無上。

論曰：此大乘中總由三種無上義故，名無上乘。三無上者，一正行無上，二所緣無上，三修證無上。

〈辯無上乘品〉通過三種無上來說明大乘無上。所以，大乘叫做無上乘。三無上為正行、所緣和修證無上。正行指修行的方法，所緣指大乘所緣的境界，修證指通過修行最終證得的結果。所謂無上，也就是佛法中最高、最究竟的。

「論曰：此大乘中總由三種無上義故，名無上乘。」大乘之所以被稱為無上乘，原因是它具有三種無上義。

「三無上者，一正行無上，二所緣無上，三修證無上。」哪三種無上呢？第一是正行無上，修行方法是最高的；第二是所緣無上，所緣境界是最殊勝的；第三是修證無上，所證境界是最圓滿的。

甲二、正行無上

此中正行無上者，謂十波羅蜜多行。此正行相云何應知？頌曰：

正行有六種，謂最勝作意，隨法離二邊，差別無差別。

論曰：即於十種波羅蜜多隨修差別有六正行，一最勝正行，二作意正行，三隨法正行，四離二邊正行，五差別正行，六無差別正行。

正行無上指十波羅蜜行，共有六種。

「論曰：即於十種波羅蜜多隨修差別有六正行。」正行的內容指十種波羅蜜多，也就是十度。十度的修行特徵，可以從六個方面進行說明，所以又稱為六種正行。

其中，第一是最勝正行，第二是作意正行，第三是隨法正行，第四是離二邊正行，第五是差別正行，第六是無差別正行。茲一一講述如下。

乙一、最勝正行

最勝正行其相云何？頌曰：

最勝有十二，謂廣大長時，依處及無盡，無間無難性，自在攝發起，得等流究竟，由斯說十度，名波羅蜜多。

論曰：最勝正行有十二種，一廣大最勝，二長時最勝，三依處最勝，四無盡最勝，五無間最勝，六無難最勝，七自在最勝，八攝受最勝，九發起最勝，十至得最勝，十一等流最勝，十二究竟最勝。此中廣大最勝者，終不欣樂一切世間富樂自在，志高遠故。長時最勝者，三無數劫薰習成故。依處最勝者，普為利樂一切有情為依處故。無盡最勝者，迴向無上正等菩提無窮盡故。無間最勝者，由得自他平等勝解，於諸有情發起施等波羅蜜多速圓滿故。無難最勝者，於他有情所修善法但深隨喜，令自施等波羅蜜多速圓滿故。自在最勝者，由虛空藏等三摩地力，令所修施等速圓滿故。攝受最勝者，無分別智之所攝受，能令施等極清淨故。發起最勝者，在勝解行地最上品忍中。至得最勝者，在極喜地。等流最勝者，在次八地。究竟最勝者，在第十地及佛地中，菩薩如來因果滿故。由施等十波羅蜜多，皆有如斯十二最勝，是故皆得到彼岸名。

「論曰：最勝正行有十二種。」最勝正行有十二種，最勝也就是最殊勝的。所謂最勝正行，以十波羅蜜多為例，每一波羅蜜都具足這十二種殊勝的特徵。當然，好與不好是相對而言的，十波羅蜜多相對於聲聞、緣覺的修行來說是最好的。十二種正行分別為：一廣大最勝，二長時最勝，三依處最勝，四無盡最勝，五無間最勝，六無難最勝，七自在最勝，八攝受最勝，九發起最勝，十自得最勝，十一等流最勝，十二究竟最勝。

一廣大最勝。「此中廣大最勝者，終不欣樂一切世間富樂自在，志高遠故。」什麼叫廣大最勝？菩薩修十波羅蜜的目標是成佛，絕不會羨慕世間的榮華富貴。世人做好事，比如修布施、持戒等，目的只是為了生天，或發財、當官，眼光很狹窄，心量很狹小。而菩薩修十度不是為了這些，乃至世間一切榮華富貴統統不要，唯一的目的只是成佛。所以叫「廣大最勝」，因為追求的目標廣大的緣故。

二長時最勝。「長時最勝者，三無數劫薰習成故。」什麼叫長時最勝？十度的修行，所經歷的時間非常漫長。修十度，不是一天兩天地修，不是一年兩年地修，也不是一生兩生地修，而是從初發心開始，一直修到成佛了還在修，歷經三無數劫而修，所以叫「長時最勝」。

三依處最勝。「依處最勝者，普為利樂一切有情為依處故。」什麼叫依處最勝？修十度，不是以一個或兩個有情為對象來修，而是以一切有情為對象來修。如果說只對著自己的父母、兄弟姐妹、妻子丈夫、親戚朋友修，或只對著自己的國家修，或只對著人類而不對其他有情修，這樣的依處都不是最勝的。菩薩的修行以一切有情為依處，也就是說，一切眾生都是菩薩慈悲的對象，都是菩薩修十度的對象。乃至看到螞蟻、蚊蠅，都要對著它們修。晚上不要點蚊香，被蚊子咬的時候，就可以修六度。怎麼修呢？叮你的時候，可以修布施；不殺它，是持戒；忍受它的叮咬，是忍辱；長時間讓它叮而不把它趕走，是精進；癢痛難當時不動心，就是禪定；被蚊子叮的時候，如能三輪體空，無我無法，那就具足般若了。所以，對著蚊子也可以修六度。可見修六度並不是很複雜的，不要有畏難情緒。

四無盡最勝。「無盡最勝者，迴向無上正等菩提無窮盡故。」修十度的功德和利益沒有窮盡，因為修十度的菩薩把功德都迴向到佛果。而且，成佛後還要繼續修十度，盡未來際地修，永無止境地修。

五無間最勝。「無間最勝者，由得自他平等勝解，於諸有情發起施等波羅蜜多，速圓滿故。」無間最勝必須建立在勝解的基礎上。這裡所說的勝解，是指菩薩在修十度時，把有情看成與自己一體，自他不二。菩薩在修布施時，不是想著「我在布施眾生」，而是覺得眾生跟自己是一體的，沒有人我自他的分別。正是因為沒有這些人我自他的分別，才能真正做到「無緣大慈，同體大悲」，修十度的功德才能迅速圓滿。

六無難最勝。「無難最勝者，於他有情所修善法但深隨喜，令自施等波羅蜜多速圓滿故。」菩薩不僅是自己修十度，也把自己和眾生看成一體來修。當菩薩修十度時，會盡心盡力地去修；看到一切有情修十度時，也能由衷地隨喜讚歎。隨喜讚歎的功德很大，即使你沒有修十度，但看到有情修十度時能夠隨喜，他的功德也等於是你的功德。把這些功德積累起來，資糧很容易圓滿。修隨喜功德並不容易，尤其是女眾同學。一般來說，女性的嫉妒心比較強，不容易修隨喜。所以，修行首先要學會克服嫉妒心，培養隨喜心。如果能把隨喜心培養出來，心量會逐漸擴大，從而成就「無難最勝」。修十度並不是難事，但前提是必須建立在自他平等的基礎上。把自己和他人看成是一體，修隨喜就比較容易。如果沒有這種心量，看見別人得到榮譽或利益就不舒服，往往會糾纏於人我是非之中，那就很難修行了。

七自在最勝。「自在最勝者，由虛空藏等三摩地力，令所修施等速圓滿故。」虛空藏三摩地不是一般的禪定，而是以契入空性為基礎的殊勝三摩地。菩薩依此修布施等，就能速得圓滿。

八攝受最勝。「攝受最勝者，無分別智之所攝受，能令施等極清淨故。」登地前，是在妄識的基礎上修習十度。到了初地以後，無分別智生起，菩薩依無分別智修習十度，能令所修的十度逐漸從凡夫心的狀態中解脫出來，趣向清淨。

九發起最勝。「發起最勝者，在勝解行地最上品忍中。」十度從勝解行地發起，見道之前的修行，包括資糧位、加行位，皆屬於勝解行地。在資糧位、加行位時，對於真理只是一種認識，並沒有真正地見道、證道。如果能契入空性，就不再是簡單的認識和理解了，所以叫「勝解行地」。

十至得最勝。「至得最勝者，在極喜地。」在極喜地中生起的十波羅蜜為「至得最勝」。因為地前修習的六度都是有漏行，到初地成就勝義菩提心，十度行才從有漏行轉向無漏行。至得的「得」，代表著勝義菩提心的成就、無漏十度行的獲得。

十一等流最勝。「等流最勝者，在次八地。」從第二地到第九地所修的十度，都叫等流最勝。從第二地開始，無漏十度行的修習，在每一地力量都漸漸增加。前前會影響到後後，後後是前前的延續，所以叫「等流最勝」。

十二究竟最勝。「究竟最勝者，在第十地及佛地中，菩薩如來因果滿故。」究竟最勝指法雲地及佛地中所修的十度。菩薩道的修行進入法雲地、佛地時，轉捨煩惱、所知二障，究竟證得空性，圓滿無上菩提、涅槃所成就的果實。此時所修的十度自然最為殊勝，所以叫「究竟最勝」。

「由施等十波羅蜜多，皆有如斯十二最勝，是故皆得到彼岸名。」菩薩修習的十度，具備十二種最勝的特徵，只有這樣的善行，才能稱為十度。而凡夫所修的布施等善行，因為不具備這十二種最勝的特徵，只能帶來人天福報，不能稱為波羅蜜多。

梁武帝是中國歷史上信佛最為虔誠的一位皇帝，曾數次捨身到寺院當下人，替寺院的僧眾行堂、掃地。梁武帝本身對佛法也很精通，經常登壇講經說法，同時還建造了很多寺院，度化了很多人出家。菩提達摩來到中國時，梁武帝把他請到宮中相談。梁武帝問達摩祖師：我即帝位以來，蓋了很多寺廟，度了很多人出家，功德一定很大吧。菩提達摩卻回答說：沒有功德。這對梁武帝打擊太大了：沒有功德的話，那是什麼？菩提達摩說：那是人天小果，有漏之因，雖有若無。

雖然說無論帶著什麼動機和發心去做，每件善行肯定會有結果。但這些功德、福報好比過眼雲煙，虛妄不實。當皇帝也就幾十年，過去就沒有了，所謂「雖有若無」。因為沒有十二種最勝，所以，梁武帝的功德不可以稱為「波羅蜜多」。

何等名為十到彼岸？頌曰：

十波羅蜜多，謂施戒安忍，精進定般若，方便願力智。

論曰：此顯施等十度別名。施等云何各別作業？頌曰：

饒益不害受，增德能入脫，無盡常起定，受用成熟他。

論曰：此顯施等十到彼岸各別事業，如次應知，謂諸菩薩由布施波羅蜜多故，於諸有情普能饒益。由淨戒波羅蜜多故，於諸有情不為損害。由安忍波羅蜜多故，他損害時深能忍受。由精進波羅蜜多故，增長功德。由靜慮波羅蜜多故，起神通等，能引有情令入正法。由般若波羅蜜多故，能正教授教誡有情令得解脫。由方便善巧波羅蜜多故，迴向無上正等菩提，能令施等功德無盡。由願波羅蜜多故，攝受隨順施等勝生，一切生中恆得值佛，恭敬供養常起施等。由力波羅蜜多故，具足思擇、修習二力，伏滅諸障，能令施等常決定轉。由智波羅蜜多故，離如聞言諸法迷謬，受

用施等增上法樂，無倒成熟一切有情。

「何等名為十到彼岸？頌曰：十波羅蜜多，謂施戒安忍，精進定般若，方便願力智。」什麼是十種到彼岸的勝行呢？即施、戒、安忍、精進、定、般若、方便、願、力、智。

「論曰：此顯施等十度別名。施等云何各別作業？頌曰：饒益不害受，增德能入脫，無盡常起定，受用成熟他。」布施等十種到彼岸的勝行，各自的作用功能是什麼呢？偈頌說：饒益、不害、受、增德、能入、脫、無盡、常起、定、受用成熟他。什麼意思呢？

「論曰：此顯施等十到彼岸各別事業，如次應知。」十度的作用，以下分別解釋。

「謂諸菩薩，由布施波羅蜜多故，於諸有情普能饒益。」布施能饒益一切眾生。修布施時，總會給對方帶來利益。財布施，使被施者獲得經濟上的利益；法布施，使聽受者得到解脫的利益；無畏施，當有情恐懼害怕時，給予他們力量和安全感。所以，布施的特點是饒益一切眾生。

「由淨戒波羅蜜多故，於諸有情不為損害。」持戒的作用和特點，主要是不損害有情。比如持五戒，不殺生就是不損害眾生的生命，不偷盜就是不損害眾生的財產，不邪淫就是不損害眾生的人格尊嚴及破壞對方的家庭，不妄語就是守信用、不欺騙別人，不飲酒就是不給他人帶來不必要的麻煩。所以，持戒的作用在於不損害他人。倘若犯戒，就可能傷害到別人。

「由安忍波羅蜜多故，他損害時深能忍受。」安忍就是忍辱，佛教所說的忍辱，不只是在別人傷害自己時能夠忍辱負重。根據六度的內涵，「忍」有三方面的含義：一是耐怨害忍，二是安受苦忍，三是諦察法忍。這裡所講的主要是其中的耐怨害忍，即能夠忍受怨家對自己的迫害。「忍」體現了一個人的涵養，沒有涵養、沒有修忍辱的人，當別人傷害到自己的利益時，他的無明火、嗔恨心就來了，很難忍受。現在的影視作品，不是愛情片就是武打片，不是愛就是嗔，恩恩怨怨、打打殺殺。眾生的世界，就是這樣一個世界。

「由精進波羅蜜多故，增長功德。」佛經說：修行好比一個人與一萬人戰。因為我們無始以來形成的凡夫心的力量太大了，沒有勇猛精進是很難獲勝的。所以，精進在止惡修善、轉染成淨的過程中非常重要。唯有通過精進的修行，無量善法才能增長，反之只能被貪嗔痴左右。

「由靜慮波羅蜜多故，起神通等，能引有情令入正法。」通過修靜慮就能引發神通，然後引導有情趣入正法。引發神通的目的是為了教化眾生。《阿含經》記載了佛陀的幾種教化方式，一是語言的教化，一是神通的教化。不過，神通教化的對象通常是根機差的人。根機好的人一般都用語言教化，根機差的人才需要用神通教化。給他變個什麼東西，一下子就相信了。社會上多數人都喜歡這一套，顯一下神通，馬上就有一大幫人跪在腳下，結果造成交通堵塞。所以說現在的人根機差，因為他們都需要神通來刺激。當然，佛教所講的禪定，不僅是為了引發神通，更主要是為了引發般若智慧。

「由般若波羅蜜多故，能正教授教誡有情令得解脫。」般若的作用，主要是能正確教化有情，令有情從生死煩惱中解脫出來。所以，解脫要靠般若智慧。有智慧才能解脫，解脫了才能自在。

「由方便善巧波羅蜜多故，迴向無上正等菩提，能令施等功德無盡。」方便善巧波羅蜜多，能把所修的功德迴向到佛果上，使這些功德無窮無盡，無有限量。所以，想使每種行為都達到功德無量，就要入方便波羅蜜多。

「由願波羅蜜多故，攝受隨順施等勝生，一切生中恆得值佛，恭敬供養常起施等。」因為願力的關係，才能在未來生命中生生世世修布施，生生世世遇上佛、法、僧三寶。所以我們要發願，發願永遠能遇上諸佛，能親近諸佛，生生世世和諸佛菩薩在一起。然後永遠修十度，盡未來際地修，直到成佛。願力非常重要，學佛的人每天要對著佛菩薩發願。

「由力波羅蜜多故，具足思擇、修習二力，伏滅諸障，能令施等常決定轉。」力主要有兩種：一是思擇力，二是修習力。思擇力，指能正思擇緣起因果，於惡法中深見其過，息諸惡行，勤修眾善。修習力是以思擇力為基礎，能正修習三十七菩提分法、六度四攝行，由此滅除菩薩道中的種種障礙，使所修的十度長時相續。

「由智波羅蜜多故，離如聞言諸法迷謬，受用施等增上法樂，無倒成熟一切有情。」由智慧波羅蜜多的力量，能對甚深佛法正確理解而不致有錯誤。對佛法真正理解之後，就能於十度中的布施、持戒、忍辱、精進等正確修習。正確修習十度後，就能得到施等法樂，得到利益和受用。同時，也能無顛倒地利益一切眾生，引導他們趨向無上菩提。

最勝正行就是十度。十度中，每一度都包含有十二種最勝。所以稱為「最勝正行」。

乙二、作意正行

如是已說最勝正行，作意正行其相云何？頌曰：

菩薩以三慧，恆思惟大乘。如所施設法，名作意正行。

論曰：若諸菩薩以聞、思、修所成妙慧，數數作意思惟大乘，依布施等，如所施設契經等法，如是名為作意正行。

有情的行為由身、口、意三業組成，身是行動，口是語言，意是思想，由思想來支配行動和語言。凡夫的觀念，有正確的，也有錯誤的。修習十度，必須有正確觀念作指導。修行者也必須用正確的想法、觀念和心態去修十度，這就屬於作意正行。反過來說，如果在錯誤的思想觀念指導下修十度，就是作意邪行而不是作意正行了。

作意正行的內容主要是聞、思、修三慧，由聽聞正法、如理思惟，才能如法修行。所以，作意正行是建立在聞、思、修三慧的基礎上。

「論曰：若諸菩薩以聞、思、修所成妙慧，數數作意思惟大乘，依布施等，如所施設契經等法，如是名為作意正行。」菩薩修十度時，必須以聞、思、修所成妙慧為指導。所以，修十度不是盲目地修。比如布施，世間人也修布施；持戒，外道也持戒；忍辱，沒信仰而有涵養的人也能忍辱，這些並不是佛法特有的。什麼才是佛教所修的十度呢？怎樣修才屬於如法、究竟的十度呢？必須通過聞、思、修三慧，「法隨法行」地修。在修學佛法的過程中，正思惟非常重要。所以，學佛不是不分別，而是以正思惟去分別。根據經教「數數作意思惟大乘」，經常聞、思大乘經教，思惟大乘經典中是怎樣教導我們修習布施、持戒、忍辱、精進、禪定、智慧等，經常這樣思惟並運用到實際生活，才能從中受益，從中得到法喜。

此諸菩薩以三妙慧思惟大乘有何功德？頌曰：

此增長善界，入義及事成。

論曰：聞所成慧思惟大乘，能令善根界得增長。思所成慧思惟大乘，能正悟入所聞實義。修所成慧思惟大乘，能令所求事業成滿，謂能趣入修治地故。

菩薩用三種妙慧修習大乘佛法，到底有什麼好處呢？

「論曰：聞所成慧思惟大乘，能令善根界得增長。」不斷聽聞經教，能使善根增長。每個人多多少少都會有善根，同學們能夠出家到佛學院來學習，自然是有善根。但如果沒出家，或者因緣沒有成熟而不能出家，有沒有善根呢？善根的力量當然有，但這種力量未必強大，所以接觸佛法之後，還要不斷聽聞經教，學習教理，使自己對佛法的認識和信念也越來越深入，這就是善根增長。所以，聽聞大乘能使善根不斷增長。

「思所成慧思惟大乘，能正悟入所聞實義。」學佛者不斷思惟經教的道理，就能如實認識諸法的真實。對佛法義理的把握必須通過思考，所以，多聞之外還要思考，也就是正思惟。

「修所成慧思惟大乘，能令所求事業成滿，謂能趣入修治地故。」按大乘教法修行，能使所求事業成功圓滿。這裡所說的事業，是利益一切眾生、成就佛果的大事，這些都要通過修所成慧來完成，通過修習大乘教法來完成。所以說，「能趣入修治地故」。修就是修十地，治地就是對治煩惱。斷煩惱、證真理，這一切都要通過修行來完成。

作意正行有何助伴？頌曰：

此助伴應知，即十種法行。

論曰：應知如是作意正行，由十法行之所攝受。何等名為十種法行？頌曰：

謂書寫供養，施他聽披讀，受持正開演，諷誦及思修。

論曰：於此大乘有十法行，一書寫，二供養，三施他，四若他誦讀專心諦聽，五自披讀，六受持，七正為他開演文義，八諷誦，九思惟，十修習。

修習作意正行要具備哪些相應的行為？聞、思、修建立在什麼基礎上？

「論曰：應知如是作意正行由十法行之所攝受。」要成就聞、思、修，必須有十種法行作為基礎。作意正行就是建立在十法行的基礎上，由十法行所攝受。

「何等名為十種法行？頌曰：謂書寫供養，施他聽披讀，受持正開演，諷誦及思修。」十種法行是書寫、供養、施他、聽、披讀、受持、正開演、諷誦、思和修。十法行在大乘佛法的修行中非常重要。《金剛經》、《華嚴經》、《般若經》、《解深密經》等經典中，一再讚歎讀誦、書寫經典的功德。《金剛經》說：「須菩提！當來之世，若有善男子善女人，能於此經受持讀誦，即為如來以佛智慧，悉知是人，悉見是人，皆得成就無量無邊功德。」《金剛經》中讚歎讀誦受持功德的內容有好幾處，由此可見十法行的重要性。

「論曰：於此大乘有十法行，一書寫。」大乘十種法行中，第一就是書寫。佛法的流通，最早是靠口口相傳，之後古人通過寫經使經典得以流通。現在敦煌莫高窟還保存了很多唐人寫經，編輯出版了《敦煌大藏經》和《敦煌寶藏》。此外，北京房山雲居寺的《房山石經》也很著名。隋朝靜琬大師為預防滅佛毀經，自隋大業年間開始，師徒相傳，代代接替，從隋一直延續到明，共經歷六個朝代、一千年的時間，給我們留下了幾十萬塊石刻的經版。今天寫經就容易了，只要出資找印刷廠印書就可以，雖然沒有親自動筆抄寫，但功德是一樣的。另外，還可以製作影音製品和光碟來弘揚佛法。現在整部《大藏經》只需薄薄一片光碟就全裝進去了，真是不可思議。

「二供養。」這裡的供養是指供養經典，比如出資印刷經典。「三施他。」也就是把經書送給別人，讓別人學習，同樣功德無量。「四若他誦讀專心諦聽。」當別人讀誦經典時，你在旁邊專心諦聽。「五自披讀。」也就是自己讀誦經典。「六受持。」對經教開顯的義理不僅要讀誦，而且要進一步熟悉並接受其中的思想。「七正為他開演文義。」開演也就是對別人講經，就像我現在給你們講經一樣。「八諷誦。」熟讀或朗誦。「九思惟。」根據經教的義理如理思惟。「十修習。」依教奉行。

佛法的流傳必須依靠這十種方式。只有很多人共同書寫、供養、施他、讀誦、受持、講說、思惟、修習，才能使經典一代代地流傳下去。所以，佛法在世間的流傳和住持必須依靠十法行。否則，佛法經典能夠流傳下來嗎？十法行不僅能使正法久住，從個人修行來看，十法行也包含著聞、思、修三慧。其中，書寫、供養、施他、讀誦諦聽、披讀、受持、為他開演文義、諷誦等屬於聞所成慧的內容，第九思惟屬於思所成慧的內容，第十修習屬於修所成慧的內容。所以說，聞、思、修三慧也是根據十法行建立的。

行十法行獲幾所福？頌曰：

行十法行者，獲福聚無量。

論曰：修行如是十種法行，所獲福聚其量無邊。何故但於大乘經等說修法行，獲最大果，於聲聞乘不如是說？頌曰：

勝故無盡故，由攝他不息。

論曰：於此大乘修諸法行，由二緣故獲最大果。一最勝故，二無盡故。由能攝益他諸有情，是故大乘說為最勝。由雖證得無餘涅槃，利益他事而恆不息，是故大乘說為無盡。

修十種法行，可以得到的福報無量無邊。

「何故但於大乘經等說修法行，獲最大果，於聲聞乘不如是說？」為什麼只說依大乘經典修十法行能得到這麼大的功德，而對於聲聞乘的經典不是這樣說呢？

「論曰：於此大乘修諸法行，由二緣故獲最大果。一最勝故，二無盡故。」這是強調大乘的殊勝。根據大乘經典修十種法行，由於兩種原因，能得到兩種最大的結果：一是最勝，二是無盡。

「由能攝益他諸有情，是故大乘說為最勝。」第一種原因，根據聲聞乘的經典修行，只能使自己解脫煩惱、了脫生死。而大乘以一切眾生為度化對象，所以說是最勝。

「由雖證得無餘涅槃，利益他事而恆不息，是故大乘說為無盡。」第二種原因是無盡。聲聞乘證得涅槃之後灰身滅智，不再度化眾生。而菩薩成就佛果之後，還能無窮無盡地利樂有情。這裡主要從最勝和無盡兩個角度，說明依大乘修十種法行最為殊勝。

作意正行的主要內容是從聞、思、修出發。也就是說，我們的認識和分別應該建立在聞、思、修慧的基礎上。這種作意屬於正確的作意，屬於正見。反過來說，如果離開對經教的聞、思、修，所作之意往往是胡思亂想，屬於妄想的範疇。

乙三、隨法正行

如是已說作意正行，隨法正行其相云何？頌曰：

隨法行二種，謂諸無散亂，無顛倒轉變。諸菩薩應知。

論曰：隨法正行略有二種，一無散亂轉變，二無顛倒轉變，菩薩於此應正了知。

隨法正行者，法指佛陀的教法，確切地說，指解脫道和菩提道。因為佛陀所有經教指示的中心，無非是教導我們趣向解脫、趣向菩提，所以隨法正行就是指趣向解脫、趣向菩提的正道。

「論曰：隨法正行略有二種，一無散亂轉變，二無顛倒轉變，菩薩於此應正了知。」根據解脫道、菩薩道的修行，隨法行的內容主要包括兩方面：一是無散亂轉變，二是無顛倒轉變。無散亂主要指心念上不散亂，不隨妄念左右；無顛倒主要指認識上沒有顛倒，能正確認識宇宙人生的真實。這就是說，依法修行主要表現在兩個方面：一方面在心念上做到無散亂，一方面在認識上做到無顛倒。這兩點非常重要，作為學者，必須對此有正確的認識。

丙一、無散亂轉變

此中六種散亂無故，名無散亂。六散亂者，一自性散亂，二外散亂，三內散亂，四相散亂，五粗重散亂，六作意散亂。此六種相云何應知？頌曰：

出定於境流，味沉掉矯示，我執心下劣，諸智者應知。

論曰：此中出定由五識身，當知即是自性散亂。於境流者，馳散外緣，即外散亂。味沉掉者，味著等持，昏沉掉舉，即內散亂。矯示者，即相散亂，矯現相已修定加行故。我執者，即粗重散亂，由粗重力，我慢現行故。心下劣者，即作意散亂，依下劣乘起作意故。菩薩於此六散亂相，應遍了知，當速除滅。

「此中六種散亂無故，名無散亂。六散亂者，一自性散亂，二外散亂，三內散亂，四相散亂，五粗重散亂，六作意散亂。」什麼是無散亂？不能有哪些散亂？論主告訴我們，不能有六方面的散亂，即自性散亂、外散亂、內散亂、相散亂、粗重散亂、作意散亂。這六方面的散亂都沒有了，就是無散亂。

「論曰：此中出定由五識身，當知即是自性散亂。」自性散亂的體是五識身。五識的分別在三分別中屬於自性分別。五識表現出來的散亂非常微細，因為五識本身的分別就非常微細。比如一個人入定，一小時、兩小時或更長時間之後想要出定。為什麼會想出定呢？就是因為五識想攀緣外境，比如眼識想看什麼東西、耳識想聽什麼聲音等等。因為五識有這種向外的攀緣心，所以修定的人才會出定。所以，自性散亂所表現的就是五識。

「於境流者，馳散外緣，即外散亂。」外散亂的體是散亂，屬隨煩惱中的散亂心所。因為有散亂心所，即使坐著也浮想聯翩，心無法定下來，想著各種各樣的問題。這些都是散亂的作用。

「味沉掉者，味著等持昏沉掉舉，即內散亂。」內散亂的體屬於貪的範疇。因為貪著於寧靜的感覺，所以在修定或打坐的時候，甚至沒有進入禪定時也覺得很舒服。如果修定的人在禪定上真正有成就了，成就輕安之類的止，對禪定更容易產生貪著。「味著等持」的貪心，使修定者貪著這種禪悅。所以「瑜伽菩薩戒」說，修禪的人貪著禪悅，也是犯戒。

昏沉、掉舉也屬於內散亂。昏沉、掉舉的體，本身就是昏沉、掉舉心所，這是坐禪時兩種非常不利的狀態。掉舉就是心性高舉、浮想聯翩，昏沉就是心暗昧不明。凡夫的心態通常處在極不平衡的狀態中，要嘛處在掉舉中，要嘛處在昏沉中。所以佛教講等持，等就是平等、平衡，離開掉舉和昏沉，才能使心處在平衡狀態。

「矯示者，即相散亂，矯現相已修定加行故。」矯示指相散亂。相散亂的體屬於隨煩惱中的諂和誑心所。諂是諂曲、諂媚，討好別人，誑是欺騙。帶著討好別人的欺騙心態而修禪定就是矯示。有些人為了博得他人的尊重和供養，裝模作樣地修行。或者本來沒有神通和真功夫，卻裝得很有神通、很有功夫的樣子來欺騙世人，這些都屬於相散亂。對於一般修行人來說，比較容易出現這種現象。因為出家人的四事供養來自十方，而人的弱點就是喜歡享受，要吃得好、住得好、用得好。如果裝模作樣，使大家認為你很有修行，很有功夫，就會供養很多好東西。難怪有人說：和尚不作怪，居士不來拜。

「我執者，即粗重散亂，由粗重力，我慢現行故。」粗重散亂的體就是我執。由於我執的關係，我慢現行。當修行稍微有一點體驗之後，就覺得開悟了，證得初地了，證得阿羅漢果了，認為自己了不起，未證謂證。到底證得什麼境界？自己也不知道，卻自我感覺已證得很高的境界，覺得自己很了不起。所以，粗重散亂的表現主要是我慢。修行者往往容易出現我慢，自我感覺對佛法有些體驗，認為學教理的只會講講而已，沒有真實的修行體驗，這種現象還比較普遍。這也屬於粗重散亂，有了這種我慢之後，使修行人內心不得平靜，看到別人不修行心就亂了，看不慣別人。甚至覺得自己修行很好，應該接受供養和尊重，否則就難受。這些都是我慢的表現。

「心下劣者，即作意散亂，依下劣乘起作意故。」作意散亂主要表現為心性下劣。學佛者在初發心時，究竟是發廣大心還是發下劣心，這一點非常重要。廣大心就是菩提心，按大乘佛法來說，菩提心才是最高尚、最廣大的發心。如果不能發菩提心，依下劣乘發人天乘心，或依聲聞緣覺乘發心，這些發心屬於作意散亂，是發心上的偏差。

「菩薩於此六散亂相，應遍了知，當速除滅。」六種散亂主要從修定的角度來說，從心念是否平衡來說。也就是說，想修定就要避免這六種散亂。菩薩對於這六種散亂應該全面了解，並且快速斷除它們。一旦發現自己有這些問題，要當機立斷，馬上解決。

丙二、無顛倒轉變

如是已說無散亂轉變，無顛倒轉變云何應知？頌曰：

智見於文義，作意及不動，二相染淨客，無怖高無倒。

論曰：依十事中如實智見，應知建立十無倒名。

無顛倒轉變，指認識、見地上的修行。無顛倒相對於有顛倒來說，它的意義在於擺脫顛倒狀態。從佛法的角度來說，凡夫基本生活在顛倒之中。因為無明產生顛倒，因顛倒造業而招感生死苦果。無顛倒用的是智慧，而不是妄識。唯識的重點講智和識。唯識的教理和修行，都圍繞「智」和「識」展開。識是虛妄的，智是真實的。唯識修行所要達到的目的，就是轉識成智。所以，要用智慧見文和義。

我們現在有沒有智慧呢？能不能正確認識文義呢？智有不同層次的智慧。我們講到般若的時候，包括三種：一是文字般若，二是觀照般若，三是實相般若。其中，實相般若凡夫肯定沒有，但通過學習經教多少能掌握一些文字般若，然後用文字般若的見地和觀念來觀照宇宙人生的現象，就是觀照般若。所以說，文字般若和觀照般若我們多少還是有一些的。

還有唯識宗所講的四種尋思、四如實智等等。比如四尋思的體屬於智慧，四如實智也是智慧。現在我們雖然沒有實相般若，但學習經教後還會產生一種相似的智慧，也就是觀照般若的認識。我們雖然不具備無漏智，但還是有能力正確認識宇宙人生的諸法，並非一點能力也沒有。學習經教正是培養這種能力的最佳途徑。如果不學經教，一點能力也不會有。所以我們要有信心，相信自己能夠認識宇宙人生的真理。

「論曰：依十事中如實智見，應知建立十無倒名。」要認識宇宙人生的真實，應依以下十個方面，即文無倒、義無倒、作意無倒、不動無倒、自相無倒、共相無倒、染淨無倒、客無倒、無怖無倒、無高無倒。由此，指導我們正確認識宇宙人生的真實，並建立十種無倒的名稱，分別介紹如下。

丁一、文無倒

此中云何於文無倒？頌曰：

知但由相應，串習或翻此，有義及非有，是於文無倒。

論曰：若於諸文能無間斷次第宣唱，說名相應。共許此名唯目此事，輾轉憶念名為串習。但由此二成有義文，與此相違文成無義。如實知見此二文者，應知是名於文無倒。

文就是文字。經教的流傳依靠文字，所以學習佛法必須具備一定的古漢語知識，具備一定的文化基礎。如果沒有古漢語基礎，讀懂佛經會很困難。有了這個基礎，再加上師承，才有能力深入經藏。

現代從事佛學研究的人，最好還要熟悉佛經的原始文獻，也就是梵文、巴利文的佛教經典。因為中國的佛經都是從梵文翻譯而來，現在也有一些經典是從巴利文翻譯過來的。古代的翻譯大師，如羅什、玄奘等，的確譯得特別好，但也有些人的翻譯水準略為遜色。所以，某些經論讀起來覺得很難理解。在這種情況下，如果懂得梵文或巴利文，直接查找原始文獻，研究起來就清晰得多。現在國際上一些學者研究佛經，就是直接從梵文入手。近幾年，中國有很多學者到斯里蘭卡學習巴利文，對研究原始佛教文獻會有很大幫助。也有的在學習藏文，因為藏文是根據梵文所造，比較接近於梵文。部分佛經在漢地和藏地都曾翻譯過，如《辯中邊論》就有很多譯本，既有漢譯本，也有藏文譯本。同時，藏文中也有大量佛教文獻是漢文《大藏經》中沒有的。如果懂得藏文，就能找到更多的參考資料進行比較和對照。

現在台灣出版了一部《世界佛學名著譯叢》，共計一百冊。其中收集了日本編纂的《辯中邊論》的幾種譯本，如真諦的譯本、玄奘的譯本，還有藏文的譯本，然後把三種譯本彙編在一起進行對照。同樣一段文字，藏文中怎麼說，玄奘的譯本怎麼說，真諦的譯本怎麼說，梵文又是怎麼說。如果懂得這幾種語言，即使沒有參考注釋，對照幾種不同版本的原文，也能讀懂大概。如果沒有掌握這幾種文字，就只能參考後人的翻譯和注解，反而不那麼容易理解。因為注釋往往是作者根據個人理解發揮的，容易脫離經文原義。所以，對經文的正確理解，最好得從原始文獻下手，這就要求文字功夫跟得上。

「論曰：若於諸文能無間斷次第宣唱，說名相應。共許此名唯目此事，輾轉憶念名為串習。但由此二成有義文，與此相違文成無義。」正確認識文字須從兩方面下手：一是相應，一是串習。也就是說，文字的存在和使用有兩個特徵：相應和串習。

由字組成詞語，由詞語組成句子，這在佛經中叫名、句、文。名就是概念、名稱，如桌子、錄音機等等。句就是一個句子，如某人是個好人，這桌子真結實，緣起性空、諸法無我，這些都是句子。句子和概念，都是建立在文字的基礎上，由字和字組合形成概念。比如「桌子」這個概念，如果只說「桌」，它的意義就不完整。名和句都是依文而產生。

中文有中文的特點，外文有外文的特點。比如中國文字，每個文字的製造和使用都有它的規則，我們可以通過六書，即象形、形聲、會意、指事、轉注、假借來認識中國文字。其實學習英文也是一樣，一方面要注意語法，它是詞、句的組合規則，使我們了解一個句子的結構。另一方面是背單詞，每個單詞也有它的特殊結構，有它的規律性。西方社會的特點是什麼事都講規律，所以西方人有一種科學精神。科學精神就是一切重視規律，掌握了英文的結構和規律，背起單詞來就容易得多。然後，詞和詞相組合形成句子。理解文字的結構和規律，就能更好地理解文字內涵。這種規律就是相應，而不符合這種規律就是不相應。所以說它是沒有間斷的，這是一個特點。還有一個是要按次第宣唱，前後次序不能顛倒。反過來說，如果有間斷或是次第顛倒，就不能構成文字。這也是相應。

什麼叫串習呢？「共許此名唯目此事，輾轉憶念名為串習。」大眾公認的習慣就是串習，這點很重要。所以，文字除了規律以外，還必須是大眾公認的習慣。人為什麼叫人？為什麼不叫豬呢？這就是約定俗成。所以，大家都知道人是人而不是豬。假如祖先把人叫做豬，把豬叫做人，那麼今天大家都會覺得人是豬而不是人。如果有人說你是人，你會認為這傢伙在罵你，這還了得！因為大家公認把人叫豬而不叫人，他現在叫你人，那不是在罵你嗎？這是房子，不能叫它桌子，因為大家公認它是房子，這也是一種習慣。為什麼叫房子而不叫做桌子呢？這有什麼道理？當然，中國文字是按象形的規律來立名的，也可能在這種規律之外另有其他原因。還有一點，必須是大家公認的，也就是名言共許。大家都認為是這樣，這個就是這個，那個就是那個。

「但由此二成有義文，與此相違文成無義。」認識文字應當從相應和串習兩個方面下手，因為有這兩個原因，所以文字才成為有內容和意義的文字。如果跟這兩個原則相反，那麼所構成的就是沒有內容和意義的文字。「如實知見此二文者，應知是名於文無倒。」如果能正確認識這兩點，就等於正確認識文字是怎麼回事，也就說明你對文字沒有顛倒。

丁二、義無倒

於義無倒其相云何？頌曰：

似二性顯現，如現實非有，知離有非有，是於義無倒。

論曰：似二性顯現者，謂似所取能取性現，亂識似彼行相生故。如現實非有者，謂如所顯現實，不如是有。離有者，謂此義所取能取性非有故。離非有者，謂彼亂識現似有故。如實知見此中義者，應知是名於義無倒。

義無倒指如實認識依他起的事相。關於依他起的事相，學習〈辯相品〉時就有詳細說明。但論主慈悲，在此又做進一步的確認。

「論曰：似二性顯現者，謂似所取能取性現，亂識似彼行相生故。」似二性顯現的，是從依他起相而言。依他起相的根本就是亂識，也就是妄識。依他起相建立在妄識的基礎上，當妄識現行時「似所取能取性現」，是說妄識活動時自然呈現出見分、相分，見分似能取，相分似所取。

「如現實非有者，謂如所顯現，實不如是有。」非有指什麼？在依他起相上所顯現的見分和相分，有情往往不能正確認識。見分雖然似能取，相分雖然似所取，但只是相似，並沒有實在性。而有情眾生卻將其視為實在的，以為有實實在在的能取、所取，於是見分、相分就上升到了能執和所執。於能執的妄識上作種種遍計，於所執的妄境中計種種差別相。事實上，這些妄執的境界並沒有像我們想像的那麼實在，是沒有的。

如何正確認識依他起的事相呢？應離開有和非有二邊。

「離有者，謂此義所取能取性非有故。」如何離有？就要知道我們在所取能取上產生的自性見和實在感是錯誤的，只是錯覺的結果，客觀上根本不存在。我們唯有認識到意識所賦予的能取所取性為非有，才能遠離在依他起相上增益的常見。

「離非有者，謂彼亂識現似有故。」對於依他起相的認識，我們還要遠離非有，即斷見。如果認為依他起相根本不存在，什麼都沒有，又落入了斷見，也是不對的。因為妄識所顯現的因緣假相是有的，不可否定。如果否定妄識的存在，也就否定輪迴、解脫了。

「如實知見此中義者，應知是名於義無倒。」如實認識依他起相，既不是實在有，也不是什麼都沒有，就是對依他起相的正確認識。

丁三、作意無倒

於作意無倒者，頌曰：

於作意無倒，知彼言薰習，言作意彼依，現似二因故。

論曰：所取、能取言所薰習名言作意，即此作意是所、能取分別所依，是能現似二取因故，由此作意是戲論想之所薰習名言作意。如實知見此作意者，應知是於作意無倒。

作意是妄識對所緣境界的了別作用。妄識能否正確作用於所緣境界呢？就凡夫而言，通常是不能正確認識的。妄識了別境界時是顛倒的，不能「作意無倒」，由此滋生生命中無盡的過患。這部分內容告訴我們，如何才能「作意無倒」。

「論曰：所取、能取言所薰習名言作意。」所取、能取指的是依他起的現象。依他起的妄識顯現時，以似能取和似所取的形態出現。依他起的似能取、似所取相，一旦介入意識活動之後，就成了能執和所執，並薰習名言作意的種子。

「即此作意是所、能取分別所依，是能現似二取因故。」這裡，進一步告訴我們名言作意種子和二取相的關係。名言作意種子雖是能、所取在活動過程中薰習留下的，是結果，同時又作為能、所取生起的因。因名言作意種子中具有似能取、似所取的特徵，所以顯現似能取、似所取的依他起相。

「由此作意是戲論想之所薰習名言作意。如實知見此作意者，應知是於作意無倒。」作意從「戲論想之所薰習」而來。如果能正確地認識作意，就是「作意無倒」。

丁四、不動無倒

於不動無倒者，頌曰：

於不動無倒，謂知義非有，非無如幻等，有無不動故。

論曰：前說諸義離有非有，此如幻等非有無故。謂如幻作諸象馬等，彼非實有象馬等性，亦非全無，亂識似彼諸象馬等而顯現故。如是諸義無如現似所取、能取，定實有性，亦非全無，亂識似彼所取、能取而顯現故。等聲顯示陽焰、夢境及水月等，如應當知。以能諦觀義如幻等，於有無品心不動散。如實知見此不動者，應知是於不動無倒。

不動指心不為妄境所動。如何才能做到心不為妄境所動呢？這就需要有正確的認識，這樣才能達到不動。如果能做到不動，那就是沒有顛倒。如果心為境所動，就會有顛倒。

「論曰：前說諸義離有非有，此如幻等非有無故。」不動無倒主要建立在對諸義的認識上。義是依他起的事相，對依他起事相的認識要遠離有和非有，如遠離夢幻一樣。印度人很善於製造各種各樣的幻術、魔術之類。《解深密經．勝義諦相品》中說，幻師在十字街頭，堆集了一大堆木材、稻草，然後變幻出很多象、馬等，結果造成交通堵塞。幻師所變化出來的東西非有非無，不能說它是有，也不能說它是沒有。那麼，到底有還是沒有呢？

「謂如幻作諸象馬等，彼非實有象馬等性，亦非全無，亂識似彼諸象馬等而顯現故。」幻師所幻化的象馬等不是實在的有，也不是完全沒有，而是亂識所顯現的各種現象。這個世界是虛妄的世界，是眾生打妄想打出來的。現在的世界為什麼比以前更繁榮昌盛、更豐富多彩？就是因為現在的人妄想特別多，思想特別複雜，也更富有創造力。以前的人心地單純，思想簡單，修行容易成就。今天的人妄想特別多，思想特別複雜，修行也特別不容易有成就。

「如是諸義無如現似所取、能取，定實有性。」前面舉的是比喻，幻師所幻現的象、馬不是實有，不是全無。依他起相所顯現出來的似所取和似能取，也不是實在的，和我們感覺所呈現出來的是不一樣的。因為我們的感覺是有問題的，就像戴著變色眼鏡，看到的根本就不是世界的真相。

「亦非全無，亂識似彼所取、能取而顯現故。」但是依他起相也不是沒有。因為當亂識——也就是妄識生起的時候，就會顯現出見分和相分。見分為能取，相分為所取。所以，顯現出的似能取和似所取，見分和相分，不能說它完全沒有。

「等聲顯示陽焰、夢境及水月等，如應當知。」「等」指前面所講的「非無如幻等」，「如幻」是個比喻。其實還可以舉出許多例子，比如陽焰、夢境及水月等。「陽焰」指太陽照在地面的反射就像湖泊一樣，鹿以為有水可以解渴，其實卻不是那麼回事。「夢境」指夢中的境界，「水月」指水中的月影。這幾種境界不能說它是實在的有，也不能說它是完全的無。比如昨天晚上做了夢，醒來以後，夢中的境界固然是沒有，但夢中的感受卻是實實在在的有。《唯識二十頌》中，反駁外道關於唯識的道理時，也引夢境作為比喻。《般若經》中，關於有為法、緣起法的比喻更多，除了這六種比喻外，還有如鏡中花、如水中月、如乾闥婆城等等。這些說明和唯識宗的說明有相似之處，同樣把依他起看成是夢幻泡影。《金剛經》也告訴我們：「一切有為法，如夢幻泡影，如露亦如電，應作如是觀。」從這些比喻，我們就可以知道怎樣看待依他起相。

「以能諦觀義如幻等，於有無品心不動散。」能如實看到依他起相的虛妄幻化時，心念就不會被妄相所動，不會七上八下、顛倒夢想。世人之所以心隨境轉，之所以為八風所動，之所以因為環境變化而帶來很多痛苦，原因就是他們把現實的一切看得太實在了，執著得太深，太在乎了。所以他們的痛苦才會很深。如果能隨時看做夢幻泡影，對什麼都不在乎，還會痛苦嗎？一旦超脫出來，就能活得灑脫自在。在修學佛法的過程中，如何提高自己的思想境界，提高自己的認識，開闊自己的心胸，才是修行的關鍵。如果不能把這些關鍵提升，整天斤斤計較，患得患失，修行肯定是修不好的。

「如實知見此不動者，應知是於不動無倒。」如實認識依他起相，不起顛倒妄想，就叫做不動無倒。

丁五、自相無倒

於二相無倒者，謂於自相及共相中俱無顛倒。於自相無倒者，頌曰：

於自相無倒，知一切唯名，離一切分別，依勝義自相。

論曰：如實知見一切眼色乃至意法皆唯有名，即能對治一切分別，應知是於自相無倒。此依勝義自相而說，若依世俗非但有名，可取種種差別相故。

自相就是法的自體相，也就是自性。每一種法的存在，都有它的自相，都有它的自性。從唯識宗的角度來說，自性既是一法存在的本體，也是一法存在的特性和作用。比如說，水以濕性作為它的自相，火以暖性作為它的自相。每一法都有它的自相，這是從依他起有為法的角度來說。其實自相還有更高一層的意義，就是指圓成實的勝義自相。依他起是一種世俗自相，圓成實自相是勝義自相。所以，當說到自相時，不僅要認識到世俗的自相，同時也要認識到勝義的自相。

「論曰：如實知見一切眼色乃至意法皆唯有名，即能對治一切分別，應知是於自相無倒。」怎樣認識自相無倒呢？如實認識一切眼色乃至意法，就能認識「自相無倒」。從眼色到意法，其間已包括六根、六塵、十二處乃至六識。要如實認識六根、六塵、六識這一切依他起相只是假名安立，而名稱也同樣了不可得。這種如實的見，能幫助我們對治虛妄分別識，通達勝義的自相。

「若依世俗非但有名，可取種種差別相故。」但是，如果從世俗的自相來說，不只是有名稱，一切法的差別都宛然存在。所以佛教中有這樣兩句話：一句是「真諦門中不立一法」，這是從真如勝義的角度來看不立一法，一切法的差別都不可得。另一句是「世俗諦中不捨一法」，世俗諦中一切法的差別宛然存在。

丁六、共相無倒

於共相無倒者，頌曰：

以離真法界，無別有一法，故通達此者，於共相無倒。

論曰：以無一法離法無我者故，真法界諸法共相攝。如實知見此共相者，應知是於共相無倒。

自相是每一法特有的相，共相是眾多法共有的特徵。從自相來說，每個人的年齡、籍貫、高矮胖瘦都不一樣，志向也不一樣，所以每個人的自相不同。此外，還有一個共相。比如出家人統一剃髮染衣，這是出家人的共相。但每個出家人又不一樣，各有各的自相。所以，共相中有自相，自相之外還有共相，一切法都是如此。無常是共相，無我也是共相，苦、空也是共相。所以，共相是一切法共有的特徵。

「論曰：以無一法離法無我者故。」什麼叫共相呢？「法無我」就是共相。因為無我建立在一切法上，一切法都具有無我的特徵。所以，無我就是一切法的共相。同樣，無常也是一切有為法的特徵，一切有為法的共相。

「真法界諸法共相攝。」真法界就是真如，真如也是諸法的共相。在《解深密經·勝義諦相品》中講到諸法勝義諦相有四個特徵，其中一個特徵是遍一切一味相。既然是遍一切一味相，那麼真如無所不在就是一切法共有的特徵，所以說真如就是共相。

「如實知見此共相者，應知是於共相無倒。」能如實認識真如法界，就是共相無倒。

丁七、染淨無倒

於染淨無倒者，頌曰：

知顛倒作意，未滅及已滅，於法界雜染，清淨無顛倒。

論曰：若未斷滅顛倒作意，爾時法界說為雜染，已斷滅時說為清淨。如實知見此染淨者，如次是於染淨無倒。

染淨是修學佛法中非常重要的兩個關鍵，整個學佛的過程，就是斷染取淨的過程。如果想要斷染取淨，首先必須認識什麼是染、什麼是淨。能否正確認識染和淨，直接關係到修行中能否斷染取淨。

「論曰：若未斷滅顛倒作意，爾時法界說為雜染。」雜染和清淨的關鍵，取決於顛倒作意，也就是取決於認識的正確與否。在沒有斷滅顛倒認識和虛妄分別之前，我們所認識的法界就是雜染的法界，就是有垢的真如。

「已斷滅時說為清淨。」通過修行把顛倒認識斷除之後，煩惱沒有了，這時所認識的法界就是清淨法界。法界本身沒有雜染，但因為人在認識上的不同，所以才有法界染和淨的差別。當人們以染汙心去認識法界時，法界就是雜染的；以清淨的智慧和正見來認識法界時，法界就是清淨的。

「如實知見此染淨者，如次是於染淨無倒。」如果能正確認識染和淨的本性，對於染淨的認識沒有顛倒，就叫做「染淨無倒」。

丁八、客無倒

於客無倒其相云何？頌曰：

知法界本性，清淨如虛空，故染淨非主，是於客無倒。

論曰：法界本性淨若虛空，由此應知，先染後淨二差別相是客非主。如實知見此客相者，應知是名於客無倒。

什麼叫「客無倒」呢？大家知道，客人是相對於主人而言。這就是說，「客無倒」所闡述的內容主要還是關於染和淨的問題。法界本身不存在染淨的差別，現在說法界有染有淨，是屬於客而不是主。能夠認識到法界有染有淨不是它的本來面目，就是客無倒。

「於客無倒其相云何？頌曰：知法界本性，清淨如虛空，故染淨非主，是於客無倒。」染和淨不是法界的本來面目，法界的本來面目應該是清淨如虛空。法界有染有淨是後來附加上去的，法界的本身並非如此，所以說這是屬於客而不是主。

「論曰：法界本性淨若虛空，由此應知，先染後淨二差別相是客非主。」法界本身恆常清淨，像虛空一樣。碧空如洗、晴朗無雲時所看到的虛空，才是虛空的本來面目。烏雲密布或彩霞滿天時看到的虛空，都不是虛空的本來面目。法界也是同樣，本來是清淨的，現在卻有染有淨。從淨到染的過程，是外來塵垢附著上去，染汙了清淨法界，這才看不見法界的本來面目。

「如實知見此客相者，應知是名於客無倒。」法界有染有淨是客非主，正確認識法界的染和淨是附加上去的，並非法界的本性，就叫「客無倒」。

丁九、十、無怖無高俱無倒

於無怖無高俱無顛倒者，頌曰：

有情法無故，染淨性俱無，知此無怖高，是於二無倒。

論曰：有情及法俱非有故，彼染淨性亦俱非有。以染淨義俱不可得故，染淨品無減無增，由此於中無怖、無慢，如實知見無怖、高者，應知是名於二無倒。

無怖就是不害怕，無高就是不自高自大，這是修行人比較容易出現的兩種狀態。比如說到「了生死、證涅槃」，是不是會產生灰身滅智、什麼都沒有的斷滅之見？這就是對涅槃不能正確了解所致。有些人留戀生死，害怕涅槃斷滅，這樣就會對「了生死」產生一種怖畏心理。另外還有一種人對空性稍有體證，就覺得自己很了不起，這就是自高自大。修學佛法要避免這兩種心態，做到無怖和無高。

「頌曰：有情法無故，染淨性俱無，知此無怖、高，是於二無倒。」一個人要做到無怖、無高，關鍵還是建立在對法的正確認識上。

「論曰：有情及法俱非有故。」眾生所執著的有情和法，從遍計所執的角度來說是沒有的。從圓成實的角度來說，有情和法都屬於如幻如化，是幻有而非實在的有。所以說「有情及法俱非有故」。

「彼染淨性亦俱非有。」染和淨並不是法的本來面目。前面說過，從法性本身說是淨若虛空的，亙古亙今都是清淨的，染和淨只是附加上去的。所以，染和淨的差別從法界本身來說是「非有」，這種差別也非真實的存在。

「以染淨義俱不可得故，染淨品無減無增。」從法界本身來說，真正的修行就是要如實認識法界，認識法界的本來面目。當證得法界時，並不因為你證得法界，法界就增多了；也不因為你沒有證得法界，法界就減少了。所以說，斷染取淨看似有增有減，從依他起來說有斷有證，其實從法界本身來說，沒有增也沒有減，實在沒有什麼可斷，也沒有什麼可證。這就是《心經》所說的「不生不滅，不垢不淨，不增不減」。

「由此於中無怖、無慢，如實知見無怖、高者，應知是名於二無倒。」學佛修行就是以清淨智慧證得法界。證得法界有什麼好害怕的呢？生死本來就如空花，本來就是不實在的，而清淨法界本來就是現成的。所以，認識它沒什麼可害怕的，也沒什麼值得自高自大的。這種認識，並不是發明或創造了什麼。佛陀曾經說過：我不是創造者，也不是發明者，我只是發現者。佛陀發現了什麼？發現了真理。雖然真理本來就存在，但眾生被無明障蔽而不能證得。如實認識法界，就會遠離害怕和傲慢兩種顛倒心態。

無倒行總義者，謂由文無倒，能正通達止觀二相。由義無倒，能正通達諸顛倒相。由作意無倒，於倒因緣能正遠離。由不動無倒，善取彼相。由自相無倒，修彼對治無分別道。由共相無倒，能正通達本性清淨。由染淨無倒，了知未斷及已斷障。由客無倒，如實了知染淨二相。由無怖、無高二種無倒，諸障斷滅，得永出離。

「無倒行總義者。」這是總結前面所說的十種無倒。

「謂由文無倒，能正通達止觀二相。」對經教文字、三藏典籍能夠正確認識，就能通達止和觀的修習。因為三藏典籍是指導我們修習止觀的。想修習止觀，首先要聞思，通達經教後才能通達止觀二相。

「由義無倒，能正通達諸顛倒相。」義就是依他起的事相，能正確認識依他起的事相，就能通達在依他起相上產生的遍計所執諸顛倒相。比如把無常當作常、把無我當作我、把苦當作樂、把不淨當作是淨，都屬於顛倒的表現。因為不能正確認識依他起事相，所以才會產生常、樂、我、淨四種顛倒。正確認識依他起事相，就能遠離這些顛倒相。

「由作意無倒，於倒因緣能正遠離。」作意無倒就是前面所說的思惟認識上的無顛倒。思惟認識的顛倒是產生顛倒的主要原因，是顛倒世界的根源。為什麼這個世界是顛倒的世界呢？原因就是人類思惟和認識上的顛倒。一個人如果能在作意上做到無倒，有正確的思惟和認識，就能遠離顛倒的因緣。如果思惟意識不顛倒，就不存在顛倒了。

「由不動無倒，善取彼相。」不動無倒的特點是能夠正確認識依他起相，不起增益執，也不起損減執，才能做到不動無倒。

「由自相無倒，修彼對治無分別道。」自相無倒是從勝義自相的高度來看依他起的一切差別，如夢如幻，了不可得。依他起的一切相的存在，只是假名的存在。這樣就能「修彼對治無分別道」，可以對治虛妄分別，從而成就無分別智，現證空性。

「由共相無倒，能正通達本性清淨。」共相無倒的特點是能正確通達清淨法界。

「由染淨無倒，了知未斷及已斷障。」染和淨就是未斷和已斷，未斷顛倒作意就是染，斷了顛倒作意就是清淨。

「由客無倒，如實了知染淨二相。」客無倒就是如實認識染和淨。從法界的本來面目而言，法界本身是清淨的，染和淨只是妄識附加上去的差別。

「由無怖、無高二種無倒，諸障斷滅，得永出離。」無怖、無高兩種無倒能使一切障礙斷滅，永遠出離生死。

無倒的內容到這裡就介紹完了。下前又引十金剛句來說明建立十種無倒的依據。

此十無倒，如次安立於彼十種金剛句中。何等名為十金剛句？謂有非有、無顛倒、所依、幻等喻、無分別、本性清淨、雜染清淨、虛空喻、無減、無增。為攝如是十金剛句，有二頌言：

應知有非有，無顛倒所依，幻等無分別，本性常清淨，

及雜染清淨，性淨喻虛空，無減亦無增，是十金剛句。

且初安立十金剛句自性者，謂自性故，所緣故，無分別故，釋難故。自性故者，謂三自性，即圓成實、遍計所執及依他起，是初三句如次應知。所緣故者，即三自性。無分別故者，謂由此無分別即無分別智，及於此無分別即本性清淨。如次應知安立境智，謂三自性及無分別。釋難故者，謂所餘句。且有難言，遍計所執、依他起相若實是無，云何可得？若實是有，不應諸法本性清淨。為釋此難說幻等喻，如幻事等，雖實是無而現可得。復有難言，若一切法本性清淨，如何得有先染後淨？為釋此難說有染淨及虛空喻，謂如虛空，雖本性清淨而有雜染及清淨時。復有難言，有無量佛出現於世，一一能度無量有情，令出生死入於涅槃，云何生死無斷滅失，涅槃界中無增益過？為釋此難說染及淨無減無增，又有情界及清淨品俱無量故。

「此十無倒，如次安立於彼十種金剛句中。」彌勒菩薩造《辯中邊論》提出十種無倒，它的依據是什麼？就是依據十種金剛句安立的。金剛是一種比喻，說明十金剛句堅固不壞，不被任何東西所摧毀，而它卻能摧毀一切。

「何等名為十金剛句？」什麼是十金剛句呢？分別是：一、有非有，二、無顛倒，三、所依，四、幻等喻，五、無分別，六、本性清淨，七、雜染清淨，八、虛空喻，九、無減，十、無增。

「且初安立十金剛句自性者，謂自性故、所緣故、無分別、釋難故。」十金剛句主要從自性、所緣、無分別、釋難四個方面建立十種無倒。

「自性故者，謂三自性，即圓成實、遍計所執及依他起，是初三句如次應知。」首先建立十金剛句的自體。自性指三自性，十金剛句從三自性的角度來建立無倒。唯識宗講來講去沒有離開三自性，如果有人問哪個概念最能概括唯識宗的所有思想，那就是三自性。「五法三自性，八識二無我」的概念都沒有離開三自性。比如八識就是依他起的內容，五法也沒有離開三自性。唯識宗的所有思想都沒有離開三自性，所以三自性至關重要。

圓成實這一句主要建立文無倒。據前面的文無倒，主要包括有和非有兩方面。文句的構成具有相應和串習兩種內涵，具足這兩個條件，文字就有內涵、有意思。反過來，如果文字不具有相應和串習兩種內涵，就屬於無義文。非有就是沒有含義的文字。文包括有和非有兩方面的意思，通過對有和非有的認識，學佛者就能正確認識經教，由此證得圓成實。所以依圓成實建立文無倒，依遍計所執建立義無倒。義無倒是正確認識佛法義理，由此達到無顛倒認識世界的目的，主要對治遍計所執的顛倒。根據依他起建立作意無倒，由正確認識作意與二取的生起互為所依的關係，建立作意無倒。所以，最初三句是根據三性的內容建立起來。

「所緣故者，即三自性。」所緣還是指三自性。在《攝大乘論》中，〈所知相品〉就是指三性，這裡的所緣故者，指的也是三自性。

「無分別故者，謂由此無分別即無分別智，及於此無分別即本性清淨。如次應知安立境智，謂三自性及無分別。」根據無分別，主要建立兩種無倒，一是自相無倒，一是共相無倒。無分別包括兩種內容：

一是無分別智，二是無分別智所證得的本性清淨，即無分別智的境界。根據無分別智建立自相無倒，根據本性清淨建立共相無倒。

「釋難故者，謂所餘句，且有難言。」十無倒前面所講的幾句：有非有句、無顛倒句、所依句、無分別句、本性清淨句，這五句是根據三性和無分別智安立起來。下面還有五句：比如幻等喻、雜染清淨、虛空喻、無減、無增等又是根據什麼安立的呢？這五句跟十種無顛倒又是什麼關係呢？其實，這五句是解答外道提出的疑難。

「遍計所執、依他起相，若實是無，云何可得？若實是有，不應諸法本性清淨。為釋此難說幻等喻，如幻事等，雖實是無而現可得。」外道問：如果說遍計所執、依他起性沒有的話，那麼又如何可得之？如果說它是實實在在的有，就不應該說諸法本性清淨。因為這些虛妄的東西本來就是有，既然是有，那麼諸法的本性就不該是清淨的。

這是一個很尖銳的問題。為了解釋這個疑難，就說幻等喻。幻師所幻現出來的假相雖然不是實在的有，但在現象上卻是有的。根據幻等喻建立十種無倒中的不動無倒，能認識到一切有為法如幻如化，心念就不會為妄相所動。

「復有難言，若一切法本性清淨，如何得有先染後淨，為釋此難說有染淨及虛空喻，謂如虛空，雖本性清淨而有雜染及清淨時。」又有人問：如果一切法本來就是清淨，怎麼會出現先染後淨的現象呢？有情眾生現在都處在染的狀態，必須通過修行後，才能進入清淨的狀態。

這個問難主要建立兩種無倒，一是染淨無倒，一是客無倒。染淨是根據有沒有顛倒的作意而建立。如果有顛倒的作意，那就是雜染；如果沒有顛倒的作意，那就是清淨。說有染淨主要是根據作意來建立，而不是根據客觀上的真實來建立。所以，在同一個境界中，在同一個世界裡，不同層次的人所看到的境界就不一樣。在《維摩詰經》中，舍利弗問佛陀關於清淨國土的問題：為什麼其他國土那麼清淨，而釋迦佛的國土這麼汙濁穢惡呢？佛陀向舍利弗顯了一下神通，結果整個世界都變了樣。所以說這是個人境界的問題，不是國土淨不淨的問題。個人具有顛倒作意，所看到的國土自然是不清淨的。還有個比喻是虛空喻。虛空雖然本性清淨，但陰晴不定，時而烏雲密布，時而萬里無雲。雖然虛空有陰晴，但並不是說虛空本身存在這些現象，虛空永遠都是那麼清淨。虛空喻正好可以安立解釋兩種無倒，一是染淨無倒，一是客無倒。

「復有難言，有無量佛出現於世，一一能度無量有情，令出生死入於涅槃，云何生死無斷滅失，涅槃界中無增益過？為釋此難說染及淨無減無增。」又有難問：這個世界有很多佛陀來過，有無量佛出現在這個世界，每一佛都能度化無量有情眾生，令他們出離生死，證入涅槃。在一般人的想像中，生死解脫後不再有生死，於是就產生恐怖，覺得生死解脫是否就意味著斷滅？而另有人以為，證得涅槃後，涅槃界是否因此增加了？

這個釋難主要是安立無怖、無高兩種無倒。為了解釋這個疑難，所以說染和淨。前面說過，從依他起的角度來說，有雜染、有清淨；從圓成實的角度來看，染淨的差別和我法的差別也不可得。既然染淨的差別和我法的差別都了不可得，那麼了脫生死又有什麼可怕？生死本來就沒有，證得涅槃是理所當然的事。在涅槃界中一切都是平等的，又有什麼好自高自大的呢？有了這種認識之後，就能做到無怖、無高無倒。

「又有情界及清淨品俱無量故。」有情界無量，涅槃界也無量。所以，一個有情了脫生死，有情界不會減少；一個有情證得涅槃，涅槃界也不會增多，是為「不增不減」。

第二安立彼自性者，如有頌言：

亂境自性因，無亂自性境。亂無亂二果，及彼二邊際。

「第二安立彼自性者，如有頌言：亂境自性因，無亂自性境。亂無亂二果，及彼二邊際。」剛才根據十金剛句安立十種無倒。現在，根據另一種方式安立十種無倒。

這個頌包含的內容很廣。首句「亂境自性因」，包含了亂境、亂自性、亂因。「無亂自性境」，包含了無亂自性和無亂境。「亂無亂二果」，包含了亂果和無亂果。「及彼二邊際」指染和淨的邊際。

亂境指文，即遍計所執的文。亂自性指義，即依他起的自相。亂因指作意種子，無亂自性指不動和自相無倒。不動無倒是無分別智的體，自相無倒是無分別智的用，根據無亂自性建立無分別智的體和用。無亂境指共相，屬於正智所緣，即清淨法界。亂果指雜染，是亂識產生的結果。無亂果指清淨涅槃，是清淨智慧產生的結果。二邊際指染淨果的邊際。染淨果的邊際是什麼呢？它的體就是涅槃。

前面所建立的十金剛句及十種無倒的內容，都是根據亂不亂建立起來的，即亂境、亂自性、亂因、亂果、無亂自性、無亂境、無亂果。

乙四、離二邊正行

如是已說隨法正行，離二邊正行云何應知？如《寶積經》所說中道行。此行遠離何等二邊？頌曰：

異性與一性，外道及聲聞，增益損減邊，有情法各二，
所治及能治，常住與斷滅，所取能取邊，染淨二三種。
分別二邊性，應知復有七，謂有非有邊，所能寂怖畏，
所能取正邪，有用並無用，不起及時等，是分別二邊。

論曰：若於色等執我有異，或執是一，名為一邊。為離此執說中道行，謂觀無我乃至儒童，見有我者定起此執，我異於身或即身故。若於色等執為常住，是外道邊，執無常者是聲聞邊。為離此執說中道行，謂觀色等非常無常。定執有我是增益有情邊，定執無我，是損減有情邊，彼亦撥無假有情故。為離此執說中道行，謂我、無我二邊中智。定執心有實是增益法邊，定執心無實是損減法邊。為離此執說中道行，謂於是處無心無思無意無識。執有不善等諸雜染法是所治邊，執有善等諸清淨法是能治邊。為離此執說中道行，謂於二邊不隨觀說。於有情、法定執為有是常住邊，定執非有是斷滅邊。為離此執說中道行，謂即於此二邊中智。執有無明所取能取各為一邊，若執有明所取能取各為一邊，如是執有所治諸行，能治無為乃至老死，及能滅彼諸對治道，所取能取各為一邊，此所能治所取能取，即是黑品白品差別。為離此執說中道行，謂明與無明無二無二分，乃至廣說，明無明等所取能取皆非有故。雜染有三，謂煩惱雜染，業雜染，生雜染。煩惱雜染復有三種，一諸見，二貪嗔痴相，三後有願。此能對治，謂空智，無相智，無願智。業雜染謂所作善惡業，此能對治謂不作智。生雜染有三種，一後有生，二生已心心所念念起，三後有相續。此能對治，謂無生智，無起智，無自性智。如是三種雜染除滅，說為清淨。空等智境謂空等法，三種雜染隨其所應，非空等智令作空等。由彼本性是空性等，法界本來性無染故。若於法界或執雜染或執清淨各為一邊，本性無染非染淨故。為離此執說中道行，謂不由空，能空於法，法性自空，乃至廣說。

這一節非常重要，可以說是《辯中邊論》的核心。這部論叫「辯中邊」，主要目的就是要我們遠離邊見、建立中道的認識。所以本論從第一品一直到〈辯真實品〉都在講中道，都在講建立中道的認識，但並沒有直接指出什麼是中道、什麼是邊見。這部分內容卻直接從各個方面指出中道和邊見，指導我們如何認識中道，遠離邊見。

「如是已說隨法正行，離二邊正行云何應知？如《寶積經》所說中道行。此行遠離何等二邊？」「已說隨法正行」，根據佛法修行，在修習過程中很容易產生二邊之見，所以本論進一步告知我們「離二邊正行」，就像《寶積經》所說的中道正行。那麼，中道的行為應該遠離哪二邊呢？

「頌曰：

「異性與一性，外道及聲聞，增益損減邊，有情法各二，

「所治及能治，常住與斷滅，所取能取邊，染淨二三種。

「分別二邊性，應知復有七，謂有非有邊，所能寂怖畏，

「所能取正邪，有用並無用，不起及時等，是分別二邊。」

文中共用四個偈頌回答這一問題。前二頌包括八種二邊，後二頌引《寶積經》說有七種二邊，共有十五種二邊。下面結合論文進行詳細解釋。

丙一、一性異性邊

「論曰：若於色等執我有異，或執是一，名為一邊。為離此執說中道行，謂觀無我乃至儒童，見有我者定起此執，我異於身或即身故。」異性、一性兩邊，執一執異都不對。「八不」中有「不一不異」，一和異屬兩邊。中道是不一不異的，所以要遠離一和異兩邊。

「若於色等執我有異，或執是一，名為一邊。」這是對「我」的執著。印度外道普遍執著有一個「神我」。「我」到底與身體有什麼關係呢？有的認為色身和我是兩個東西，這種執著屬於「異性邊」；有的執著色身和我是一體的，這種執著屬於「一性邊」。這兩種執著都是不對的。

為了離開這兩種執著，佛法說中道行。什麼叫「中道行」呢？「謂觀無我乃至儒童」，這裡引《寶積經》中的一段話教導我們如何觀無我。「乃至」的意思包括很多，如無我、無有情、無生者、無養育者、無數取趣、無異生者、無儒童等，總的來說是觀無我。以緣起法的智慧去觀察，外道所執著的神我根本就不存在。如果說不存在神我的話，那麼異性和一性就不能成立。因為神我都沒有，還有什麼一或異呢？所以說「見有我者定起此執，我異於身或即身故」。因為覺得有我，才會產生一或異的執著，認為我和身體是兩個東西，或是一個東西。認識到佛法無我的道理，就可以破除一性和異性的二邊之見。

丙二、聲聞外道邊

「若於色等執為常住，是外道邊，執無常者是聲聞邊。為離此執說中道行，謂觀色等非常無常。」

如果對色等「執為常住，是外道邊」。其實一般人都在執著色為常住。這種執著，對眾生來說是非常普遍的現象。眾生之所以有很多煩惱和痛苦，就是因為這種恆常的執著，才有許多貪著、嗔恨、我慢、嫉妒，所以叫做「外道邊」。反之，如果執著無常，則是聲聞邊。

從中道的角度來說，執著常或無常都屬於二邊見。而在中道實相來說，中道非常非無常。為了遠離這兩種執著，應該正確觀察中道，遠離常和無常的兩邊之見。執著常是不對的，從遍計所執的意義來看，執著無常一樣是不對的。而從三性的意義來看：依遍計所執所見的無常是沒有的；依他起性相所顯示的就是無常，但不可以執著；圓成實的法性非無常，但也不可以執它為常。所以說，中道的正確認識應當是非常非無常。

丙三、有情增減邊

「定執有我是增益有情邊，定執無我是損減有情邊，彼亦撥無假有情故。為離此執說中道行，謂我、無我二邊中智。」有情增減邊，就是對有情產生增益和損減的執著，都屬於二邊之見。

所謂「定執有我，是增益有情邊」，即執著有個實實在在的我在操縱生命，在造業、招感果報、輪迴六道。什麼是「定執無我，是損減有情邊」呢？佛法不是強調無我嗎？為什麼講無我也不對呢？因為佛法所說的無我，所要「無」的只是外道所說的恆常普遍的自我，而有情的假我還是有的。如果認為佛教講無我，連有情假我也否定的話，也是不對的。如果連假我也否定了，就變成一種斷滅見。

為了離開這種認為「有固定之我」的增益見，同時也離開這種「連假我也否定」的損減見，所以說中道行。其目的是讓我們認識到，在遠離我的同時也要遠離無我。遠離我和無我兩邊，才能證得中道的智慧。

丙四、法增減邊

「定執心有實是增益法邊，定執心無實是損減法邊。為離此執說中道行，謂於是處無心無思無意無識。」法增減邊就是對法的認識要遠離增和減的二邊。

「定執心有實是增益法邊。」如果執著地認為心、色及一切現象都是實在而固定不變的，就是增益法邊。「定執心無實是損減法邊」，如果認為這個心是虛無而不存在的，就是損減法邊。為了遠離增益和損減這兩種執著，所以說中道行。

「於是處無心無思無意無識。」我們不能簡單地從表面來理解這段經文。這裡主要從依他起的角度來說明心和心所的現象是有的，而從遍計所執意義上心和心所都是沒有的。遠離有和沒有的二邊，才能如實認識心和心所。

丙五、所能治邊

「執有不善等諸雜染法是所治邊，執有善等諸清淨法是能治邊。為離此執說中道行，謂於二邊不隨觀說。」修行是轉染成淨的過程。既然是轉染成淨，必然有能對治和所對治。而能對治和所對治，就成為兩邊了。如果永遠停滯在「能所」的狀態下，就永遠不能證得中道。因為有「能所」就有對立，有對立難免落入二邊之見。

如果執著有實實在在的不善等法，這不善等雜染就落在所治邊。如果認為有善等清淨法來對治那些雜染法，就落在能治邊。在修行過程中，懺悔固然很重要，修善法也同樣重要。懺悔不善的行為，對做過的惡行產生厭離，雖是理所當然的，但也不能太執著。不能因為做了一件非善行之後，整天耿耿於懷，生活在陰影中不能自拔，這樣肯定修不好。所以必須把它放下，懺悔之後就應該放下。佛教中最高的懺悔方法是觀空，是實相懺悔。

所以，雜染法固然是要對治的，清淨法固然是應當修習的，但不管是雜染法還是清淨法，從實相上說皆了不可得。為了遠離這兩種對立的執著，故說中道行。善惡本性空寂，不要執著善的，也不要執著或討厭惡的。雜染法也好，清淨法也好，它們本性是空寂的。達摩祖師說：不睹惡而生厭，亦不睹善而生喜。這就是說，不因為看到惡的而生無比厭惡，也不因為看到善的而生無比歡喜。因為善惡的本質是空的，自性了不可得，必須有這樣的境界才能證得中道。當然，對於初入佛門的人來說，需要對止惡行善有所執著，但修到一定程度或某個階段時，就要遠離這些執著。

丙六、常斷邊

「於有情、法定執為有是常住邊，定執非有是斷滅邊。為離此執說中道行，謂即於此二邊中智。」

有情、法指依他起。對依他起的事相一定執為實有，認為它是真實不變的有，就屬於常住邊，也就是常見。「定執非有是斷滅邊」，如果認為依他起的事相是什麼都沒有的，就屬於斷滅邊，也就是斷見。為了遠離這種常見和斷見，遠離二邊之見，所以說中道行。

丙七、所能取邊

「執有無明所取能取各為一邊，若執有明所取能取各為一邊，如是執有所治諸行，能治無為乃至老死，及能滅彼諸對治道，所取能取各為一邊，此所能治所取能取，即是黑品白品差別。為離此執說中道行，謂明與無明無二無二分，乃至廣說，明無明等所取能取皆非有故。」人的認識從兩方面組成，就是能認識和所認識。能認識的是能取，所認識的是所取。執著有能取和所取的對立，這種絕對的差別對立，就屬於二邊之見。

「執有無明所取能取各為一邊。」無明指十二因緣中的無明。這種無明的存在有兩方面，能認識的心是一種無明狀態，除此之外，還有被無明所認識的相分境。能認識的無明是一邊，所認識的境界又是一邊，這是一般人的認識。從依他起的事相來說，的確有這種能取和所取的差別。

「若執有明所取能取各為一邊。」與無明相對的是明。無明是愚痴，明就是智慧。智慧作為一種能認識者，必然還會有智慧所認識的相分境。在認識的問題上，同樣存在有所取和能取，執著所取和能取各為一邊。

「如是執有所治諸行，能治無為乃至老死，及能滅彼諸對治道，所取能取各為一邊。」再從另一個角度來認識能取和所取，即從能治和所治的角度來認識能所。從佛法修行來說，主要是對治煩惱。對治煩惱本身，必然存在能對治和所對治，所謂「勤修戒定慧，息滅貪嗔痴」。這裡的戒定慧就是指能治，貪嗔痴就是指所治。無明和明本身也存在能治和所治，無明是所治，明（智慧）是能治。能治和所治就是兩邊，所以說「執有所治諸行，能治無為」。「能治無為」並不是無為法的無為，它指的是八正道，也就是能夠斷除煩惱、解脫痛苦的聖道。聖道不同於業煩惱之所為，所以叫「無為」。「乃至老死」，無明緣行乃至老死，存在能治和所治，除了無明以外，還有行、識、名色、六入、觸、受、愛、取、有、生、老死等十一種因緣的生起，它們是「所治」。既然是所治，必然有能治，必然還有能對治它們的聖道，也就是八正道。在能治和所治中，能對治的是能取，所對治的是所取，這就是二邊。

「此所能治所取能取，即是黑品白品差別。」所治和能治，其實就是黑品和白品的差別，所治指黑品，能治是白品。《俱舍論》中也有相似的內容，即黑業和白業。黑業是惡法，屬於所治；白業是善法，屬於能治。這是黑品和白品的差別。

「為離此執說中道行。」為了離開以上所取和能取的執著，所以說中道行。從依他起的事相上說，能取和所取是一種假相的差別。這種差別雖然存在，但並不是就最高、最真實的層面而言。因為在空性的層面上，並不存在這些差別。所謂的所取和能取，本身是相對的，是相待而言的。比如我給你們上課，我是講者，你們是聽者，講者是能，聽者是所。反過來，如果聽者是能聽，那麼講者就是所講了。所以，能取和所取不是絕對的，而是相對的。離開這種執著，就是要認識到所取和能取是一種相對的假相，不是真實不變的。

「謂明與無明無二無二分，乃至廣說，明無明等所取能取皆非有故。」明與無明是無二無二分。無二就是沒有兩種絕對對立的實體。無二分就是說能取和所取兩種現象的存在，也是因緣和合的，不能離開因緣而有獨立不變的自體，是相待的。「乃至廣說」，除了無明以外，乃至行、識、名色、六入、觸、受、愛、取、有、生、老死這十一支，每一對所建立起來的所取和能取，都可以作如是觀。觀什麼呢？

觀明和無明，所取和能取皆是非有。所謂「皆非有」，就是說它不是真實、固定、絕對、不變的，而是相待的。應該注意的是，這種如幻如化的假相還是有的。

丙八、染淨邊

「雜染有三，謂煩惱雜染，業雜染，生雜染。煩惱雜染復有三種，一諸見，二貪嗔痴相，三後有願。此能對治，謂空智、無相智、無願智。業雜染謂所作善惡業，此能對治，謂不作智。生雜染有三種，一後有生，二生已心心所念念起，三後有相續。此能對治，謂無生智、無起智、無自性智。如是三種雜染除滅，說為清淨，空等智境，謂空等法，三種雜染隨其所應，非空等智令作空等。由彼本性是空性等，法界本來性無染故。若於法界或執雜染或執清淨，各為一邊，本性無染，非染淨故，為離此執說中道行，謂不由空，能空於法，法性自空，乃至廣說。」修學佛法是轉染成淨的過程。那麼，是否存在真實不變的染和淨的二元對立呢？

「雜染有三，謂煩惱雜染，業雜染，生雜染。」先講雜染。轉染成淨，就是用淨法來對治染法。那麼，首先應該明白染法有哪些。染的內容在佛教中叫雜染，雜就是表示很多、很複雜，就像雜貨店那樣什麼都有。所謂雜染，就是指那些染汙的、眾多的、差別的、複雜的現象，主要可以歸納為三種。

第一種是**煩惱雜染**。所有煩惱都是染汙的，如貪、嗔、痴、慢、疑、愛、恨等，能使內心變得汙濁。

第二種是**業雜染**。業是以煩惱為基礎而發起行為，本身有善、不善、無記三類。不善業就是雜染，那麼善業是不是雜染呢？如果是從煩惱和染汙心發起的善行，也屬於雜染。假如沒有煩惱心所，在無漏智慧引導下發起的善業，就不是染汙的。評判善業是否染汙，主要取決於它是有漏善業還是無漏善業。

有漏善業是雜染的，無漏善業來就不是雜染的。

第三種是**生雜染**。由煩惱業所招感的色身、認識、思惟及生活環境等，所有這些都屬於雜染，叫生雜染。《三昧水懺》就是從煩惱雜染、業雜染、生雜染三方面說明懺悔的原理，內容很好，文字也很流暢。先懺悔煩惱雜染，再懺悔業雜染，最後懺悔生雜染。經常讀誦《三昧水懺》，對修行很有幫助。古代的大德們，尤其是天台宗祖師，撰寫了很多懺法。懺法最初是作為修行的前方便，每一種修行法門，比如要專修或打坐等，首先要經過一段時間的懺悔，然後再修就不容易碰上逆緣。否則，修行往往會碰上逆緣。密宗的修行先要磕十萬大頭作為資糧，懺悔之後修行才會順利，否則一修行問題就來了，不是身體不好，就是外緣干擾等。所以，修行首先要以懺悔排除障礙。

「煩惱雜染復有三種，一諸見，二貪嗔痴相，三後有願。」煩惱雜染又包括三項內容。

一**諸見**，這是六種根本煩惱中的惡見，或叫不正見，包括身見、邊見、邪見、戒禁取見和見取見五種。在家人愛深，出家人見重。修學佛法要擺脫這兩種東西，一種是愛，另一種是見，這兩種東西很麻煩。當然，出家人除了見以外還有愛，擺脫愛也不容易，愛要是能斷得了，生死問題也差不多解決了。所以出家人要關係簡單，感情淡泊，不要自找麻煩，有時愛比見還麻煩。你們現在還是佛學院的學生，對自己的看法和認識不很自信，還不可能有頑固的成見。等學修佛法有一定體會了，這時才能有「見」。當然，每一種宗教都有見，包括世間的各種學問等等，不一定是學佛的出家人才有。諸見就像原始森林般萬樹林立，走到裡面就會迷失方向。所以，樹立正見對於學習佛法非常重要。正見樹立起來，就不會是非不分了。邪見本身就屬於煩惱，而且是重量級的煩惱，屬於痴和無明的表現。

二**貪嗔痴相**，這是最根本的煩惱，在佛教中叫做三不善法。世間一切殺盜淫妄的根源，就是貪嗔痴。

人們說毒品能對身體造成傷害，其實煩惱就是毒害心靈的毒品，所以這三種煩惱也叫「三毒」。人生有煩惱，佛法在世間才有存在價值。如果煩惱沒有了，也就不需要佛法了。

人類的痛苦，除了肉體上、物質上的痛苦以外，還有精神上的痛苦。身體上的痛苦往往是個別、短暫的，比如生病或受到意外傷害，但人不會總是生病。可精神上的痛苦卻相當普遍，時間也更持久。就像在座的同學，身體上的痛苦應該不會很多，但精神上的痛苦有沒有呢？

從某種意義上說，人比動物要活得痛苦。因為動物僅有身體上的痛苦，來自精神的痛苦卻很少。孩子的精神痛苦就比成人少得多，而動物的智力比孩子更差，想來也不會有什麼精神痛苦。而人所面臨的精神痛苦卻無窮無盡，「問君能有幾多愁？恰似一江春水向東流。」肉體上的痛苦表現形式比較簡單，精神上的痛苦卻很複雜。某些人有自虐的現象，這就是因為精神上的痛苦太重了，心靈承受不了，只好將內心的痛苦轉移到肉體上，讓肉體來分擔心靈的痛苦。所以，自虐本身是為了尋求釋放而不是尋求痛苦。從身苦和心苦上來分析，人在某種意義上要比動物活得還痛苦。既然如此，為什麼說人身難得呢？動物雖然有快樂，但那種快樂是欲望的、低級的、純感性的，欲望得到滿足就快樂，欲望得不到宣洩就痛苦。唯有人類才懂得追求精神享受，這種快樂比之於動物的快樂有著天壤之別。當然，精神享受也有層次的高低。出家人所要追求的是最高的快樂，要放棄的是低級的快樂。從修道角度來說，人身很重要，因為人有思想，而思想是成就智慧的基礎。而以動物的愚痴，是不可能成就智慧的。這就是人身難得的意義所在。

三是**後有願**。其實這是指後有愛，是有情對生命未來的一種執著。這種愛的表現形式有多種多樣，留戀過去是愛的表現，貪著現在也是愛的表現，渴望自己的生命和願力能延續下去，仍然是愛的表現。

人類為什麼要傳宗接代？原因就是「後有愛」，渴望自己的生命通過兒女延續下去，希望自己死後生命仍能延續，這樣就能避免死亡帶來的恐懼。否則，一想到活生生的人死了，進入漆黑陰森、又潮又濕的墳墓，腐爛的屍體上爬滿蟲子，實在是很可怕。其實那和你根本就沒有關係，死了之後屍體就不再是你了，怎麼還想著那屍體是你呢？所以，後有願就是煩惱。

「此能對治謂空智、無相智、無願智。」這三種煩惱用三種智慧來對治。**空智**，指證得空性的智慧，能對治諸見。諸見即種種惡見，如身見、邊見、見取見、戒禁取見等。空智具有無相的特徵，又稱**無相智**，修習無相智能消融貪嗔痴相。貪嗔痴的存在沒有實體，不是真實、固定不變的，修習無相智能消除之。空智又稱**無願智**，因為深刻認識到輪迴的虛幻本質，不再生起任何期待。無願智所對治的是後有願，也就是後有愛，是有情眾生對未來生命的貪戀和執著。

「業雜染謂所作善惡業，此能對治，謂不作智。」所謂業雜染，包括自己所做的善業和惡業。這裡所說的善業指有漏的善業，無漏的善業不在此範圍之內。不作智能對治這種雜染。所謂「不作智」，就是不作惡業也不作有漏善業的智慧。因為有漏的善只能帶來人天果報、有漏之因。

「生雜染有三種，一後有生，二生已心心所念念起，三後有相續。」生雜染也有三種。第一是後有生，即未來生命出現的最初一剎那，或指投生的最初一剎那，也就是阿賴耶識去住胎、投生之時。我曾經作過《生死與輪迴》的講座，探討有情生死的問題。有一部分講生命的轉遞，生命的幾個轉折，其中有個過程就是生有。第二種「生已心心所念念起」。從投胎之後的第一念生起之後，後面生起的，就叫「生已心心所念念起」。第三種後有相續，指未來生命的相續。

「此能對治謂無生智、無起智、無自性智。」針對前面所說的三種生雜染，用三種智慧對治。無生智、無起智是證得諸法無生無滅的圓滿智慧，不再起惑造業，輪迴生死，由此對治後有生、生已心心所念念起。同時，因為證得無生智，了知一切生滅現象，當下即是不生不滅。無自性智，是了悟諸法皆無自性，破除我法二執，由此能息滅有情的後有相續。

「如是三種雜染除滅，說為清淨，空等智境，謂空等法，三種雜染隨其所應，非空等智令作空等。由彼本性是空性等，法界本來性無染故。」以上所說的煩惱雜染、業雜染、生雜染除滅之後，所顯的就是清淨，生命進入清淨的狀態。空等境智就是空智、無相智、無願智，這些智境的體就是真如。由空智所緣的就是真如，所以空等法就是空性，就是真如。三種雜染的本性本來就是空的。

關於對空的認識和學習，真正要學好的話，必須結合《中論》、《大智度論》，此外還有《肇論》，這幾部論非常重要。我在中國佛學院時，就把《肇論》全部背下來了。《肇論》是羅什的得意弟子僧肇大師所著，羅什稱他為「秦人解空第一」，是中國人中對空研究得最透徹的。須菩提是解空第一，他則是中國人中的解空第一。《肇論》由四部論組成，即《物不遷論》、《不真空論》、《般若無知論》、《涅槃無名論》。其中尤以《不真空論》對空的道理闡述得最為透徹，《般若無知論》告訴我們般若是怎麼回事。般若智慧就是般若中觀的核心，將來研究中觀的同學要好好學一學，爭取背下來。空很重要，空智是佛法的關鍵。

「若於法界或執雜染或執清淨，各為一邊，本性無染，非染淨故。」在清淨法界中，執著實在的雜染，或執著實在的清淨，對治雜染不對治清淨，用清淨去對治雜染，都屬於邊見。因為前面「客無倒」已經告訴我們，所謂染和淨是客非主，它不是主人而是客人。它也不是法界的本來面目，因為法界的本性是沒有染汙的，在法界中平等一味，離言絕待。既然是離言絕待，自然沒有染也沒有淨，因為染和淨是相待而言的。

「為離此執說中道行，謂不由空，能空於法，法性自空，乃至廣說。」為了離開染淨兩邊的執著，所以說中道行。因為法界本身是清淨的，所以染汙的三種雜染用空智觀空。因為雜染本身就是空的，不是實在的。

復有七種分別二邊。何等為七？謂分別有、分別非有各為一邊，彼執實有補特伽羅，以為壞滅立空性故，或於無我分別為無，為離如是二邊分別說中道行。謂不為滅補特伽羅方立空性，然彼空性本性自空，前際亦空，後際亦空，中際亦空，乃至廣說。分別所寂、分別能寂各為一邊，執有所斷及有能斷怖畏空故，為離如是二邊分別說虛空喻。分別所怖、分別從彼所生可畏各為一邊，執有遍計所執色等可生怖故，執有從彼所生苦法可生畏故，為離如是二邊分別說畫師喻。前虛空喻為聲聞說，今畫師喻為菩薩說。分別所取、分別能取各為一邊，為離如是二邊分別說幻師喻。由唯識智無境智生，由無境智生復捨唯識智，境既非有，識亦是無，要托所緣識方生故，由斯所喻與喻同法。分別正性、分別邪性各為一邊，執如實觀為正為邪二種性故，為離如是二邊分別說兩木生火喻。謂如兩木雖無火相，由相鑽截而能生火，火既生已還燒兩木。此如實觀亦復如是，雖無聖道正性之相，而能發生正性聖慧，如是正性聖慧生已，復能除遣此如實觀。由斯所喻與喻同法，然如實觀雖無正性相，順正性故亦無邪性相。分別有用、分別無用各為一邊，彼執聖智要先分別方能除染或全無用，為離如是二邊分別說初燈喻。分別不起、分別時等各為一邊，彼執能治畢竟不起，或執與染應等時長，為離如是二邊分別說後燈喻。

這部分內容引《寶積經》的文義，從七個方面來顯示中道遠離二邊。

「復有七種分別二邊。何等為七？」前面已經講了八種二邊，現在又有七種。到底是哪七種呢？

丙九、有非有邊

「謂分別有、分別非有各為一邊。」這是第一種：有、非有邊。有為一邊，非有為一邊。有和無稱為二邊，有無二邊會產生常和斷的結果，也就是在有邊產生常見，在無邊產生斷見。

先說有邊，「彼執實有補特伽羅，以為壞滅立空性故。」有些人對佛法所說的空性不能正確認識，認為首先有一個實在的補特伽羅——也就是有情，把有情消除之後也就空了，就是空性。這是一種常見，因為執著有實在的補特伽羅。還有些人聽到佛法說無我的道理之後，就以為什麼也沒有，有情、假我這一切都不存在，「或於無我分別為無。」這很容易產生斷見。

「為離如是二邊分別說中道行，謂不為滅補特伽羅方立空性。」為了離開實有和非有的兩邊，所以說中道行。空性的建立，並不是把實有的補特伽羅滅掉之後才建立空性。這是怎麼回事呢？

「然彼空性本性自空，前際亦空，後際亦空，中際亦空，乃至廣說。」空性是一切法的本性，它的本來面目就是這樣。一切法的本性是空性，這種思想跟中觀無自性空的思想非常相似。空性在過去、現在、未來，一切法在任何時空裡，它的本性是由空所顯現的。

丙十、能所寂邊

「分別所寂、分別能寂各為一邊，執有所斷及有能斷怖畏空故，為離如是二邊分別說虛空喻。」這裡的寂是寂滅，能使煩惱寂滅的智慧就是能寂。所寂指所寂滅的對象，比如涅槃。智慧就是能寂，能使煩惱和痛苦寂滅，證得所寂的涅槃。

說到寂滅，有些人就害怕了。他認為生死煩惱寂滅之後，不是什麼都沒有了嗎？是不是進入一種斷滅？因為這樣就產生執著，認為有所斷及「有能斷怖畏空故」。因為認為有一個實體被寂滅掉，被智慧所斷除，由此產生一種擔心，擔心自己落入虛無。如果能意識到生死本來就是寂滅的，生死寂滅也就沒有什麼可怕了。生死本來就是沒有自性的，把生死執著得非常實在，就會覺得生死很可怕。這實在的生死解脫了，以後再也沒有生死。沒有生死，生命還能不能延續？如果能認識到生死煩惱本來是寂滅，本來是空，本性是空，那麼現在說到生死的寂滅，乃至將來修行寂滅生死、寂滅煩惱，也就不會害怕落入虛無。

「為離如是二邊分別說虛空喻。」為了離開能寂和所寂的二邊之見，所以說虛空的譬喻。虛空本來就是空的，並不是去除雲彩才空。其實，即使雲彩在的時候一樣是空的。同樣，在生死海中，煩惱、生死雖然存在，但生死和煩惱的當下是空的，不會因為有生死、有煩惱就不空了。

丙十一、怖畏邊

「分別所怖、分別從彼所生可畏各為一邊，執有遍計所執色等可生怖故，執有從彼所生苦法可生畏故，為離如是二邊分別說畫師喻。前虛空喻為聲聞說，今畫師喻為菩薩說。」什麼叫「分別所怖」呢？怖和下面的畏都是害怕的意思。怖畏就是害怕，怖和畏看起來像是兩邊，其實還是一邊，是一邊的兩種狀態。

怖指所怖的對象，畏指能畏者，對某種境界產生恐怖和害怕的心理。執著有遍計所執色等可生怖畏，因為執著實在有色等六塵境界，把六塵境界看得太實在了，所以面對生死流轉充滿恐懼和怖畏。比如聲聞人把生死看得非常實在，所以「觀三界如火宅，視生死如冤家」，原因就是把生死或六塵看得太實在了。如果把生死或六塵看得如夢幻泡影，還會害怕嗎？

另一方面是面對這種境界——實在的物質現象所產生的恐怖。進一步執著痛苦，把痛苦看得太實在，所以執著「彼所生苦法可生畏故」，對六塵境界產生的種種痛苦有強烈的畏懼心理。之所以害怕生死，因為生死太痛苦了。世間很多人活得很累、很痛苦，因為社會競爭太激烈，生存不容易，沒有錢的人過日子不容易，想過好日子必須付出很大的代價。即使有錢人也身心憔悴，煩惱很多。

在修行過程中，學佛者往往對六塵境界及生死產生恐怖。為了遠離怖和畏兩邊，所以說畫師喻。有情的生死流轉，只是有情內心的影象，就像畫師繪製各種作品。明白這一切並非真實、固定不變的，自然就不會害怕。

「前虛空喻為聲聞說，今畫師喻為菩薩說。」這裡有兩個比喻，前面所說的虛空喻和現在所說的畫師喻。虛空喻是對聲聞人所說，畫師喻是對菩薩所說。因為聲聞人容易墮入斷見，容易沉空滯寂，所以對他們說虛空喻。菩薩容易對生死產生怖畏，這就使他在發心上產生一種退失。為了使他們的發心不會退失，所以就為他們說畫師喻。

丙十二、所能取邊

「分別所取、分別能取各為一邊，為離如是二邊分別說幻師喻，由唯識智無境智生，由無境智生復捨唯識智，境既非有，識亦是無，要托所緣識方生故，由斯所喻與喻同法。」識生起時顯現見分和相分，見分似能取，相分似所取。凡夫於此二取不能正確認識，妄執為實實在在的能取所取，並以為能取所取是對立。為了離開這二邊，所以說幻師喻。就像善於幻術的幻師，雖然幻化出種種東西，但這一切並不是實在的。同樣，識所顯現的似能取的見分和似所取的相分，也只是我們自心的影象，並沒有離開我們的心，更不是獨立於心外的。

「由唯識智無境智生。」認識到唯識所現的道理，就不會再覺得認識之外還有一種實在的境界。人們通常認為，一切境界都在認識之外，而且是實在的。事實上，這一觀點是錯誤的。學習唯識之後，意識到一切都是識的顯現，皆由識所變現，就是「無境智生」。所謂「心外無境」，即我們所認識的境界都沒有離開我們的認識，這也正是唯識要說明的重點所在。認識到境界空了之後，還要進一步認識到，唯識的識也是空的。因為，心和境是相待而有，故云：「境既非有，識亦是無。」境是非有的，是空的，識也是空的。

「由斯所喻與喻同法。」用這個所喻的道理來說明能喻，以幻師的比喻來說明唯識境空心也空的道理。

丙十三、正邪邊

「分別正性、分別邪性各為一邊。」正性是一邊，邪性是一邊。首先要知道什麼是正性。正性就是正性離生，指的是見道。見道指成就智慧，證得實相，遠離生死，所以叫「正性離生」。在見道之前屬於邪性。見道之前的暖、頂、忍、世第一，還有凡夫的狀態等等，都屬於邪性的範疇。邪和正的區別何在？從本質上來說，正性指無漏智，邪性指有漏妄識。用前面說過的話，進入見道時，無漏智慧的生命系統才開始運行。而在見道之前，運行的都是屬於妄識的有漏系統，所以它屬於邪性。

「執如實觀為正為邪二種性故。」如實觀在加行位。在加行位上能產生四種尋思，還有四種如實智。如實智的開發，在忍和世第一位。如實觀到底屬於正性還是邪性呢？從它本身來講，屬於邪性的系統，但它又能引發正性。所以，它又有正性的成分在其中。

「為離如是二邊分別說兩木生火喻。謂如兩木雖無火相，由相鑽截而能生火，火既生已還燒兩木。」為了說明如實觀遠離正、邪二邊，分別說兩木生火的比喻。把如實觀定為正或邪都不對。如實觀不可以定為是正，因為它屬於妄識邪性的系統；但也不可以定為是邪，因為它馬上就能引發正智。正智和正性的產生，必須通過如實觀來引發。

這裡舉了一個兩木生火的比喻。兩木摩擦生火，木頭不是火，木頭裡也沒有火，可卻能摩擦出火來。摩擦不是木頭也不是火，但摩擦卻是兩木生火的關鍵。如實觀就像摩擦生火一樣。我們還可以根據《中論．因緣品》來說明。木頭裡有沒有火的自性？假如說有火的自性，為什麼它不在摩擦之前就起火呢？如果說沒有火的自性，兩木摩擦之後怎麼會產生火呢？沒有的東西就不應該產生，好比一粒沙不能榨出油來，一大堆沙同樣不能榨出油來。同樣的道理，一根木頭不能起火，兩根木頭也不應該摩擦出火來。如果有火的話，它應該早就有火。這是《中論》的思想。

火燃起之後，再把木頭燒毀。就像如實觀的智慧，雖然不屬於正性離生，可一旦通過如實觀引發正性離生的無漏智慧之後，反過來又能把如實觀的妄識徹底粉碎。這和兩木摩擦生火的道理是一樣的。

「此如實觀亦復如是，雖無聖道正性之相，而能發生正性聖慧，如是正性聖慧生已，復能除遣此如實觀，由斯所喻與喻同法，然如實觀雖無正性相，順正性故亦無邪性相。」如實觀雖然沒有聖道正性之相，但能發生正性聖慧。正性聖慧一旦引生後，又能除遣這種如實觀。因為如實觀順著正性，能引發正性，所以不能說它是邪性。

丙十四、有無用邊

「分別有用分別無用各為一邊，彼執聖智要先分別方能除染或全無用，為離如是二邊分別說初燈喻。」有用無用，主要指聖智，有以為無漏智要通過分別才有用，或者說分別在無分別智的修證過程中根本就是無用，有用和無用各為一邊。

有些人執著無漏聖智一定要先有分別之後，才能除去這種染汙煩惱。如果不先分別的話，就不能除去染汙煩惱。前面已經講過，當無漏聖智生起時，斷除有漏的雜染，是不需要分別的。但有些人就執著聖智一定要先有分別，然後才斷除雜染。如果不分別的話，聖智就無用，就不能有斷雜染的作用。

為了離開有用、無用的分別，所以說初燈喻。就像一盞燈，把燈點起來之後，黑暗就消失了。燈破除黑暗要不要分別？不需要分別。只要有光明的地方，就沒有黑暗存在。光明出來了，黑暗自然就消失了。太陽出來了，黑夜自然也沒有了，這是不需要分別的。

丙十五、不起及時邊

「分別不起、分別時等各為一邊，彼執能治畢竟不起，或執與染應等時長，為離如是二邊分別說後燈喻。」「分別不起」是一邊，「分別時等」是另一邊，各為一邊。

前面講的幾個問題主要是針對聖智生起所提出的問題。現在外人又問難：無漏聖智為什麼一定要到見道時才能生起呢？為什麼不能早點生起呢？要嘛無漏聖智永遠不能生起，要嘛它能長時現行，無始無終。而雜染也應該和無分別智一樣，是無始無終的，不應該斷除。因為雜染本身是無始的存在，而無漏智、無分別智也是無始的存在。《大乘起信論》說，真如是無始的，無明也是無始的，所謂無始真如、無始無明。既然無明和真如都是無始的，那麼，無明能不能被斷除？如果斷除之後，將來還會不會生起？

為了離開這兩種邊見，所以說後燈喻。就像燈一樣，點亮之後才能破除黑暗。黑暗也因為燈被點亮，自然就消失了。後燈喻有兩層意思，一層意思是說，燈現在沒有點起來，但以後可以點起來。就像智慧，現在沒有開發出來，以後可以開發。還有一層意思是，燈沒有點起來之前，是和黑暗同時存在的。燈一旦點亮之後，黑暗就隨之消失了。

乙五及六、差別無差別正行

如是已說離二邊正行，差別、無差別正行云何？頌曰：

差別無差別，應知於十地。十波羅蜜多，增上等諸集。

論曰：於十地中，十到彼岸隨一增上而修集者，應知說為差別正行。於一切地皆等修集布施等十波羅蜜多，如是正行名無差別。

這個頌包括兩種正行，差別正行和無差別正行。這兩種正行主要說的還是關於十波羅蜜多修行中的差別和無差別。怎樣修屬於差別修十波羅蜜多？怎樣修屬於無差別修十波羅蜜多？

「論曰：於十地中，十到彼岸隨一增上而修集者，應知說為差別正行。」在十地的修行中修十度，比如初地修布施、二地修持戒、三地修忍辱、四地修精進等。「隨一增上」，在每地中都有本地特別的修行項目和內容，這是「差別正行」。

「於一切地皆等修集布施等十波羅蜜多，如是正行名無差別。」初地的特點是修布施，但並不等於不修其他九度。二地的特點是持戒，也不是說就不修其他九度。也就是說，每一地中都是同時修十種正行，這是「無差別正行」。

六正行總義者，謂即如是品類最勝，由此思惟如所施設大乘法等，由如是品無亂轉變修奢摩他，及無倒轉變修毗缽舍那，為如是義修中道行而求出離，於十地中修習差別無差別行。

這是對六種正行作的總結。

「謂即如是品類最勝。」前面說十度的修行內容最為殊勝，所以最初說最勝正行。

「由此思惟如所施設大乘法等。」根據六種正行去思惟大乘經教的道理，所以說作意正行。

「由如是品無亂轉變修奢摩他。」根據前面所講，無亂轉變就是修奢摩他，以內心沒有散亂來修止。「及無倒轉變修毗鉢舍那。」「無倒轉變」是從認識上的真實來修觀，所以說隨法正行。「為如是義修中道行而求出離。」根據這種義理來修中道，然後求得出離煩惱，出離生死，所以說「離二邊正行」。

「於十地中修習差別無差別行。」然後到十地上再修這些差別和無差別的功行，所以說差別、無差別正行。

甲三、所緣無上

如是已說正行無上，所緣無上其相云何？頌曰：

所緣謂安界，所能立任持，印內持通達，增證運最勝。

論曰：如是所緣有十二種，一安立法施設所緣，二法界所緣，三所立所緣，四能立所緣，五任持所緣，六印持所緣，七內持所緣，八通達所緣，九增長所緣，十分證所緣，十一等運所緣，十二最勝所緣。此中最初謂所安立到彼岸等差別法門。第二謂真如。第三、第四如次應知即前二種，到彼岸等差別法門要由通達法界成故。第五謂聞所成慧境，任持文故。第六謂思所成慧境，印持義故。第七謂修所成慧境，內別持故。第八謂初地中見道境。第九謂修道中乃至七地境。第十謂即七地中世出世道品類差別分分證境。第十一謂第八地境。第十二謂第九、第十如來地境。應知此中即初、第二隨諸義位得彼彼名。

最後一品是〈辯無上乘品〉，主要講三種無上：正行無上、所緣無上、修證無上。其中，正行無上是這一品的重點，所以它在本品所占的分量也特別大。而所緣無上和修證無上在本品只是附帶說明，所占的分量也非常小。

所緣，是指大乘菩薩修行過程中所緣的境界。無上，是指所緣境界的殊勝。大乘菩薩所緣的境界究竟有多殊勝呢？本論用「無上」二字來形容，就是在一切所緣境界中沒有更高、更殊勝的。

「論曰：如是所緣有十二種。」作為大乘菩薩的修行，他們所緣的境界主要有十二種：一安立法施設所緣，二法界所緣，三所立所緣，四能立所緣，五任持所緣，六印持所緣，七內持所緣，八通達所緣，九增長所緣，十分證所緣，十一等運所緣，十二最勝所緣。分別解釋如下：

一安立法施設所緣。「此中最初謂所安立到彼岸等差別法門。」安立所緣的內容，主要是安立到達彼岸的差別法門，這裡指十度。大乘菩薩依十度修行能成就無上佛果，到達涅槃和菩提的彼岸。

二法界所緣。「第二謂真如。」法界所緣就是真如，也就是我們所要證得的清淨法界。修十度要到達的彼岸，就是建立在通達真如法界的基礎上。

三所立所緣。四能立所緣。「第三、第四如次應知即前二種，到彼岸等差別法門要由通達法界成故。」第三種是所立所緣，第四種是能立所緣。所指的是前面第一種和第二種，即安立施設所緣和法界所緣。到彼岸等差別法門就是安立法施設所緣的十度，而無漏十度行的成就是建立在通達法界的基礎上。因此，真如法界是能立，無漏的十度行是所立。能立所緣是真如法界，所立所緣為無漏的十度行。

五任持所緣。「第五謂聞所成慧境，任持文故。」任持所緣指聞所成慧的境界。聞所成慧的境界是什麼呢？當然是佛陀所說的大乘經教。我們通過聞思大乘經教，就能獲得大乘經教的知識。

六印持所緣。「第六謂思所成慧境，印持義故。」印持所緣指思所成慧的境界。思所成慧的境界是什麼呢？是大乘經教中揭示的義理。依此義理如理思惟，就能獲得正知正見。

七內持所緣。「第七謂修所成慧境，內別持故。」內持也就是內證，內持所緣指修所成慧的境界。修所成慧是將聞思的正見落實到心行上，在修行過程中逐漸證得。

八通達所緣。「第八謂初地中見道境。」通達所緣是通達位，即見道位所緣的境界。見道位是菩薩通過修行而成就根本智、契入空性之始，因此通達所緣也就是空性。空性其實是非能非所，但因為成就根本智方能通達，故假名為「通達所緣」。

九增長所緣。「第九謂修道中乃至七地境。」增長所緣是修道位中第二地到第七地的修行。它究竟增長什麼呢？初地是最初獲得無漏智，成就勝義菩提心，而在二至七地的修行過程中，無漏智和勝義菩提心的力量始終在增長，故名「增長所緣」。

十分證所緣。「第十謂即七地中世出世道品類差別分分證境。」分證所緣，指前七地在修習世出世道時，不斷克服煩惱、所知二障，證得空性，分分證得法界中具足的功德。分證所緣，即分分證得法界的功德。

十一等運所緣。「第十一謂第八地境。」等運，是八地菩薩的境界。菩薩修行到達八地，不需要任何功用，無漏智就能相續。此時所緣的法界稱為「等運所緣」。

十二最勝所緣。「第十二謂第九、第十如來地境。」最勝所緣指九地、十地乃至如來地所緣的境界。達到九地以上境界的聖者們，不僅無漏智相續不斷，更因修習勝義菩提心而成就無量功德。此時所緣的境界，自然是最勝的。

「應知此中即初、第二隨諸義位得彼彼名。」從第三所緣開始，一直到第十二所緣，這些過程都是建立在初所緣和第二所緣的基礎上。初就是安立法施設所緣，第二就是法界所緣。從所立所緣到最勝所緣，都沒有離開安立法施設所緣和法界所緣。

這裡所說的「所緣無上」雖有十二種，但又可分為兩大類。一類是屬於能證法界的差別法門，另一類屬於所證得的法界。能證法界的差別法門主要指十度，所證法界就是指真如。現在所說的這些，從第一安立法施設所緣、第二法界所緣、第三所立所緣、第四能立所緣，主要指出了「所緣無上」的兩大內容，即能證法界中的差別法門和所證法界，一是屬於能立，一是屬於所立。

甲四、修證無上

如是已說所緣無上，修證無上其相云何？頌曰：

修證謂無闕，不毀動圓滿，起堅固調柔，不住無障息。

論曰：如是修證總有十種。一種性修證，緣無闕故。二信解修證，不誹謗大乘故。三發心修證，非下劣乘所擾動故。四正行修證，波羅蜜多得圓滿故。五入離生修證，起聖道故。六成熟有情修證，堅固善根長時集故。七淨土修證，心調柔故。八得不退地受記修證，以不住著生死、涅槃，非此二種所退轉故。九佛地修證，無二障故。十示現菩提修證，無休息故。

「論曰：如是修證總有十種。」「修證無上」，指大乘菩薩修行所證得的果位是無上的。下面從十個方面來顯示大乘法門的修行及結果都是最殊勝的。

「一種性修證，緣無闕故。」唯識宗理論有個重要特點就是講種子，認為萬事萬物的產生都以種子為因，然後才有可能生起，否則就不可能生起。在阿賴耶識中，有有漏的種子，有無漏的種子。在世間流轉需要種子，成佛修行也同樣需要種子。所以，成佛首先要有種性，即菩薩種性。如果不具備相應的種性，想修菩薩道、想成佛是極其困難的，這叫「緣無闕故」。

「二信解修證，不誹謗大乘故。」所謂信解修證，指對大乘經教的相信和理解。如果要發菩提心、修菩薩道，必須信解大乘，才能依照大乘經教去修行，才能行菩薩道，才有希望成佛。反過來說，不信解大乘，那麼大乘菩薩道肯定修不成。所以，對大乘經教的相信和理解也是修行的重要因素。

「三發心修證，非下劣乘所擾動故。」修習大乘者，首先要發起菩提心，並通過種種因緣使菩提心的力量不斷增長，使之越來越堅固，絕不嚮往人天乘或聲聞、緣覺乘的果報。

「四正行修證，波羅蜜多得圓滿故。」發了菩提心之後，就得修菩薩行。菩薩行的內容主要是六度、十度。正行修證就是不斷修習六度、十度行，直到最終圓滿。

「五入離生修證，起聖道故。」入離生即進入正性離生，在見道位。入離生修證，是契入空性，成就聖智的修證。

「六成熟有情修證，堅固善根長時集故。」成熟有情，是指度化眾生的事業。菩薩的修行要利益一切眾生，對一切眾生充滿無限慈悲。這種心行必須通過長時間的培養，一點一滴的積累。菩薩在利益有情的過程中，也使慈悲心的力量不斷壯大，愈加堅固。

「七淨土修證，心調柔故。」作為大乘菩薩的修行，最終目的是要成就佛土、度化眾生。要想成就淨土、度化眾生，心就要調柔，也就是心地清淨、沒有煩惱。心淨則國土淨，此謂淨土修證。

「八得不退地受記修證，以不住著生死、涅槃，非此二種所退轉故。」得不退地，指第八地的修證。八地菩薩不住生死和涅槃，自然就不會於生死退轉或證入二乘的無餘涅槃中，所以稱為不退地受記修證。

「九佛地修證，無二障故。」佛地，是菩薩修行的最終目的。通過十地過程的修行，不斷消除二障。到了佛地，方能徹底斷除二障。

「十示現菩提修證，無休息故。」通常，人們以為成佛後修行就結束了。這是把成佛當作目的、當作終點，這種理解也是有問題的。成佛是成就無限的智慧和慈悲，這就注定諸佛菩薩會盡未來際利益有情，永不停止。

無上乘總義者，略有三種無上乘義，謂正行無上故，正行持無上故，正行果無上故。

無上乘的總義主要指三種無上：正行無上，正行持無上，正行果無上。正行無上，指大乘修行的方法無上；正行持無上，指大乘菩薩修行過程中所緣的境界無上；正行果無上，指修證成就的結果無上。

甲五、結頌

何故此論名辯中邊？頌曰：

此論辯中邊，深密堅實義，廣大一切義，除諸不吉祥。

論曰：此論能辯中邊行故，名辯中邊，即是顯了處中二邊能緣行義。又此能辯中邊境故，名辯中邊，即是顯了處中二邊所緣境義。或此正辯離初後邊中道法故，名辯中邊。此論所辯是深密義，非諸尋思所行處故。是堅實義，能摧他辯，非彼伏故。是廣大義，能辯利樂自他事故。是一切義，普能決了三乘法故。又能除滅諸不吉祥，永斷煩惱、所知障故。

「何故此論名辯中邊？」這部論為什麼名為《辯中邊論》？

「論曰：此論能辯中邊行故，名辯中邊，即是顯了處中二邊能緣行義。」之所以稱為「辯中邊」，是因為它能幫助我們辨別什麼是符合中道的修行，什麼是落入邊見、邪見的修行。通過本論的學習，能使我們擺脫邊見和邪見，安住於中道行中。

「又此能辯中邊境故，名辯中邊，即是顯了處中二邊所緣境義。」此論又從所緣境的角度，告訴我們什麼是中道實相，什麼是斷見、常見、有見、無見等邊見。由此顯示凡夫認識中真理與謬論的差別。

「或此正辯離初後邊中道法故，名辯中邊。」本論對於中道和邊見的闡述，從究竟意義上說，是為了幫助我們遠離邊見，契入中道實相。

「此論所辯是深密義，非諸尋思所行處故。」這是解釋《辯中邊論》的五個特點。第一是深密義，本論所辯之理是深奧、祕密的。《解深密經．勝義諦相品》說，「勝義甚深最甚深，難通達最難通達」。當然，這是從凡夫的角度而言，對聖人來說是否深奧呢？答案當然是否定的。凡夫之所以感覺深奧，因為它超越凡夫心認識的範疇，非凡夫的思惟心所能觸及。

「是堅實義，能摧他辯，非彼伏故。」第二個特點是堅實義。堅實就是堅固，就像金剛般堅固不壞。《辯中邊論》是立足於真理的認知，揭示了宇宙人生的真實，是諸佛菩薩智慧通達的結果。毫無疑問，本論所揭示的真理將永遠立於不敗之地，沒有任何理論可以駁倒。

「是廣大義，能辯利樂自他事故。」第三個特點是廣大義。本論能引發廣大無邊的利益，正如眾多大乘經典的校量功德中所描述的那樣，讀誦演說經典具有無上功德。同樣，修學《辯中邊論》也能成就無量無邊的功德。

「是一切義，普能決了三乘法故。」第四個特點是一切義。一切顯示了本論所含攝的內容之廣。我們可以用本論的中道見，去理解、認識佛陀的三乘教法。

「又能除滅諸不吉祥，永斷煩惱、所知障故。」第五個特點是能除滅諸種不吉祥。什麼是世間最大的不吉祥呢？就是我、法二執，及煩惱、所知二障。本論的中道正見、三十七道品及六度、十度行，正是要幫助我們永遠斷除二執、二障，除滅給生命帶來一切不吉祥的罪魁禍首。

我辯此論諸功德，咸持普施群生類。
令獲勝生增福慧，疾證廣大三菩提。

這個頌由世親菩薩撰寫。首句讚頌彌勒菩薩造《辯中邊論》的功德，第二句是要把造論的所有功德布施給一切眾生，第三句祝福一切眾生獲得增上的福德智慧，最後一句是希望眾生有了福德智慧之後，以最快速度證得廣大無上菩提，也就是阿耨多羅三藐三菩提。

二〇〇七年十一月修訂版

真理與謬論——《辯中邊論》解讀

作　　者　濟群法師
責任編輯　徐藍萍、張沛然

版　　權　吳亭儀、江欣瑜
行銷業務　周佑潔、賴正祐
總 編 輯　徐藍萍
總 經 理　彭之琬
事業群總經理　黃淑貞
發 行 人　何飛鵬
法律顧問　元禾法律事務所王子文律師
出　　版　商周出版　台北市 104 民生東路二段 141 號 9 樓
電話：(02) 25007008　傳真：(02)25007759
E-mail：ct-bwp@cite.com.tw　Blog：http://bwp25007008．pixnet.net/blog
發　　行　英屬蓋曼群島商家庭傳媒股份有限公司城邦分公司
台北市中山區民生東路二段 141 號 2 樓
書虫客服服務專線：02-25007718　02-25007719
24 小時傳真服務：02-25001990　02-25001991
服務時間：週一至週五 9:30-12:00　13:30-17:00
劃撥帳號：19863813　戶名：書虫股份有限公司
讀者服務信箱 E-mail：service@readingclub.com.tw
香港發行所　城邦（香港）出版集團有限公司
香港九龍九龍城土瓜灣道 86 號順聯工業大廈 6 樓 A 室
電話：(852)25086231　傳真：(852)25789337　E-mail: hkcite@biznetvigator.com
馬新發行所　城邦（馬新）出版集團 Cite (M) Sdn Bhd
41, Jalan Radin Anum, Bandar Baru Sri Petaling, 57000 Kuala Lumpur, Malaysia.
Tel: (603) 90578822　Fax: (603) 90576622　Email: cite@cite.com.my

封面設計　張燕儀
印　　刷　卡樂製版印刷事業有限公司
總 經 銷　聯合發行股份有限公司　新北市 231 新店區寶橋路 235 巷 6 弄 6 號 2 樓
電話：(02) 2917-8022　傳真：(02) 2911-0053

■2024 年 1 月 2 日初版　　Printed in Taiwan

定價 450 元

城邦讀書花園
www.cite.com.tw

線上版回函卡

ISBN 978-626-318-870-9

國家圖書館出版品預行編目 (CIP) 資料

真理與謬論：<< 辯中邊論 >> 解讀 / 濟群法師著 . -- 初版 . -- 臺北市：商周出版出版：英屬蓋曼群島商家庭傳媒股份有限公司城邦分公司發行, 2024.1
面；　公分
ISBN 978-626-318-870-9(平裝)

1.CST: 法相宗 2.CST: 注釋

226.22　　112015494